Etudes Françaises

nouveaux HORIZONS 2

NOUVELLE ÉDITION

herausgegeben von
Hansjörg Bär und Manfred Urban

Ernst Klett Verlag
Stuttgart Düsseldorf Leipzig

Table des matières

5 La francophonie

6 Les médias

Stratégies

Symbole und Abkürzungen

- (CD-Symbol) auf der Audio-CD verfügbarer Text
- ≠ Wort gegensätzlicher Bedeutung (Antonym)
- → Verweis auf ein bereits bekanntes Wort
- *m/f* masculin/féminin
- *fam.* langue familière courante
- *litt.* langue littéraire
- *vx* vieux (nicht mehr gebräuchlich)

Chapitre 1 VIVRE À PARIS OU EN PROVINCE

1 Paris, éternel symbole

Ville-cathédrale
ville-accordéon
ville-capitale
et ville-néon
    Paris

Barque et poésie
cœur un pur flambeau[1]
encyclopédie
des grands idéaux
    Paris

Éternel symbole
jamais contesté
phare[2] bible et pôle
de la liberté
    Paris

Avec toi le monde
attend et sourit
avec toi le monde
espère et frémit[3]
    Paris

Gaston-Henry Aufrère, *Paris*,
in : L'encyclopédie poétique
N° 9 : Paris (p. 82)
Jean Grassin Editeur,
Paris-Carnac 1976.

1 **un flambeau** *ici:* une lumière
2 **un phare** Leuchtturm
3 **frémir** *ici:* vibrer.

1 Relevez dans le poème les images et les mots-clés qui caractérisent Paris et dites à quoi ils font allusion.
2 a) Comment trouvez-vous ce poème sur Paris ?
  b) Vous-même, à quoi pensez-vous spontanément quand on vous parle de Paris ? A deux ou en petits groupes, faites une liste de tout ce qui vous passe par la tête. Puis mettez toutes vos listes en commun. Que constatez-vous ?

2 Impressions

Décrivez le tableau de Pierre Henri Matisse, ci-contre. Quelles réalités ou quels clichés illustre-t-il ? Donnez un titre à ce tableau.

Paris ! Grande impression, dois-je le dire – mais pas très bonne impression, je dois le dire. Non. Trop de monde. Ou, plus exactement, trop de mondes, au pluriel. Trop de riches et trop de pauvres, trop de filles[1] sur les trottoirs, trop de gens qui travaillent et trop de gens qui chôment. Trop de grandeur et de misère. Trop de pluie quand il pleut, trop de chaleur quand il fait chaud, et, quand vient l'hiver, trop de froid.

C'était, en vérité, trop grand, trop beau pour moi, Paris. Il m'a fallu bien des semaines, bien des mois pour en comprendre la splendeur[2] et, pour en goûter[3] tout le charme, il m'a fallu bien des années. En vérité, je crois qu'il faut en être, de Paris, pour se vanter[4] de le connaître. Si l'on me demandait aujourd'hui brusquement[5] ce que c'est que Paris, je répondrais tout de suite : « C'est la capitale de la France et c'est la plus belle ville du monde. » Puis, je réfléchirais et j'ajouterais : « C'est autre chose également. Et c'est autre chose en plus. » (1)

Tant de beautés partout. Tant d'horreurs partout. On ne peut vivre à Paris et croire naïvement au progrès. Cette ville a sa grandeur derrière elle, au moins esthétiquement, et l'on se réjouit quand un monument récent[6] ne vient pas simplement défigurer[7] ce qui existait.

Mais l'essentiel demeure[8] : vivre à Paris, ou simplement le visiter, c'est être confronté à mille splendeurs que nul ne saurait aujourd'hui inventer, et qu'on ne peut, pieusement[9], humblement[10], qu'admirer et protéger. Paris est une ville conservatrice, mais pas seulement, peut-être, parce que c'est une ville riche : qui ne voudrait conserver, en effet, cette ville musée, cette ville miracle, cette ville univers ?

Penser à Paris, c'est penser sous la domination d'un passé inégalable[11], avec ce que cela devrait supposer[12] d'humilité[13] et d'exigence, mais avec le risque aussi, parfois, de l'académisme ou de la nostalgie. (2)

1 Sacha Guitry, *Mémoires d'un tricheur*, Gallimard, Paris 1973.
2 André Comte-Sponville, *L'Evénement du Jeudi*, 2 septembre 1993.

Autour du texte

1 Quelle différence y a-t-il entre *trop de monde* et *trop de mondes* (L. 3–4) ? Expliquez ces deux expressions.

2 a) Comparez les premières impressions de Sacha Guitry face à Paris (L. 1–9) à l'opinion qu'il a développée plus tard (L. 10–20). Qu'est-ce qui explique la différence de perspective ?
b) A votre avis, en quoi pourrait consister l' « autre chose en plus » mentionnée à la fin du premier texte ?

3 a) Relevez dans les deux textes les mots et expressions qui désignent les aspects *contradictoires* de Paris.
b) Qu'est-ce que ces textes, écrits 20 ans l'un après l'autre, ont en commun ?

4 a) Expliquez ce que veut dire Comte-Sponville quand il dit que Paris est une ville « conservatrice » (L. 31).
b) Donnez des exemples pour illustrer le « passé inégalable » mentionné à la L. 37.
c) En quoi consiste le « risque de la nostalgie » dont parle Comte-Sponville à la fin du texte ?

- Internet – Recherchez sur Internet (par exemple sur www.monuments-france.fr) quelques bâtiments qui représentent les « splendeurs du passé » selon Comte-Sponville (L. 29) puis rassemblez quelques informations les concernant et présentez-les au reste de la classe *(→ stratégies, p. 144).*

---

1 **une fille** *ici:* une prostituée – 2 **la splendeur** la grande beauté – 3 **goûter** *ici:* apprécier (schätzen) – 4 **se vanter** sich rühmen – 5 **brusque** unvermittelt – 6 **récent,e** qui existe depuis peu de temps – 7 **défigurer** rendre laid – 8 **demeurer** rester – 9 **pieux, -euse** respectueux – 10 **humble** modeste – 11 **inégalable** *ici:* incomparable – 12 **supposer** *ici:* impliquer – 13 **l'humilité** *f* → humble

3 A grands pas à travers l'Histoire

La cité gallo-romaine

Les premiers habitants des lieux[1] étaient un peuple gaulois, les Parisii. Ils avaient installé leur village sur l'île de la Cité et l'avaient appelé Lutèce. En 52 avant JC, les Romains prennent Lutèce et en font une vraie ville, qui prendra plus tard le nom de Paris.

Après l'invasion des Francs, Clovis fait de Paris sa capitale. Le commerce et l'artisanat[2] se développent autour des nouvelles églises et des abbayes[3]. Paris est le centre politique du pays et le restera jusqu'à l'époque de Louis XIV.

Le baptême de Clovis

Les rois Philippe Auguste et Saint Louis font construire Notre-Dame, le Louvre, la Sorbonne et bien d'autres grands bâtiments. Arrive la guerre de Cent Ans, qui ruine le pays et la capitale. Il faut attendre François 1er pour que débute la Renaissance, au début du 16ème siècle.

Le Louvre au 15ème siècle

La Saint-Barthélémy (tableau de François Dubois)

Paris est marquée par les guerres de religion et le massacre de la Saint-Barthélémy. Henri IV puis Louis XIII font construire les Tuileries, l'Hôtel de Ville et le Palais du Luxembourg.
Mais Louis XIV abandonne la capitale pour s'installer à Chambord puis à Versailles.

La prise de la bastille (tableau d'époque)

Sous Louis XVI, Paris se révolte et prend la Bastille. On est en 1789, c'est le début de la Révolution. Napoléon fait construire de nombreux monuments « à l'antique » comme l'Arc de Triomphe mais aussi des hôpitaux, des ponts, des marchés.

1 **un lieu** une place, un endroit – 2 **l'artisanat** *m* Handwerk – 3 **une abbaye** [abei] Abtei

L'opéra Garnier

Pendant le règne[4] de Napoléon III, le baron Haussmann modernise la capitale, trace[5] les grands boulevards, fait construire l'Opéra. Paris devient la capitale du luxe et le centre d'attraction de l'Europe.

La Belle Epoque commence à la fin du 19ème siècle : La ville-lumière s'amuse et la culture parisienne rayonne[6] sur le monde. La Première Guerre mondiale vient interrompre la fête, qui reprendra vers 1920 avec les « années folles ».

Affiche de Toulouse-Lautrec

Le Paris chic et riche se trouve plutôt à l'Ouest, le Paris ouvrier à l'Est. La « rive[7] gauche » reste le centre culturel de la capitale, avec le Quartier latin (à l'emplacement[8] de la cité gallo-romaine) et Saint-Germain-des-Prés, qui attire les artistes et les intellectuels du monde entier.

Sartre, Beauvoir et Vian à Saint-Germain-des-Prés

L'opéra Bastille

Paris se modernise sans cesse[9] et de nouvelles architectures voient le jour : le forum des Halles, le quartier de la Défense, la cité de la Villette, le Grand Louvre, l'Opéra Bastille, la Bibliothèque François Mitterrand, etc. Tout le monde n'apprécie[10] pas toujours…

Scène de rue à Barbès

Le Paris d'aujourd'hui accueille des populations d'origines très différentes, avec leurs coutumes[11], leurs magasins, leurs restaurants. Ces populations ont tendance à se regrouper dans certains quartiers : les Africains à Barbès, les Asiatiques à Belleville, les juifs dans le Marais.

Autour du texte

1 Choisissez une des illustrations de ces deux pages et décrivez ce qu'on y voit.
2 Connaissez-vous d'autres épisodes ou anecdotes de l'histoire de Paris qui ne sont pas mentionnés ici ?
3 A quelle époque auriez-vous aimé vivre à Paris ? Expliquez pourquoi.

---

4 **le règne** Herrschaft – 5 **tracer** dessiner (les plans) – 6 **rayonner** (er)strahlen – 7 **la rive** le bord d'une rivière / d'un fleuve – 8 **un emplacement** un lieu, une place – 9 **sans cesse** sans arrêt (cesser) – 10 **apprécier** *ici:* aimer – 11 **une coutume** Brauch

4 Paris, capitale du monde

1 Si on vous proposait un voyage dans une grande ville du monde, laquelle choisiriez-vous ? Pourquoi ?
2 a) D'après vous, quelles conditions une grande ville devrait-elle remplir pour pouvoir s'appeler « capitale du monde » ?
b) En classe, votez pour élire la « capitale du monde ».

Dans une longue enquête sur les New Yorkais et les Londoniens qui vont et viennent entre les deux rives de l'Atlantique, l'hebdomadaire[1] Newsweek proclame[2] qu'en fin de compte[3] une seule ville importe[4] vraiment : Paris ! Design, architecture, galeries, musées, vie nocturne, prêt-à-porter[5], la capitale flambe[6] à nouveau.

C'est dans le domaine le plus typiquement français – la gastronomie – que l'ébullition[7] est la plus sensible. Paris réinvente en ce moment le restaurant. Celui-ci devient un véritable théâtre où le décor est au moins aussi important que l'assiette. « *Les restaurants ne sont plus des sanctuaires*[8] *de gastronomie*, explique Pierre Filliole, un jeune banquier qui voyage à New York deux ou trois fois par an et qui a vécu à Londres. *On y va pour s'amuser autant que pour faire un bon repas. Cette tendance a radicalement changé la façon dont les Parisiens sortent.* »

« *En trois ans, Paris a bougé comme jamais* », affirme Michel Besmond, directeur général de L'Alcazar, l'un des hauts lieux de cette nouvelle scène. « *Avant, pour sortir, on allait dans les boîtes de nuit*[9], *mais elles ouvraient tard*, explique Michel Besmond. *Ces lieux ont pris leur place.* » On a même inventé un nouveau mot pour désigner ces restaurants : des *before*. On s'y arrête avant d'aller en boîte ou bien avant de rentrer à la maison. La nuit aussi bouge. En tête de ce renouveau[10], Batofar. Ouvert en février 1999 dans un ancien bateau-phare trouvé en Irlande, le navire rouge feu, au pied de la bibliothèque François-Mitterrand, est un lieu unique[11] en Europe. « *Dans quelle autre ville peut-on écouter les DJ d'Islande, voir un diaporama*[12] *sur la jeunesse finlandaise ou encore découvrir chaque trimestre la culture d'une autre ville ?* » s'exclame[13] un habitué. Dans ce laboratoire, on peut venir dîner, boire un verre ou bien assister à un concert.

Le Batofar

« *C'est un lieu de musique électronique et expérimentale et de performances live, mais aussi un lieu de vie ouvert comme un café* », expliquent ses animateurs, dont le plus âgé a 32 ans.

On observe aussi une véritable renaissance du bal populaire, comme à La Flèche d'or, le dimanche, ou bien les Bals à la page[14], organisés par un groupe de lecteurs publics. Le principe : trente minutes de danse, puis une pause de dix ou quinze minutes pour écouter des textes (la dernière fois, c'était des romans noirs[15]), puis le bal reprend.

« *Paris est revenu, et on a envie de faire la fête*», insiste Sylvie Chateigner, qui organise salle Wagram, six fois par an, d'énormes fêtes où se mêlent[16] 2000 personnes de couleurs, de statut social et d'âges différents.

---

1 **un hebdomadaire** un magazine qui paraît une fois par semaine – 2 **proclamer** *ici:* déclarer – 3 **en fin de compte** letztendlich – 4 **importer** *ici:* être important – 5 **le prêt-à-porter** *ici:* la mode – 6 **flamber** *ici:* rayonner – 7 **l'ébullition** *f* le fait de *bouillir* (sieden) – 8 **un sanctuaire** un lieu sacré – 9 **une boîte (de nuit)** une discothèque – 10 **le renouveau** *ici:* la renaissance (nouveau) – 11 **unique** qui n'existe qu'une fois – 12 **un diaporama** Diavortrag – 13 **s'exclamer** *ici:* s'enthousiasmer – 14 **à la page** *ici:* à la mode – 15 **un roman noir** Thriller

Le musée Guimet

C'est ce mélange qui donne à Paris son énergie retrouvée. « Hybride » est le mot clef, dans tous les domaines.
Bousculée par ses rivales milanaise, new-yorkaise et londonienne dans les années 90, la scène parisienne s'est adaptée à la mondialisation[17] et profite de la croissance[18]. Surtout, on assiste à un revival[19] de la jeune création.
Selon Stéphanie Moisdon, l'une des figures de la nouvelle scène artistique parisienne, il y a une attitude[20] radicalement nouvelle depuis quelque temps : *« Les artistes se prennent en charge[21]. Ils n'attendent pas une aide de l'Etat pour initier un projet. »*
Les institutions ne sont pas en reste[22]. Après deux ans de travaux, l'excellent musée Dapper, consacré à l'art africain, revient transformé. Et l'événement de l'année 2001 est la réouverture, après cinq ans de travaux et 400 millions de francs, de Guimet, un musée d'art asiatique sans équivalent en Europe. Avec le musée d'Art moderne de la ville de Paris, le tout récent musée d'Art et d'Histoire du judaïsme, et le futur musée des Arts premiers, Paris préserve son leadership sur ses rivales.

Jean-Sébastien Stehli, Catherine Maliszewski,
Corinne Scemama, *L'Express*, 7 décembre 2000 (texte abrégé).

Autour du texte

1 Comment faut-il comprendre, dans leur contexte, les expressions suivantes ?
   a) l'ébullition est sensible (L. 24) ; b) la nuit bouge (L. 43) ; c) Paris est revenu (L. 65) ;
   d) les institutions ne sont pas en reste (L. 84).

2 a) D'après ce texte, dans quels domaines peut-on observer des changements à Paris ?
   b) Quels sont aujourd'hui les nouveaux lieux « à la mode » ?
   c) En quoi les comportements et les habitudes de consommation des Parisiens ont-ils aussi changé ? Donnez quelques exemples tirés du texte.

3 « *Hybride est le mot-clé dans tous les domaines* » (L. 71). Montrez que cette citation s'applique bien aux différents domaines de la vie culturelle qui sont mentionnés dans ce texte.

5 Les artistes squatters

1 Où les artistes sont-ils vraiment « à leur place » ? Dans les musées et les galeries ou dans la rue ? Justifiez votre opinion.

2 D'après vous, un artiste a-t-il le droit « moral », pour se faire reconnaître, de faire quelque chose d'illégal ? (Pensez aux graffitis, par exemple.)

Une toile d'araignée[2] en corde[3] sur la façade, une porte tout en couleur et un panneau[4] : « Chez Robert et électrons libres ». Vous êtes au 59 rue de Rivoli, devant le troisième centre d'art contemporain[5] de Paris, avec ses 40 000 visiteurs par an, juste derrière Beaubourg et le Jeu de Paume ! Un centre néanmoins totalement illégal, puisqu'il s'agit d'un squat, ouvert le 1er novembre 1999 dans un immeuble désaffecté[6].
A l'origine, il y a le KGB : Kalex, le sculpteur[7], Gaspard, l'artiste-installateur, Bruno, le peintre.
Et une volonté : pointer[8] les carences[9] des poli-

16 **se mêler** se mélanger – 17 **la mondialisation** Globalisierung (le monde) – 18 **la croissance** le fait de se développer, d'augmenter – 19 **un revival** *angl.* une renaissance – 20 **une attitude** Haltung, Einstellung – 21 **se prendre en charge** sich auf eigene Füße stellen – 22 **ne pas être en reste** in nichts nachstehen – 23 **(un,e) équivalent,e** (qc) de la même valeur – 24 **les Arts premiers** les arts des peuples « primitifs »

1 **un squatter** Hausbesetzer (un squat) – 2 **une toile d'araignée** Spinnwebe – 3 **une corde** Schnur, Seil – 4 **un panneau** Schild – 5 **contemporain,e** de notre époque – 6 **désaffecté,e** qui n'est plus utilisé – 7 **un sculpteur** Bildhauer – 8 **pointer** *ici:* faire apparaître – 9 **une carence** un manque, un défaut

Dans l'un des ateliers du squat

tiques culturelle et urbaine, tout en attirant le plus large public possible. *« On dit souvent que le grand public ne s'intéresse pas à l'art contemporain, mais la vraie question, c'est plutôt : est-ce que l'art contemporain s'intéresse au grand public ? Nous, nous avons souhaité toucher*[10] *tout le monde. D'où*[11] *le choix de notre emplacement et de la gratuité »*, explique Gaspard, le porte-parole du collectif composé à ce jour de 32 artistes.

« On ne squatte pas par plaisir ! », précise l'un d'entre eux, le peintre Pascal Foucart. Le « squat artistique », c'est un cri de révolte contre le soutien[12] « discriminant » de l'Etat envers un art élitiste[13], la pénurie[14] d'ateliers individuels (2000 ateliers pour 10 000 demandes et dix ans d'attente) dans la capitale, le manque de surfaces[15] d'exposition. *« Paris n'est plus une terre d'asile pour les artistes*, dit Gaspard. *Si l'on veut que revive le Paris artistique des années 20, il faudra bien commencer par réquisitionner*[16] *l'immobilier*[17] *vacant*[18] *et régulariser*[19] *les artistes sans papiers. »* A force de soutiens populaires et médiatiques, le message lancé par les « électrons » ne pouvait plus être ignoré de la classe politique. Catherine Tasca, la ministre de la Culture, s'est ainsi rendue sur place. Un signe de reconnaissance ? Certains artistes ont engagé[20] des pourparlers[21] avec la Mairie de Paris : celle-ci pourrait racheter l'immeuble, à condition que le collectif devienne une association[22]. Dans tous les cas, l'expérience de la rue de Rivoli aura démontré que *« le squat ne signifie pas nécessairement misère, trafic*[23] *et gros bordel*[24]*. Ça peut être, au contraire, une véritable proposition pour une autre politique. Notre discours est plus réformiste que révolutionnaire. En fait, nous sommes rivolitionnaires ».*

Martine Gilson, *Le Nouvel Observateur*, 11 avril 2002.

Autour du texte

1 Présentez le squat de la rue Rivoli : Qui sont les squatteurs ? Pour quelles raisons squattent-ils ?
2 Pourquoi l'entrée du squat est-elle gratuite ? Comment réagissent le public et les médias ?
3 a) Que demandent les squatteurs, concrètement ?
b) Comment les autorités réagissent-elles face à leurs propositions ?

Au-delà du texte

- Créativité – La Mairie de Paris a l'intention d'aider les artistes squatteurs s'ils acceptent de devenir une association. Imaginez les activités que cette association pourrait proposer aux habitants du quartier et de la ville de Paris. En groupes, esquissez un programme culturel et artistique.
- Commentaire – A votre avis, l'art contemporain peut-il ou doit-il être « élitiste » ou sa fonction est-elle au contraire de « s'intéresser au grand public » ? Rédigez un commentaire dans lequel vous exposez votre opinion *(→ stratégies, p. 138).*

10 **toucher** *ici:* atteindre – 11 **d'où** deshalb – 12 **le soutien** Unterstützung – 13 **élitiste** l'élite – 14 **la pénurie** le manque – 15 **une surface** Fläche – 16 **réquisitionner** beschlagnahmen – 17 **l'immobilier** *m* les immeubles – 18 **vacant,e** ≠ occupé – 19 **régulariser** rendre conforme à la loi – 20 **engager** *ici:* commencer – 21 **des pourparlers** *m* une discussion – 22 **une association** Verein – 23 **un trafic** un commerce illégal – 24 **le bordel** *fam.* le grand désordre

6 Paris (faut qu'ils s'activent)

Survolez le texte (sans chercher à tout comprendre !) à la recherche des mots du français familier qui correspondent aux mots suivants : *regarder, un franc (ou un euro), l'argent, les honoraires, la tromperie / la tricherie, payer, examiner / regarder, un étranger, le luxe, un billet.*

Refrain : Faut qu'ils s'activent
Faut qu'on qu'on qu'on s'cultive

Oh Paris ! Lieu de culture et de vie
Ville lumière que tout le monde nous envie[2]
Vise un peu le prix de ta sortie
Sûr que c'est pas les banlieues
qui s'cultivent à Paris

Paris ! Lieu de culture et de vie
Deux cents balles le concert et trente le demi[3].
Si tu veux moins cher, reste devant l'Juste Prix[4]
Tu pourras te distraire et passer ton ennui

Paris ! Lieu de culte et de pognon
Où tous les bons artistes
viennent vivre leurs ambitions[5]
On aligne les fûts[6] de bière on oublie les cachetons
Y a tellement d'monde derrière qu'il faut jouer
de toutes façons

Paris ! Lieu mythique de la musique
Trois cents salles de concert,
deux millions d'gens pour public
Avec ça y a de quoi faire dans l'arnaque artistique
Et les artistes se laissent faire,
j'te parle même pas du public

Refrain

Oh Paris ! Et toutes ses boîtes de nuit
Tout l'monde rêve d'y aller
au moins une fois dans sa vie
Danser sous la terre sur les nouvelles technologies
Et casquer la bouteille pour épater[7] les amis

Paris ! Avec ses discothèques
Où on t'mate à l'entrée des pieds jusqu'à la tête
T'as interêt à avoir d'l'a monnaie
si t'as la tête du métèque
Conseil[8] si tu viens d'la cité
ne viens pas en baskets[9]

Refrain

Paris ! Et ses nombreux cinémas
Ecrans[10] géants[11] Dolby et tout l'tralala
Quand tu vois l'prix du yébi
tu comprends mieux pourquoi
Nagui[12] et ses amis font un audimat[13] comme ça !

Paris ! Et sa superbe mairie qui n'entendra jamais
Tout c'que j'viens d'vous chanter
Tibéri et Chirac[14], son vieil ami, sont occupés
A de bien vastes projets

Paroles et musique : Cyril Celestin (Guizmo)

Autour du texte

1 a) Relevez dans le texte tous les mots (familiers ou non) qui ont rapport à *l'argent*.
b) Formulez en une seule phrase la critique principale des auteurs de cette chanson.
c) Pourquoi est-ce que ce ne sont « *pas les banlieues qui se cultivent à Paris* » (L. 6–7) ?
2 Relevez maintenant les « lieux de culture » mentionnés dans les 2ème et 4ème, ainsi que dans les 6ème et 7ème couplets. Pour chacun d'entre eux, dites en quoi consiste le « problème » dénoncé par Tryo.
3 Quel rôle la télévision semble-t-elle jouer, pour Tryo ?
4 Dites si vous avez aimé cette chanson ou pas. Que pensez-vous de cette présentation de la vie culturelle à Paris ?

1 **s'activer** bouger, devenir actif – 2 **envier** beneiden – 3 **un demi** une bière – 4 **le Juste Prix** une émission de télé où on gagne des objets en devinant leur prix – 5 **l'ambition** *f* Ehrgeiz – 6 **un fût** Faß – 7 **épater** étonner – 8 **conseil** *ici:* je te donne un conseil – 9 **des baskets** *f* Turnschuhe – 10 **un écran** *ici:* Leinwand – 11 **géant,e** Riesen- – 12 **Nagui** un présentateur de télévision – 13 **faire de l'audimat** attirer beaucoup de téléspectateurs – 14 **Tibéri**, **Chirac** deux anciens maires de Paris

7 Il faut libérer la capitale !

A votre avis, à quoi se rapporte le titre de ce texte : *De quoi* faut-il libérer Paris ? En petits groupes, faites une liste de tous les problèmes typiques des très grandes villes et classez-les par ordre d'importance.

Place de la Concorde

Circuler dans Paris ? C'est théoriquement impossible. Pour plusieurs raisons. D'abord, avec sa superficie de 105 km² – alors que Berlin s'étend sur 900 km² et Londres sur 1 600 km² –, Paris est la ville la plus dense[1] d'Europe. Sur cette petite surface, les Parisiens s'entassent[2] à 20 421 au km², alors que les Berlinois ne sont que 3 900 et les Londoniens 8 000 habitants par km². Ajoutez-y le fait que 2 500 000 voitures entrent et sortent chaque jour de Paris et que 700 000 voitures y circulent en permanence[3] avec l'espoir de se garer alors qu'il n'existe que 200 000 places de parking. On le voit, la situation est désespérée. Pourtant, on roule à Paris, en métro, en bus en voiture, en vélo, en scooter ou en roller. On roule mal, parfois très mal. Mais on roule. Par un miracle qui, on le sait, ne saurait durer.

L'état des lieux le prouve : le métro, dont la première ligne fut ouverte en juillet 1900, assume[4] depuis lors le transport de millions de Parisiens. Mais aujourd'hui, malgré les modernisations, il arrive à saturation[5]. La ligne A du RER transporte, à elle seule, un million de voyageurs chaque jour. Aux heures de pointe[6], on compte sur les lignes les plus chargées entre 4 et 8 voyageurs par m² ! Certes, le métro va vite : 20 kilomètres à l'heure, dans Paris, c'est un record. Mais il est ressenti par beaucoup de Parisiens comme un lieu peu sûr, où on risque de se faire agresser.

Pour convaincre les Parisiens de préférer le métro, il faudrait évidemment que la RATP[7] rende les stations plus agréables, améliore la surveillance et l'environnement. Les deux dernières lignes créées, Eole et Meteor, répondent à ces critères. Mais elles ont coûté beaucoup trop. L'opération métro a atteint ses limites[8] : Plus de sous[9], plus de place disponible en sous-sol[10], il n'est en effet plus question de continuer à miner[11] le sous-sol de Paris, devenu un dangereux gruyère[12]. Il faut à présent tenter[13] de rationaliser les transports de surface. Là, on peut encore agir. Les Parisiens aiment leurs bus. Sauf quand ceux-ci se traînent[14] à 5 kilomètres à l'heure sur des trajets encombrés[15], et sont bondés aux heures de pointe.

Que faire ? Prendre un taxi ? Vieille querelle typiquement parisienne : les chauffeurs de taxi prétendent[16] qu'ils sont trop nombreux pour des clients trop rares, les clients affirment qu'on ne trouve jamais de taxis aux heures de pointe, ou lorsqu'il pleut. Eternelle quadrature du cercle…

Restent les deux-roues, motos, scooters, vélos et rollers, dont la pratique exige un sens de l'équilibre et un grand mépris[17] du danger. Moins spectaculaire mais dangereuse à long terme[18], la pollution empoisonne[19] peu à peu les poumons[20] des cyclistes. Suivre un autobus Diesel, en plein été, c'est mauvais pour les bronches. Mais soyons honnêtes, les autobus ne sont pas seuls coupables[21]. N'oublions pas les cars de touristes : en 1992, les hôtels parisiens ont accueilli 13 600 000 visiteurs étrangers (3 millions par an à Venise). Cela représente combien d'autocars tournant dans Paris ou stationnant en double file[22], moteur en marche, faute de parkings ? Personne n'a pu ou voulu les compter.

1 **dense** dicht – 2 **s'entasser** se mettre en *tas* (Haufen) – 3 **en permanence** sans arrêt – 4 **assumer qc** *ici:* se charger de qc – 5 **la saturation** le contenu maximum – 6 **l'heure de pointe** Hauptverkehrszeit – 7 **la RATP** la compagnie du métro et des bus parisiens – 8 **une limite** Grenze – 9 **les sous** *fam.* l'argent – 10 **le sous-sol** ce qui est sous la terre – 11 **miner qc** *ici:* faire des trous dans qc – 12 **le gruyère** un fromage suisse – 13 **tenter** essayer – 14 **se traîner** avancer très lentement – 15 **encombré,e** verstopft – 16 **prétendre** affirmer – 17 **le mépris** Ver- / Missachtung – 18 **à long terme** auf lange Sicht – 19 **empoisonner** vergiften (→ un poison) – 20 **les poumons** *m* Lunge – 21 **coupable** *ici:* responsable – 22 **en double file** in der 2. Reihe

Devant cette situation bloquée, que voulez-vous que fasse le Parisien moyen, qui habite à l'est et travaille à l'ouest, ou l'un des 2,5 millions de banlieusards qui travaillent à la Bourse ou dans le Sentier[23] ? Ils prennent leur voiture. Pollution, énervement, bruit et perte[24] de temps, certes. Mais après tout, mieux vaut attendre au chaud dans sa voiture en écoutant la radio que passer vingt minutes sous la pluie à attendre le bus. Le vrai problème, c'est celui des millions de Franciliens[25] qui habitent en petite ou grande couronne et qui passent obligatoirement entre une et trois heures par jour dans leur voiture et les embouteillages[26], tous ces 92, 93, 94 contre lesquels les Parisiens râlent mais qui font vivre Paris et lui évitent de devenir une ville musée.

Il est clair qu'il faut en sortir. Comment ? Il faut persuader les Franciliens de prendre les transports en commun plutôt que leur voiture en leur offrant un moyen de transport sûr, aussi agréable que leur sacrée[27] bagnole[28].

Ce moyen de transport idéal, c'est le tramway, le bon vieux tramway redevenu à la mode. Pourquoi ne pas appliquer à Paris les recettes qui ont réussi à Strasbourg, à Nantes, à Saint-Denis ? Modernisé, d'accès[29] facile, le tramway est plus pratique et pollue moins que les bus classiques. Il est rapide. Il est silencieux. Il transporte beaucoup de voyageurs et surtout il circule sur des rails fixes interdits aux voitures, ce qui permet d'assurer[30] des horaires réguliers et précis.

Conclusion : L'avenir est au tramway, et là-dessus, pour une fois, la RATP, la mairie, le PS, les Verts et les associations semblent s'être mis d'accord. Sont aussi prévus des minibus non polluants, qui amèneraient[31] dans Paris les touristes, laissant à la périphérie les gros cars Diesel. Ou des « bus légers » de quartier, qui assureraient un service de proximité.

Si le problème du trafic Paris-Ile-de-France est globalement réglé, on pourra rêver. Ce sera long, cher, il faudra une forte volonté politique. Mais quoi… si Paris veut revivre, respirer, bouger, il n'y a pas d'autre choix.

Josette Alia, *Le Nouvel Observateur*, 28 octobre 1999 (texte abrégé).

Le bruit

C'est, d'après les Parisiens, la plus grave des nuisances[32] dont ils souffrent. 150 000 personnes (soit 7 % de la population) vivent dans des endroits où le bruit dépasse le seuil[33] de tolérance de 70 décibels. Premier responsable : le trafic automobile, avec près de 3 millions de véhicules qui circulent tous les jours dans la ville.

La pollution de l'air

Toute l'année, tous les Parisiens et une bonne partie des banlieusards respirent un air dont le niveau de dioxyde d'azote[34] dépasse largement les 40 microgrammes par mètre cube considérés comme norme de qualité. En période de smog, le niveau peut même dépasser les 200 microgrammes (6 fois en 2003). Principal responsable : le trafic routier, qui produit 54 % du dioxyde d'azote, sans compter les autres émissions toxiques[35].

La saleté

Avec plus de 2 millions d'habitants, Paris produit environ 1250 tonnes de déchets par an et près de 8000 personnes sont employées par la ville pour assurer le service de la propreté. Il leur faut, entre autres, effacer les 500 000 m² de graffiti bombés[36] chaque année sur les murs de la capitale. Le grand problème des piétons parisiens reste cependant les crottes de chien ! Les 100 « motocrottes » de la ville de Paris ne suffisent pas à enlever les 16 tonnes de crottes[37] que les 200 000 chiens parisiens produisent chaque jour. Attention où vous mettez les pieds…

Une motocrotte

23 **le Sentier** un quartier de Paris – 24 **une perte** → perdre – 25 **les Franciliens** les habitants de l'Ile de France – 26 **un embouteillage** un bouchon (Stau) – 27 **sacré,e** heilig – 28 **une bagnole** *fam.* une voiture – 29 **l'accès** *m* Zugang – 30 **assurer** *ici:* garantir – 31 **amener** faire venir – 32 **une nuisance** qc qui gêne, qui dérange – 33 **un seuil** *ici:* une limite – 34 **le dioxyde d'azote** NO2 – 35 **toxique** giftig – 36 **bombé,e** fait avec une *bombe* (*ici:* Spraydose) – 37 **les crottes** *f* les excréments

Autour du texte

1 A partir d'un mot de la même famille, dites ce que signifient les mots suivants :
a) désespéré ; b) la modernisation ; c) la surveillance ; d) un banlieusard ; e) l'énervement.
2 A partir du contexte, retrouvez la signification de ces mots :
a) la superficie (L. 2) ; b) se garer (L. 11) ; c) bondé (L. 44) ; d) les rails (L. 94).
3 Quel sens particulier ces mots courants prennent-ils dans leur contexte ?
a) répondre (L. 34) ; b) chargé (L. 25) ; c) la surface (L. 5) ; d) la pratique (L. 52) ; e) tourner (L. 62).
4 Quels sont les différents problèmes causés par la circulation routière à Paris ?
5 a) En petits groupes : Pour chacun des moyens de transport parisiens mentionnés, dites en quoi consistent, d'après le texte, ses avantages et ses inconvénients.
b) A votre avis, le tramway n'a-t-il vraiment que des avantages ? Quelle sorte de problème peut-il poser ?
6 Faites le résumé du texte *(→ stratégies, p. 139)*. N'oubliez pas d'utiliser des « mots-charnières » pour relier les phrases de votre texte là où c'est possible.

Au-delà du texte

- Discussion – Que faire contre la saleté causée par les chiens *(voir la case info)* ? Pesez le pour et le contre des différentes mesures possibles.
- Internet – Consultez plusieurs « cartes du bruit » sur le site Internet de la mairie de Paris (www.paris.fr) et dites dans quelles parties de la ville 1) le niveau du bruit est le plus élevé 2) il est le plus bas.
- Internet – Visitez sur Internet un ou plusieurs sites consacrés au tramway de Strasbourg ou au futur tramway de Paris. A l'aide des informations que vous y trouverez, confirmez l'affirmation de Josette Alia selon laquelle *« le moyen de transport idéal, c'est le tramway » (L. 87).*
- Créativité – Imaginez une campagne d'information qui vise à convaincre les Franciliens à ne plus prendre la voiture pour circuler à Paris.

8 L'insécurité est entrée dans Paris

1 a) Faites une liste de toutes les formes que l' « insécurité » peut prendre dans la vie quotidienne.
b) A votre avis, de quelle forme d'insécurité sera-t-il surtout question dans ce texte ?
2 Survolez maintenant le texte (sans chercher à tout comprendre !) à la recherche des expressions et mots français qui correspondent aux mots allemands suivants :
Junkie, abgleiten, Kriminalität, Vergehen, verwickelt sein, Taschendiebstahl, Raubüberfall, Bankräuber, überfallen, vorläufig festnehmen, bewaffneter Raubüberfall, Jugendrichter, Gefängnis, Überwachung, kommunaler Bediensteter, Wachmann.

Longtemps, trop longtemps, Paris s'est cru à l'abri[1] de l'insécurité. Qui s'intéressait vraiment aux toxicos[2] de la rue Myrha dans le 18e ? Qui s'inquiétait des 1200 immeubles insalubres[3], mais toujours habités ? Qui tentait d'éviter aux cités du boulevard Brune ou de la rue Raymond-Losserand de déraper[4] ? Pour beaucoup, immigrés ou issus[5] de l'immigration, les habitants n'avaient qu'à rester chez eux, entre eux, contenus[6] par une politique de logement social qui s'apparentait[7] à un apartheid silencieux.

En 1999, l'augmentation de la délinquance parisienne n'était que de 1,99 %. Mais la hausse[8] cette année est de 5,39%, avec 311 604 infractions[9] constatées.

Phénomène inquiétant dans le paysage de la délinquance parisienne : la part croissante[10] des mineurs[11]. En dix ans, le nombre de mineurs mis en cause[12] a presque doublé : 4 400 en 1990, 8 000 en 2001. Ils sont responsables de 41% des vols à la tire[13], de 37% des vols avec violence et de 50% des vols de deux-roues.

---

1 **être à l'abri de** *ici:* ne pas être concerné par – 2 **un toxico(mane)** qn qui se drogue – 3 **insalubre** *ici:* en mauvais état – 4 **déraper** *ici:* außer Kontrolle geraten – 5 **issu,e de qc** aus etw. hervorgegangen – 6 **contenir** *ici:* limiter, contrôler – 7 **s'apparenter à** ressembler à (→ un parent) – 8 **une hausse** une augmentation (→ haut) – 9 **une infraction** un délit (Delikt) – 10 **croissant,e** qui augmente (→ la croissance) – 11 **un mineur** un jeune de moins de 18 ans – 12 **mettre en cause** *ici:* accuser – 13 **un vol à la tire** Taschendiebstahl

Depuis quinze ans, Clara Franco et Laure Martinat, de l'association Action Collégiens, ont vu la situation se dégrader[14] continuellement. Le plus jeune de leurs « clients » a 9 ans. Avec des copains à peine plus âgés, il s'est « fait[15] » l'hôtel des Impôts[16] de Tolbiac en passant par les soupirails[17] à 2 heures du matin. Il y a quelques mois, on signalait dans le quartier un braqueur[18] solitaire qui cambriolait[19] les bijouteries[20]. *« Quand les policiers l'ont interpellé[21], ils sont tombés sur un gamin de 13 ans, qui avait fait 16 cambriolages à main armée à 500 mètres de chez lui. »* Et les parents ? Ce sont des familles où il n'y a pas de boulot. *« Quand leurs enfants arrivent à la maison habillés en Lacoste, ils les trouvent beaux. Petit à petit, ce sont ces enfants qui se mettent à financer la famille. »* L'autre jour, les deux éducatrices ont accompagné un Momo[22] de 14 ans chez le juge des enfants qui lui reprochait plusieurs vols. *« Les parents ont dit au juge : "On vous le laisse, mettez-le en prison." Alors le môme les a regardés et a juste dit : "Si je vais en prison, comment vous allez payer le loyer ?" »*
Pour la première fois, le maire de Paris et le préfet ont décidé de travailler vraiment ensemble sur les questions de sécurité. Bertrand Delanoë[23] se démène[24] pour mettre en place la surveillance des écoles par des agents de la Ville et créer des correspondants de nuit[25] dans les quartiers difficiles. Il a décidé de répartir[26] sur tout Paris la construction de logements sociaux. Le préfet Proust, lui, a redéployé[27] 1 000 policiers supplémentaires dans les 20 commissariats d'arrondissement. Les choses bougent. Les Parisiens jugeront sur pièces[28]...

Le sentiment d'insécurité

Aujourd'hui et depuis la baisse du chômage, la délinquance est devenue la première préoccupation[29] de 39 % des Parisiens et autres Franciliens, devant la pauvreté (25,9 %) et le chômage (24,6 %).
La peur des Franciliens est importante dans les transports en commun. Elle va du bus (pour 18,9 % des enquêtés) au train (27,9 %) au métro (30 %), pour culminer[30] avec le RER (33 %). Elle touche plus les femmes de 15 à 30 ans et surtout les étudiants, qui utilisent beaucoup les transports. Elle est aussi plus répandue[31] chez les femmes quand elles sont « seules le soir dans leur quartier ».
Les personnes âgées se sentent plus facilement menacées dans la rue mais elles sont en fait peu victimes.

(Extrait d'une enquête de l'ISL réalisée en 2001 pour le Conseil Régional de l'Ile-de-France auprès de 10 500 Franciliens de 15 ans et plus)

Agathe Logeart , *Le Nouvel Observateur,* 7 février 2002 (texte abrégé).

Autour du texte

1 Expliquez ce que l'auteur veut dire quand il parle d'un « apartheid silencieux » (L. 10).
2 a) La délinquance à Paris est-elle quelque chose de nouveau ?
b) Qu'est-ce qui, en l'an 2000, semble avoir changé à ce sujet ?
3 Quel est le rôle de l'association Action Collégiens ?
4 Que pensez-vous des réactions des parents de jeunes délinquants telles qu'elles sont décrites dans le texte (L. 34–44) ?
5 Par quelles mesures les autorités officielles cherchent-elles à faire face au problème de l'insécurité à Paris ? Que pensez-vous de ces mesures ? (Seront-elles efficaces ?)

- Jeu de rôles (2 à 4 personnes) – Un ou deux membres de l'association Action Collégiens se rendent dans la famille d'un jeune délinquant pour discuter avec ses parents. Préparez puis jouez la scène. (Commencez par choisir le *délit* que le jeune a commis et fixez un *but* à votre entretien ; puis définissez la « *psychologie* » des différents personnages et imaginez les *arguments* qu'ils vont produire.)

14 **se dégrader** devenir de pire en pire – 15 **se faire qc** *fam.* sich etw. vorknüpfen – 16 **l'hôtel des Impôts** Finanzamt – 17 **un soupirail** la petite fenêtre d'une cave – 18 **un braqueur** (bewaffneter) Einbrecher – 19 **cambrioler** voler – 20 **une bijouterie** un magasin de bijoux – 21 **interpeller** *ici:* arrêter – 22 **Momo** Mohammed – 23 **Bertrand Delanoë** le maire de Paris (depuis 2001) – 24 **se démener** faire beaucoup d'efforts – 25 **un correspondant de nuit** qn qui surveille un endroit (pendant la nuit) – 26 **répartir** *ici:* verteilen – 27 **(re)déployer** *ici:* répartir – 28 **juger sur pièces** juger en fonction des résultats – 29 **une préoccupation** *ici:* un souci – 30 **culminer** être au maximum – 31 **répandu,e** verbreitet

9 Galérien de la location

Si vous étiez un jour propriétaire d'une chambre, d'un appartement ou d'une maison à louer, quelles conditions est-ce que vous poseriez à votre futur locataire ? Justifiez vos choix.

Loyers parisiens : la ruine !
Si les loyers parisiens ont toujours été très élevés, la tendance est encore à la hausse ; dans certains arrondissements (XIIe, XIVe), les loyers ont même augmenté de 30 % ou plus en un an et demi seulement !
En 2003, à Paris, le prix moyen du m^2 était de 21 euros, mais beaucoup de propriétaires demandent davantage[2]. Parmi les exemples relevés : il faut avancer[3] 430 euros pour un studio de 13 m^2 dans le Xe, 1750 euros pour un appartement de 70 m^2 dans le XIVe ou encore 1850 euros pour un 80 m^2 avec terrasse dans le XIe. Plus les charges, bien sûr. Dans quelques années, seuls les millionnaires pourront encore habiter la capitale…

(d'après des chiffres cités dans *Marianne*, 16 juin 2003 et *Libération*, 22 juillet 2003).

Cette fois, je le sens, je la tiens, ma garçonnière[4] ! En la fourrant[5] dans ma sacoche[6] – il est déjà 8 h 35 –, je relis l'annonce parue ce matin dans *le Particulier* : « XIe art., près Bastille. Loft[7] de charme. 41 m^2 au sol. Avec bureau. Visite ce jour à partir de 9 heures. 720€ TCC[8]/mois. De préférence cadre célibataire[9]. Minimum 3 600 € de revenu[10]. » Tout à fait moi ! Enfin, pour peu que je sois muni[11] de mes fiches de paie[12], bidouillées[13] sur le conseil de ma patronne, dans l'attente de me payer plus. Voilà maintenant six mois que mon propriétaire m'a signifié[14] son souhait de vendre mon studio – 98 000 € pour 25 m^2. Et il dit avoir trouvé preneur[15] ! Six mois, donc, que j'alerte[16] amis, collègues, parents… coiffeur, teinturier[17]… Marre des agences : *« Nous n'avons plus, à la location[18], que des appartements familiaux », « Une occasion en or vient de se libérer : 1 300 € pour 45 m^2 sans les charges[19] »*… Ou, tenant mes fiches de paie – les vraies, cette fois –, d'une main dégoûtée[20] : *« On n'a rien pour vous, jeune homme. Avez-vous fait une demande pour les HLM[21] ? »* Je n'ai pas trouvé. Je ne vais quand même pas emménager[22] chez ma copine. Non, cette annonce, c'est sûr, respire la libération.

Une soixantaine de personnes attendent sagement[23] leur tour. Comme d'habitude, je m'excuse poliment, sors mes clés et double[24] la queue[25] avec la démarche[26] assurée[27] de celui qui habite les lieux. Vingt-neuf visites derrière soi, ça vous rode[28] un homme ! *« Suivant »*, hurle alors une voix asexuée[29]. J'entre. Une femme tout sourire – une dizaine de « dossiers » l'attendent déjà sur le frigo – m'accueille dans une pièce sombre[30] de 15 m^2 surplombée[31] d'une mezzanine[32]. Je gravis[33] un escalier semblable, en moins robuste, à celui des lits superposés[34] de mon enfance : voici l'étage du « loft ». Et le « bureau », j'imagine, cet étroit couloir qui mène aux 3 m^2 censés[35] accueillir mon matelas[36] – la hauteur n'est pas suffisante pour un sommier[37]. La propriétaire me martèle[38] ses « conditions » : un an de fiches de paie avec un salaire net équivalent à cinq fois le loyer, une caution bancaire de douze mensualités[39] ainsi qu'une interminable liste de justificatifs[40] que même le consulat français de Bamako[41] n'aurait pas imaginé exiger pour une demande de visa. Docile[42], je m'apprête[43] à exhiber[44] ma pochette de locataire

---

1 **un galérien** *ici: fam.* qn qui est dans une situation difficile – 2 **davantage** plus – 3 **avancer** *ici:* payer (à l'avance) – 4 **une garçonnière** un petit appartement – 5 **fourrer** *fam.* mettre – 6 **une sacoche** une sorte de sac – 7 **un loft** un appartement (dans une ancienne usine) – 8 **TCC** inkl. Nebenkosten – 9 **célibataire** non marié – 10 **le revenu** le salaire – 11 **muni,e de** avec (sur soi) – 12 **une fiche de paie** Lohnbescheinigung – 13 **bidouillé,e** *fam.* geschönt – 14 **signifier qc à qn** informer qn de qc (de désagréable) – 15 **un preneur** un acheteur (→ prendre) – 16 **alerter qn** *ici:* demander de l'aide à qn – 17 **un teinturier** qn qui a une *teinturerie* (Reinigung) – 18 **la location** → louer – 19 **les charges** *f* Nebenkosten – 20 **dégoûté,e** angewidert – 21 **un(e) HLM** Sozialwohnung – 22 **emménager** venir habiter – 23 **sage** *ici:* discipliné – 24 **doubler** *ici:* überholen – 25 **une queue** *ici:* Warteschlange – 26 **une démarche** *ici:* une façon de marcher – 27 **assuré,e** *ici:* sûr de soi – 28 **roder (un moteur)** einfahren, einschleifen – 29 **asexué,e** ni masculin, ni féminin – 30 **sombre** ≠ clair – 31 **surplombé,e de** überragt von – 32 **une mezzanine** Halbgeschoss – 33 **gravir** monter – 34 **superposé,e** placé l'un au-dessus de l'autre – 35 **censé** + *inf.* von welchem anzunehmen ist, dass … – 36 **un matelas** Matratze – 37 **un sommier** Bettgestell – 38 **marteler qc** *ici:* dire qc avec insistance – 39 **la mensualité** le prix à payer chaque mois – 40 **un justificatif** Beleg – 41 **Bamako** la capitale du Mali – 42 **docile** obéissant – 43 **s'apprêter à** se préparer à – 44 **exhiber** montrer – 45 **fétide** qui sent mauvais – 46 **avoir raison de** besiegen – 47 **l'opiniâtreté** *f* Hartnäckigkeit – 48 **un bail** un contrat de location – 49 **s'enfuir** partir en courant – 50 **consoler** trösten

modèle, quand je pousse la porte de la salle d'eau. L'odeur fétide[45] qui s'en échappe a raison de[46] mon opiniâtreté[47] à signer un bail[48]. Je m'enfuis[49].
Le soir, ma copine me console[50] : si la couleur des rideaux du salon ne me convient pas, sa mère nous en fera d'autres.
Il faut vraiment que je trouve un appart !

Guillaume Albert, *Marianne*, 16 juin 2003 (texte abrégé).

Autour du texte

1 a) Dans quelle situation se trouve l'auteur du texte ?
  b) Dites pourquoi il a « bidouillé » ses fiches de paie.
  c) Expliquez pourquoi la réaction des agences qu'il a contactées ne sont pas satisfaisantes pour lui.
2 Comparez le texte de l'annonce (L. 1–16) à l'état actuel du logement proposé. Qu'est-ce que vous constatez ?
3 a) Pourquoi la propriétaire est-elle « tout sourire » (L. 48)
  b) Que pensez-vous des conditions posées par la propriétaire ? Expliquez l'allusion au « consulat français de Bamako » (L. 62).
4 Pourquoi l'auteur renonce-t-il finalement à prendre l' appartement ?

Au-delà du texte

- Jeu de rôle – A partir de « l'aventure » de l'auteur du texte 9, rédigez les dialogues qu'il a eus a) avec la propriétaire de l'appartement, puis b) le soir, avec sa copine. Ensuite, jouez ces deux scènes.
- Créativité – Imaginez que vous faites partie d'une association de personnes qui n'arrivent pas à trouver un logement. En petits groupes, rédigez un tract à distribuer dans la rue pour attirer l'attention sur votre situation et pour demander à la population de vous soutenir (et aux autorités de vous aider).

10 Paris, quel privilège !

Pensez aux textes de ce chapitre que vous avez déjà lus et dites en quoi, à votre avis, pourrait consister le « privilège » de vivre à Paris.

Le Parisien est râleur[1] et nostalgique. Si vous lui dites que Paris est la plus belle ville du monde, il vous répondra sèchement qu'il en a marre du trafic[2] et des embouteillages, de la pollution et des tags[3], du métro, des quartiers si pittoresques[4] le jour mais où il ne fait pas bon se risquer[5] la nuit. Sans parler du prix des loyers. D'ailleurs[6], ajoutera-t-il, Paris n'est plus Paris. Où sont les bals populaires, les boîtes sympas, les vrais bistrots ? C'est simple, Paris est devenu une ville-musée tout juste bonne à accueillir les touristes, une sorte de super-Disneyland, une pompe[7] à fric[8], une ville à frime[9]. Il en partirait bien, s'il ne détestait pas la vie de province et s'il n'avait pas peur en banlieue. Alors il reste. A vrai dire, pour rien au monde il n'accepterait de franchir[10] le périph. Il est accro[11]

1 **un râleur** → râler – 2 **le trafic** la circulation – 3 **un tag** un graffiti – 4 **pittoresque** malerisch – 5 **se risquer** oser aller – 6 **ailleurs** ≠ ici ; **d'ailleurs** im Übrigen – 7 **une pompe** Pumpe – 8 **le fric** *fam.* l'argent – 9 **la frime** Angeberei – 10 **franchir** passer (un obstacle) – 11 **le périph(érique)** l'autoroute qui fait le tour de Paris

à Paris, il en connaît toutes les servitudes[12], mais vivre ailleurs, non ! Habiter Paris est un privilège dont les Parisiens sont conscients, une drogue à laquelle ils ne veulent pas renoncer[14].

Ils aiment Paris et on les comprend. D'abord, Paris est beau. Tout ou presque y est spectacle : la Concorde la nuit, la Seine en été, Notre-Dame sur son île, mais aussi les marchés, Chinatown, les odeurs africaines et les couleurs de Belleville, et même, oui, même les Champs-Elysées. Et puis à Paris on ne s'ennuie jamais. Tout y est possible. Tout y est proposé : théâtres, concerts, expositions, cinémas, restaurants, conférences. Paris est définitivement le centre du bon goût et de l'intelligence, du divertissement[15], de toutes les modes, de toutes les ethnies. On peut y danser la salsa, apprendre le tai-chi, nager la nuit, suivre des cours de calligraphie[16] latine, jouer à la pelote basque, s'initier[17] à la chimie ou au trapèze volant[18]. Il est possible d'y mener non pas une mais dix vies, de passer d'un monde à l'autre, d'une époque à l'autre.

Naturellement, les Parisiens ne profitent pas, ou si peu, de toutes les richesses que leur offre Paris. Ils sont trop occupés à circuler, à respirer, à se loger, à se nourrir, à travailler… pour avoir le temps d'entrer dans un musée ou d'écouter un concert. Mais ils savent que c'est possible, que tout est là, à portée de la main[19], et cela leur suffit. L'idée qu'ils pourraient faire du yoga les détend[20], la perspective de jogger sur les bords de Seine les requinque[21]. Un jour ils s'y mettront. Lorsqu'ils seront moins occupés, moins fatigués…

L'opération « Paris-plage » en 2003.

Allons, courage ! Paris vaut bien quelques efforts. Vivre à Paris peut être une galère[22], c'est aussi une chance qu'il serait dommage de ne pas exploiter[23]. Il est possible d'apprivoiser[24] la ville et de se donner les moyens d'y vivre mieux et plus intelligemment.

Josette Alia, *Le Nouvel Observateur*, 28 octobre 1999 (texte abrégé).

Autour du texte

1 a) Quelles critiques « le » Parisien adresse-t-il à sa ville ?
   b) Expliquez les expressions *pompe à fric* et *ville à frime* (L. 12).
2 a) Pourquoi les Parisiens ne vont-ils pas vivre ailleurs ?
   b) A votre avis, pourquoi ont-ils « peur » de la banlieue (L. 14) ?
3 a) Dites en quoi consistent les privilèges des Parisiens selon Josette Alia.
   b) Pourquoi les Parisiens ne profitent-ils pas vraiment de ces privilèges ?
4 Comparez la position de Josette Alia à celle de Sacha Gutiry et d'André Comte-Sponville, dans le texte de la page 5. Qu'est-ce que vous constatez ?
5 Faites le portrait du Parisien « typique » tel qu'il apparaît dans les textes de ce chapitre et / ou tel que vous l'imaginez.

12 **accro à** *fam.* dépendant de (→ accrocher) – 13 **une servitude** *ici:* une contrainte – 14 **renoncer** verzichten – 15 **le divertissement** Vergnügen – 16 **la calligraphie** l'art de l'écriture – 17 **s'initier à** *ici*: apprendre – 18 **le trapèze volant** Trapez (im Zirkus) – 19 **à portée de la main** in der Nähe – 20 **détendre** entspannen – 21 **requinquer** remettre en forme – 22 **une galère** une situation pénible – 23 **exploiter qc** *ici:* profiter de qc – 24 **apprivoiser** zähmen

11 Faut-il fuir Paris ?

Chère Pascale,

Comme tu le sais, je suis installé depuis quelques semaines à Strasbourg, après une parenthèse professionnelle parisienne qui n'avait que trop duré. Et j'ai l'impression de renaître à la vie, je respire à nouveau, les couleurs, les sons, les gens me sont à nouveau aimables. Ici, on respecte le voisin, le conducteur d'à côté, le rythme de chacun. Quand je pose le pied sur un passage pour piétons, je ne crains pas, comme à Paris, de passer pour un candidat au suicide. Les voitures s'arrêtent, sans impatience; elles savent bien qu'elles arriveront à bon port[1] dans les instants suivants. Vraiment, en province, rien ne sert de courir[2]... et ça fait un bien fou[3].

Et tout ça pour une qualité de vie admirable : si les gens sont si apaisés[4], c'est qu'ils ont tout à portée de main. Les commerces, la nature, mais aussi la vie culturelle : les cinémas, le théâtre, l'opéra, les concerts, les expos.

A Paris je courais d'un endroit à l'autre, mais c'était surtout pour me traîner[5] de tracas[6] en galère. Avec une heure de métro entre chaque étape. Ici, je suis tout autant débordé[7], mais c'est par plaisir. Les Parisiens connaissent-ils encore ce doux mot : le plaisir ? Je ne vais plus au cinéma « par obligation » (pour voir le navet[8] dont tout le monde parle), je vais aux expos de peinture, je débarque[9] à l'improviste[10] chez mes amis, je cumule vélo, golf et tennis. Et ce planning démentiel[11] me rend heureux, car il n'entame[12] en rien ma vie de famille, la qualité de mon boulot ou ma forme morale et physique.

Mon physique, parlons-en. Tu te souviens de ma petite santé à Paris ? Mes rhumes[13], mes maux de gorge, mes bobos[14] à répétition... Ici, tout est oublié. Je n'arrive même plus à me souvenir de la tête d'une feuille d'arrêt-maladie. Je crois rêver.

En attendant de tes nouvelles, je t'embrasse.

Jacques

Cher péquenot[15],

Sache pour ta gouverne[16] que le Parisien n'ignore rien du PLAISIR et de toutes les formes qu'il peut prendre, simplement, pour reprendre le slogan d'une pub stupide : « Nous n'avons pas les mêmes valeurs ! »

J'aime Paris, son agitation, ses embouteillages, son stress, son temps pourri[17], ses prix exorbitants[18], et tu auras du mal à me faire changer d'opinion. Parce que je vis avec mon temps, et que la nostalgie qui colle[19] à vos semelles[20] de provinciaux m'emmerde[21] au plus haut point. Chez vous, en province, quand un spectacle passe un soir, il faut déjà s'estimer content et se précipiter de peur de rater une des trop rares occasions de se cultiver. Ça devient presque obligatoire, donc ça devient chiant[22].

1 **arriver à bon port** gut ankommen – 2 **rien ne sert de courir** *litt.* courir ne sert à rien – 3 **fou, folle** *ici:* immense – 4 **apaiser** calmer (→la paix) – 5 **se trainer** *ici:* sich schleppen – 6 **un tracas** un souci – 7 **débordé,e** qui a trop de choses à faire – 8 **un navet** *ici: fam.* un mauvais film – 9 **débarquer** *ici: fam.* arriver – 10 **à l'improviste** sans prévenir – 11 **démentiel,le** ≠ raisonnable – 12 **entamer** *ici:* déranger, gêner – 13 **un rhume** Schnupfen – 14 **un bobo** *fam.* une petite douleur (Wehwehchen) – 15 **un péquenot** *fam. et péjoratif* un paysan – 16 **pour ta gouverne** *ici:* damit es ein für allemal klar ist – 17 **pourri,e** *fam.* mauvais – 18 **exorbitant,e** beaucoup trop élevé – 19 **coller** kleben – 20 **la semelle** Schuhsohle – 21 **emmerder qn** *fam.* jdm auf den Wecker gehen – 22 **chiant,e** *fam.* ennuyeux

A Paris, rien de semblable. Tout est là, à portée de main, quel que soit le quartier. Des cinémas en veux-tu, en voilà, des galeries, des musées, des théâtres, des cafés-théâtres, des opéras, des salles de concert... On ne sait plus où donner de la tête. Cinéma pour tous avec dernier grand succès du box-office US (en VO[23] et en VF) ou bonne vieille reprise. Rembrandt ou Buren[24].

Danse classique ou danse moderne. Chopin à Pleyel[25] ou Boulez et Xénakis[26] à l'IRCAM[27]... Le tout durant plusieurs jours, voire[28] plusieurs semaines, quand ce n'est pas plusieurs mois, ce qui permet de choisir le jour où...

Paris rayonne bien malgré elle et c'est ça que vous ne supportez pas. Pourtant, vous êtes les premiers à rêver d'y « monter » et quand vous y êtes, c'est le malentendu[29]. Vous débarquez avides[30] de distraction, de mouvement et de vie et pendant tout votre séjour, vous n'arrêtez pas : et vas-y que je fonce[31] au Louvre, et que je me précipite à l'Opéra, et que je m'engouffre[32] dans les grands magasins, et que j'essaie le restaurant dont on parle, et que, et que... Et que vous êtes crevés parce que vous n'arrêtez pas. Je comprends parfaitement cette soif de « folies » en tout genre chez les frustrés que vous êtes, mais sachez que la vie des Parisiens ne ressemble en rien à cette course effrénée[33]. Nous avons un rythme... disons soutenu[34], mais nous savons faire la pause. Rester chez nous, tranquilles, répondeur[35] branché, musique en fond sonore en dégustant un petit verre. Remettre à la semaine suivante une sortie à l'Opéra, puisqu'il ne bougera pas et nous non plus. Nous avons le temps, quoi. Rien ne nous presse... Ça t'épate, non ?

Mais si tu veux séduire la Parisienne que je suis, parle-moi d'étendues immenses et désertes, de forêts qui s'étendent à perte de vue[36], de couchers de soleil sur un océan qui n'en finit pas de gonfler[37] ses vagues... plutôt que de pâles copies de ce que nous trouvons déjà dans la capitale.

Je t'embrasse. Fort et sans rancune[38].

Pascale

Pascale Leroy et Jacques Lindecker, *Lettres aux Parisiens et aux Provinciaux*, Editions Hors Collection / Presses de la Cité, Paris 1993.

Autour du texte

1 Dressez la liste a) des aspects de la vie parisienne que Jacques critique ;
b) des avantages qu'il voit dans la vie en Province.

2 a) Comment ou par quoi Pascale répond-elle à chacun des arguments de Jacques ?
b) Comparez la position de Pascale à celle de J. Alia, dans le texte précédent (p. 17–18). Que constatez-vous ?

Au-delà du texte

- Discussion – Fuir Paris ou y rester ? A la place de Pascale ou de Jacques, quel serait votre choix ? Pesez le pour et le contre !
- Ecriture – Qu'est-ce que Jacques va répondre à son amie ? Mettez-vous à sa place (prenez le dernier paragraphe de la lettre de Pascale comme point de départ) et rédigez sa lettre.
- Commentaire – Pour la Parisienne Pascale Leroy, tout ce qui est obligatoire est, *par principe*, ennuyeux ou pénible. Partagez-vous son opinion ? Rédigez un commentaire dans lequel vous donnez votre avis *(→ stratégies, p. 138).*

23 **en VO** en version originale – 24 **Daniel Buren** un sculpteur contemporain – 25 **Pleyel** une salle de concert, à Paris – 26 **Pierre Boulez, Iannis Xénakis** compositeurs contemporains – 27 **l'IRCAM** un institut de musique moderne – 28 **voire** et même – 29 **un malentendu** Missverständnis – 30 **avide de** begierig auf – 31 **foncer** courir vite – 32 **s'engouffrer** sich in etw. stürzen – 33 **effréné,e** hemmungslos (→ un frein) – 34 **soutenu,e** *ici:* assez rapide – 35 **un répondeur** *ici:* Anrufbeantworter – 36 **à perte de vue** so weit das Auge reicht – 37 **gonfler** *ici:* faire grossir – 38 **la rancune** Groll; **sans rancune** nichts für ungut

12 Les nouveaux rats des champs

1 Habitez-vous à la campagne ou en ville ? Aimeriez-vous vivre ailleurs ? Dites pourquoi ou pourquoi pas.
2 Construisez deux filets de mots : a) autour du thème « ville » ; b) autour du thème « campagne ».

De plus en plus de Parisiens ou d'habitants des grandes villes partent vivre à la campagne. Trois de ces nouveaux « rats des champs » expliquent ce qui a motivé leur départ.

Guy Lagorce, écrivain : « *J'ai vécu quarante ans à Paris ; je ne supportais plus cette ville où les rapports sont devenus différents. Je n'avais plus aucune notion du temps. Je vis depuis un an dans le Périgord : je profite à présent de la province dans toute sa splendeur. Je rencontre, en outre*[1]*, des gens épatants qui vivent en province ! Des personnes qui ont le temps...*
J'en avais assez du bruit, des vulgarités, des mauvaises odeurs. Ici, où qu'on se trouve, tout est très beau ! Je peux également m'adonner[2] *à mes passions : la pêche et la tauromachie*[3]. » (1)

Vue du Périgord

Yolaine de La Bigne, journaliste : « *Il y a six ans, je me suis installée dans ce petit village des Côtes-d'Armor, dans une maison de famille. J'en avais ras le bol*[4] *du stress parisien et surtout de l'agressivité des gens.*
Maintenant, je vais à Paris une fois tous les quinze jours. Mon mari, qui est architecte, y va du mardi matin au jeudi soir. Nous ne regrettons pas une seconde. Je travaille encore plus, mais mieux parce que j'ai de vraies plages[5] *de tranquillité. J'ai écrit deux livres ici. C'était impensable à Paris. J'ai l'impression de vivre deux fois : ma vie de campagnarde, avec tous les fantasmes de la Parisienne, et quand je vais à Paris, je me déguise*[6] *en Parisienne : je m'habille en noir, je prends six rendez-vous dans la journée, je dors quatre heures par nuit.*

Dinard, en Bretagne

Paris est devenue une ville totalement folle. Ici, on est protégé. On ne sait pas ce que c'est qu'une grève, la misère, les manifs[7]*. En revanche, mon voisin regarde tout ce que je fais et le dit à tout le monde.* » (2)

Michel Godet, professeur : « *J'ai toujours trouvé qu'on vivait comme des rats à Paris.* » Michel Godet, professeur aux Arts et Métiers[8] à Paris, n'a pas attendu d'être pris au piège[9] pour emmener sa femme et ses quatre enfants s'installer au vert, à Vendôme. La proximité de Paris, une circulation automobile réduite[10], le calme d'une petite ville ... Après plus de vingt ans passés dans la capitale, Michel Godet n'a pas hésité. Aujourd'hui, la famille vit à son aise[11] dans une vaste[12] maison de 200 mètres carrés entre la ville et la forêt. Les enfants, âgés de 6 à 10 ans, apprécient[13] particu-

---

1 **en outre** *litt.* en plus – 2 **s'adonner à qc** sich einer Sache hingeben – 3 **la tauromachie** Stierkampf – 4 **en avoir ras le bol** *fam.* en avoir assez – 5 **une plage** *ici:* une phase – 6 **se déguiser** sich verkleiden – 7 **une manif(estation)** Veranstaltung; *ici:* Demonstration – 8 **les Arts et Métiers** eine Ingenieur-Hochschule – 9 **un piège** Falle – 10 **réduit,e** verringert; *ici:* eingeschränkt – 11 **à l'aise** *ici*: großzügig – 12 **vaste** très grand – 13 **apprécier** wertschätzen

La Loire, non loin de Vendôme

lièrement le terrain voisin où habitent les poules, les grenouilles[14] et des moutons[15]. « *Quand ils vont à Paris, ils trouvent que ça sent mauvais* », dit-il. Michel Godet, lui, fait l'aller-retour jusqu'à Paris : 42 minutes bien utilisées, pendant lesquelles il lit et prépare ses conférences. L'avantage principal de vivre à Vendôme ? « *Dès qu'il fait beau, je suis en week-end, alors qu'il me faudrait une heure pour aller à la campagne depuis Paris* » explique-t-il. Pouvoir jouer au tennis, faire du vélo et ramasser des cèpes[16] en forêt font partie de ses grands plaisirs. Mais ce qu'il apprécie le plus, c'est d'avoir retrouvé la vie de quartier. « *On salue les gens dans la rue, on s'échange des salades ; à Paris, c'est à peine si l'on parle à son voisin de palier*[17]. » Et s'il reconnaît qu'à Vendôme le cercle des fréquentations[18] est assez limité, il dit avoir plus de temps à lui consacrer. Seul regret du couple : ne plus pouvoir participer à la vie parisienne du soir. Un inconvénient que devrait pallier[19] la mise en service prochaine du dernier train de 22 heures. Pour que les rats des champs puissent facilement rejoindre les rats des villes. (3)

1 et 2 : *L'Express*, 27 juin 2002 ; 3 : Ariane Singer, *Le Nouvel observateur*, 28 octobre 1999.

Raisons avancées par les ménages ayant déménagé dans une autre ville

Raisons liées au logement (achat, logement plus grand, loyer plus bas)	35 %
Raisons liées à l'emploi Nouvel emploi obtenu par un des membres de la famille : 12 % - Autres raisons (rapprochement du lieu de travail, p. ex.) : 27 %	39 %
Autres raisons (meilleur environnement, rapprochement avec la famille)	24 %
Sans réponse	2 %

(d'après une enquête réalisée en 2001 par l'INSEE auprès de 366 ménages et publiée dans *Economie et statistique*, septembre-octobre 2001.)

Autour du texte

1 Faites quatre listes qui rassemblent a) les avantages de la vie à la campagne et b) les inconvénients de la vie à la ville ; c) les avantages de la vie à la ville et d) les inconvénients de la vie à la campagne d'après les trois personnes qui s'expriment dans le texte.
2 Etes-vous d'accord avec ces personnes qui ont préféré vivre à la campagne ? Pourquoi (pas) ?
3 Comparez les résultats de l'enquête de l'INSEE avec les raisons données dans le texte.

Au-delà du texte

- Discussion – Mettez-vous à la place d'un couple qui habite Paris. L'un veut s'installer à la campagne, l'autre veut rester à Paris. Par groupes de deux :
  a) Imaginez les raisons et les arguments que les deux personnes vont donner.
  b) Rédigez le dialogue afin de pouvoir le jouer en classe.
- Projet – Le titre du texte fait allusion à la fable de La Fontaine *Le Rat de ville et le Rat des champs*.
  a) A l'aide d'un moteur de recherche, retrouvez le texte de cette fable sur Internet.
  b) En groupes de deux, lisez ce texte de manière à en comprendre le sens global (ne cherchez pas à comprendre tous les mots !). Dites en quelques mots de quoi il est question dans la fable et quel sest son « message ».
  c) Voyez-vous un rapport entre cette fable et le texte des pages 21–22 ? Si oui, lequel ?

14 **une grenouille** Frosch – 15 **un mouton** Schaf – 16 **un cèpe** Steinpilz – 17 **un palier** Treppenabsatz – 18 **les fréquentations** *f, ici:* les gens qu'on connaît – 19 **pallier** compenser

13 La révolution de la mobilité

Faites un petit sondage dans votre classe :
Quels moyens de transport prenez-vous et combien de temps vous faut-il pour aller de chez vous…
a) à l'école ? b) au supermarché ? c) au cinéma ? d) au MacDo ?

Jean-Marc Benoît, un des auteurs du livre *La France à 20 minutes*, est interviewé pour *l'Express* par Michel Feltin.

L'Express : – *Dans votre livre vous soulignez un paradoxe. D'un côté, les emplois, les services et les commerces sont de plus en plus concentrés sur un nombre réduit de sites. De l'autre, les habitants sont de plus en plus dispersés sur l'ensemble du territoire. Comment s'explique cette apparente contradiction ?*
J-M. Benoît – Par la révolution de la mobilité. En à peine une génération, presque tous les Français ont eu accès à des moyens de déplacement rapides. Le nombre de trajets[1] est resté à peu près stable, mais la vitesse moyenne de chaque trajet a augmenté. Conséquence logique : sans se déplacer plus longtemps, ils se déplacent de plus en plus loin. Cela a permis, notamment, à une partie des Français de vivre à plus grande distance de leur lieu de travail.
– *Comment cette révolution de la mobilité s'explique-t-elle ?*
– Bien sûr, par des innovations technologiques, à l'instar[2] du TGV. Mais aussi par l'effort considérable consenti[3] par la France pour l'amélioration de son réseau routier comme de ses transports en commun urbains. Et, enfin, par l'amélioration du niveau de vie, qui a permis une généralisation de la voiture et l'accès plus fréquent au TGV ou à l'avion.
– *Si bien qu'aujourd'hui tous les Français ou presque ont accès aux services de base.*
– Exactement. 98 % de la population habite à moins de vingt minutes d'un supermarché ; 91 %, d'une ANPE[4] ; 87 %, d'une maternité ; 91 % d'un lycée. Même McDonald's, l'un des symboles de la civilisation urbaine, est accessible en moins de vingt minutes pour 83 % de la population.
– *Tous les points du territoire ne sont pas égaux entre eux…*
– De moins en moins, même. Prenez le TGV. Il relie Paris et Lille en une heure. En temps de transport, Lille est désormais[5] plus près de Paris que d'Amiens – où le TGV ne passe pas – même si, sur une carte de géographie, c'est l'inverse ! Et ce qui est vrai pour le TGV l'est aussi pour l'avion et les autoroutes.
– *Quelles sont les conséquences de cette approche pour un pays comme la France ?*
– Cela signifie qu'il y a toujours 36 000 communes, mais qu'il suffit de desservir[6] de 300 à 350 pôles urbains pour couvrir l'ensemble de la population.
– *Dans ces conditions, la séparation du rural et de l'urbain a-t-elle encore un sens ?*
– La réponse est non, sauf pour les quelques centaines de milliers de personnes qui ont délibérément[7] choisi de vivre le plus possible à l'écart de la civilisation urbaine.

L'Express, 27 juin 2002 (texte abrégé).

Le réseau du TGV

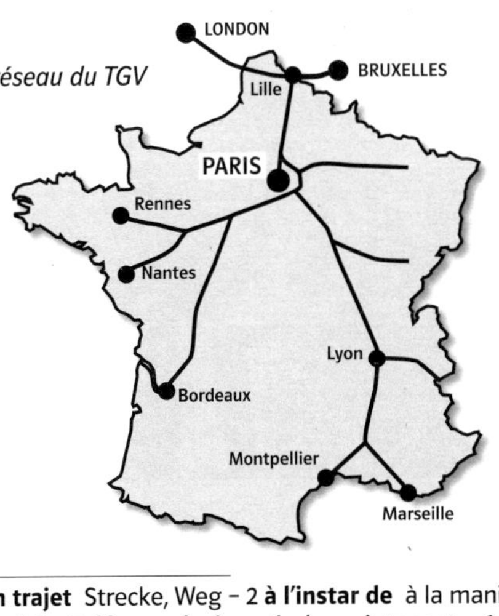

Le réseau autoroutier

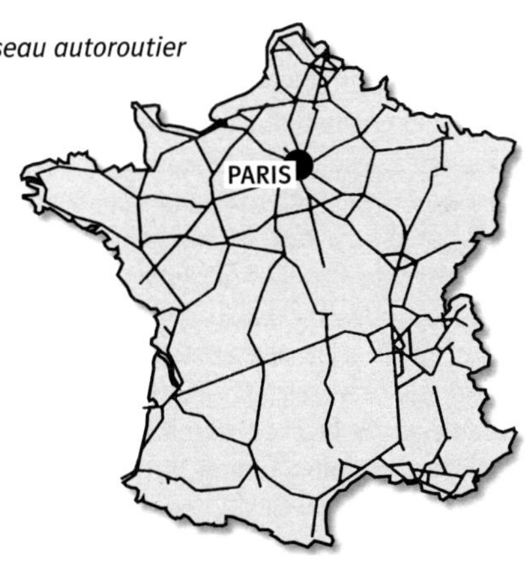

1 **un trajet** Strecke, Weg – 2 **à l'instar de** à la manière de – 3 **consentir** *ici:* faire – 4 **l'ANPE** Agence nationale pour l'emploi – 5 **désormais** à partir de maintenant – 6 **desservir** *dans les transports*: abdecken – 7 **délibéré,e** bewusst, gewollt

Autour du texte

1 Retrouvez le sens des mots
  a) à partir d'une autre langue : *le paradoxe, apparent, la mobilité, l'innovation, stable, fréquent ;*
  b) à partir d'un autre mot de la même famille (tenez compte de la fonction des préfixes et des suffixes) : *souligner, le déplacement, routier, la généralisation, une maternité, accessible, l'approche ;*
  c) à l'aide du contexte : *disperser* (L. 8), *considérable* (L. 24), *l'amélioration* (L. 25), *relier* (L. 40), *à l'écart* (L. 56).
2 Dites en quoi consiste le « paradoxe » mentionné au début du texte et ce qui, d'après Jean-Marc Benoît, est à l'origine de ce paradoxe.
3 A votre avis, ce phénomène est-il le même en Allemagne ?
4 Examinez les cartes et montrez que, comme le dit Michel Feltin, *« tous les points du territoire ne sont pas égaux entre eux »*.

14 La revanche des régions

1 Qu'est-ce qu'une « région » ? Définissez ce mot aussi précisément que possible.
2 Quels noms de régions françaises connaissez-vous ? Savez-vous à peu près où se trouvent ces régions ?
3 Quelles villes françaises connaissez-vous de nom ? Essayez de classer ces villes par ordre de grandeur.

Comme toutes les révolutions, celle-ci a commencé par les mots. Un jour, c'était dans les années 80, le mot « province » a été banni[1] du vocabulaire. « La » province, comme disaient les Parisiens d'un ton condescendant[2] pour désigner tout ce qui n'était pas Paris : ces contrées[3] aux mœurs[4] étranges où l'on déjeunait en famille le dimanche au restaurant, où les dames s'habillaient Au Chic de Paris, et qu'éclairaient faiblement les lumières de la capitale. C'est fini. La province n'existe plus. Ni la réalité, ni le mot qui la désignait. Pour désigner ce qui n'est pas l'Ile-de-France on ne dit pas « la » mais « les » régions, manière de souligner qu'elles sont nombreuses et diverses.

Ce qui caractérise l'ère[5] nouvelle, c'est moins la dynamique (réelle) des régions que l'explosion des grandes cités, l'accession des anciennes « villes de province » au statut de métropoles. Fini le temps où, pour réussir, il fallait « monter à Paris ».

Aujourd'hui, dans bien des domaines, ce serait plutôt l'inverse. Quels sont désormais les pôles d'excellence ? C'est Toulouse pour l'aéronautique, Lille-Métropole pour la VPC[6], Rennes pour les télécoms, Strasbourg pour la génétique, Grenoble et Nice pour l'industrie de l'intelligence. Regardez encore la créativité de la scène musicale et théâtrale régionale, le succès du rock toulousain, du rap marseillais, de la world music bretonne.

La « province » n'a plus à faire de complexe. Les dernières créations du design ou de la mode sont commercialisées dans la France entière. Les nouveaux films sortent partout le même jour à la même heure. Le grand fossé[7] qui sépare encore la région parisienne des autres, c'est celui de la démographie : 9 millions d'habitants pour Paris et sa banlieue ! Mais les championnes de la croissance s'appellent Nantes (qui a vu sa population s'accroître[8] en dix ans de 9,6%), Toulouse (+ 8,9%), Montpellier (+ 8,1%), Aix-en-Provence et Orléans (+ 7,3%), Lyon (+ 7,1%). Et Paris ? Paris a continué de se vider doucement de sa population (– 1,70%).

Les causes de cette révolution ? C'est la décentralisation. Mais, bien plus encore, c'est l'aspiration[9] des Français à vivre dans des ensembles urbains plus humains. C'est la redécouverte de la richesse des cultures et des identités régionales. C'est la révolution technologique, qui permet aux nouvelles activités économiques de se déployer[10] librement sur le territoire : la vraie matière première,

Le groupe marseillais IAM

1 **bannir** exclure, chasser – 2 **condescendant,e** herablassend – 3 **une contrée** un pays (lointain) – 4 **les mœurs** *f* Sitten – 5 **une ère** une époque – 6 **la VPC** la vente par correspondance (Versandverkauf) – 7 **un fossé** Graben – 8 **s'accroître** augmenter – 9 **une aspiration** une forte envie – 10 **se déployer** se développer

c'est la matière grise[11], la plus mobile qui soit. C'est la révolution des transports, qui met Tours aux portes de Paris et Lyon à une heure d'avion de Bordeaux ou de Francfort. C'est l'ouverture des frontières, qui fait que Perpignan se tourne vers Barcelone ; Lille vers Anvers ; la Lorraine, vers l'ensemble Wallonie-Luxembourg-Sarre-Palatinat-Rhénanie-Alsace.

En un mot, la nouvelle France des régions, c'est la revanche de la géographie sur l'histoire. Prenez la carte de France, gommez les régions administratives et les départements, créés par la révolution, et vous retrouvez la France physique, ses bassins[12], ses côtes, ses fleuves, autour desquels, depuis la nuit des temps[13], se sont déployées la vie et l'activité des hommes.

Claude Weill, *Le Nouvel Observateur*, 28 octobre 1999 (texte abrégé).

Autour du texte

1 D'après ce texte, comment les Parisiens voient ou voyaient-ils la province ? A votre avis, quelle part de vérité pourrait se cacher derrière ces clichés ?
2 a) Dans quelle mesure les villes de province ont-elles changé dans l' « ère nouvelle » ?
b) Quels sont, d'après le texte, les raisons principales de ces changements ?
3 Expliquez ce que l'auteur veut dire par *la revanche de la géographie sur l'histoire* (L. 59).

- Internet – En petits groupes, choisissez un des nouveaux « pôles d'excellence » ou une région française de votre choix puis rassemblez les informations que vous pourrez trouver sur cette ville ou cette région *(→ stratégies, p. 144)*. Pour les illustrer, cherchez ensuite des photos, dessins ou graphiques (ou vidéos). Présentez ensuite vos résultats sous forme d'affiche, de collage, de montage vidéo ou autre.

15 Le quiz des régions

1 Combien de régions *administratives* la France comporte-t-elle ? ☐ 6 ☐ 13 ☐ 22 ☐ 95

2 Sa capitale est le siège du Parlement européen. Comment s'appelle la plus petite des régions françaises ? (↓)

3 Les nombreux châteaux de cette région ont fait d'elle l'un des plus grands centres touristiques de la France. Quel est le vrai nom de celle qu'on appelle souvent « le jardin de la France » ?

4 Historiquement, c'est la région la plus jeune de France. C'est aussi la moins peuplée. Les indépendantistes y font beaucoup de bruit…

5 La capitale de cette région très touristique est la deuxième ville de France. (↓)

6 Au 19ème siècle, cette petite région industrielle était très active grâce au charbon et au textile. Aujourd'hui, le projet « Eurotunnel » lui a donné un second souffle.

11 **la matière grise** l'intelligence – 12 **un bassin** Becken – 13 **la nuit des temps** *ici:* une époque très ancienne

7 Appelée le « château d'eau » de la France, cette région peu peuplée est aussi celle des volcans. (↑) Sa capitale est un vieux centre industriel.

8 C'est une région dont les plus vieux habitants, d'origine celtique, parlent encore leur propre langue. (↓)

9 Quelle est la région qui accueille le plus grand nombre de touristes par an ?
☐ le Centre – Val de Loire ☐ la Corse
☐ l'Alsace ☐ la Région parisienne
☐ Provence – Alpes – Côte d'Azur
☐ le Languedoc-Roussillon
☐ la Bretagne

10 Le Parc du Futuroscope (↓) est une des grandes attractions touristiques de quelle région ?
☐ la Picardie ☐ la Lorraine
☐ l'Aquitaine ☐ le Poitou-Charentes

16 La musique en fête

1 Est-ce que vous avez déjà joué d'un instrument ou chanté dans la rue ou en public ?
Si oui, racontez comment cela s'est passé. Sinon : Est-ce que vous auriez le courage de le faire ?
2 Aimez-vous les musiciens ou chanteurs de rue ? Tous, ou seulement certains ? Dites lesquels et pourquoi.
3 A votre avis, est-ce qu'il faudrait permettre à tous ceux qui le désirent de jouer dans la rue ?
Pesez le pour et le contre.

Si seule une minorité est capable de situer correctement l'année de naissance de la Fête de la Musique, tout le monde en a entendu parler. Fête populaire par excellence, c'est sous l'impulsion de Jack Lang, alors ministre de la Culture, que cette manifestation voit le jour en 1982.
Une étude rapporte que cinq millions de personnes, dont un jeune sur deux, jouent d'un instrument de musique en France. Partant de ce constat, le ministère socialiste décide de mettre en pratique le concept : La musique partout et le concert nulle part[1], en donnant la possibilité à qui le souhaite de descendre dans la rue un jour par an pour faire de la musique. Ce sera le 21 juin, jour du solstice[2] d'été.
Les musiciens amateurs se mêlent aux artistes professionnels et surtout, tous les styles de musique y sont représentés. Mais, avant toutes choses, toutes les prestations[3] scéniques sont gratuites ce jour-là.

1 **nulle part** ≠ partout – 2 **le solstice** Sonnenwende – 3 **une prestation** *ici:* Darbietung

Tous les ingrédients sont donc réunis pour en faire une des plus grosses fêtes populaires françaises. En 20 ans, plus de 800 000 musiciens amateurs et professionnels ont participé à plus de 10 000 concerts, et 10 à 12 millions de spectateurs se sont associés[4], aussi bien en ville qu'en campagne, à cette journée.

Cet appel du 21 juin rassemble aussi les établissements scolaires et les écoles de musique. Il permet aussi de faire entrer plus largement la culture dans le système éducatif, à l'occasion, par exemple, de projets réunissant plusieurs écoles de villes voisines.

La fête entre aussi dans des lieux singuliers[5]. Le personnel pénitentiaire[6], aidé par des associations, organise dans les prisons des concerts qui procurent aux détenus[7] une occasion de « s'évader[8] ». La fête de la musique entre aussi dans les hôpitaux et permet aux malades et aux soignants de participer à l'événement.

Depuis 1985, la Fête de la Musique s'est exportée dans plus de cent dix pays sur les cinq continents. En Europe, de nombreuses villes ont signé une Charte des partenaires de la Fête européenne de la Musique : Berlin, Budapest, Barcelone, Istanbul, Liverpool, Luxembourg, Rome, Naples, Prague… Elle est pratiquement devenue fête nationale dans de nombreux pays du continent africain.

Parallèlement à tous ces aspects positifs, il peut être intéressant de soulever[9] certaines questions. Noyés sous une masse de chiffres sur la participation des Français à la Fête de la Musique, on peut regretter que ce soit la quantité et non la qualité qui prime[10] en une telle occasion. En effet, le nombre de manifestations noie les artistes de talent (connus ou pas) au milieu du voisin de palier qui, fier de sa guimbarde[11] achetée pour l'occasion, se prend pour un musicien.

Et pour conclure, devant un Etat qui nous autorise généreusement à faire la Fête dans la rue une fois par an, on peut aussi se demander dans quelle mesure cet événement ne lui sert pas de caution morale pendant qu'il fait pression sur des petites salles aux programmations audacieuses[12] pour réclamer leur fermeture.

VM & Rapha, *L'Art Scène*, juin 2002 (texte abrégé).

4 **s'associer à qc** participer à qc – 5 **singulier, -ère** original – 6 **pénitentiaire** qui se rapporte à la prison – 7 **un détenu** un prisonnier – 8 **s'évader** (ent)fliehen – 9 **soulever** *ici*: poser – 10 **primer** dominer – 11 **une guimbarde** Maultrommel – 12 **audacieux,-euse** mutig, gewagt

Autour du texte

1 Faites le plan du texte et dites en quelques mots de quoi il est question dans chaque partie.
2 Pourquoi, d'après vous, la fête de la musique est-elle très appréciée ?
3 L'auteur, dans la dernière phrase du texte, parle de la fermeture des petites salles.
   a) De quel genre de « salles » s'agit-il ?
   b) Quel pourrait être l'intérêt de l'Etat de les fermer ?
   c) Que pensez-vous, personnellement, de l'argument de la « caution morale » (dernier paragraphe) ?

Au-delà du texte

- Internet – Retrouvez sur Internet le site officiel de la Fête de la musique. Puis faites trois groupes :
  Groupe 1 : Relevez les conseils pratiques sur la Fête de la musique.
  Groupe 2 : Relevez des informations données sur les différentes manifestations dans le monde.
  Groupe 3 : Informez-vous sur la « Cyberfête de la musique ».
  Présentez vos résultats au reste de la classe.
- Commentaire – Que pensez-vous de cette citation d'une chanteuse de rue, à Paris : « *Pour moi, chanter dans la rue doit être un langage, une communion avec des gens que l'on ne revoit jamais* » ? *(→ stratégies, p. 138).*

17 Voilà l'été, vive les festivals !

1 Quel genre de spectacle aimez-vous le plus ? Est-ce que vous y allez régulièrement ?
2 Quel genre de « festivals » est-ce que vous connaissez ?

La belle saison arrive et, avec elle, son cortège[1] de festivals. Musique, théâtre, cirque ou gastronomie, le choix est large. A l'image d'un public aux origines et aux envies plurielles.

Premier rayon de soleil, première balade[2] le soir sans manteau, après le gris sale de l'hiver, et on joue à y croire : c'est l'été enfin, les vacances enfin, le fond de l'air sent la saucisse grillée, on a encore un peu de temps avant le concert, le spectacle, un dernier coup[3] de rouge en terrasse et on y va... Les festivaliers se ressemblent tous dans leur décontraction[4], leur plaisir de se faire plaisir. C'est dans le choix de leur destination qu'ils se différencient.

Le public des festivals de classique est remarquablement homogène. Les grands-messes[5] sont de plus en plus courues[6], avec une fréquentation en hausse constante depuis dix ans : Aix reste un rendez-vous incontournable[7] pour l'art lyrique ; La Roque-d'Anthéron attire toujours plus de musiciens, y compris – fait assez rare pour être admiré – dans le grand public ; idem aux Chorégies d'Orange, à Saintes et à La Chaise-Dieu.

Certains petits festivals, protégés par la discrétion jalouse[8] des connaisseurs, font figure de paradis musicaux. On y trouve le Festival de l'Empéri, domaine du pianiste Eric Le Sage, entouré du clarinettiste Paul Meyeret et du flûtiste Emmanuel Pahud : « *On avait envie de se faire plaisir, de jouer des morceaux méconnus impossibles à exécuter[9] en saison normale. Alors on a invité quelques copains et voilà...* »

Tout dépend de ce que le festivalier recherche : un grand festival lui donnera l'assurance de voir et d'écouter des spectacles de qualité, de rejoindre une communauté de passionnés. La vie des habitants de Marciac s'est ainsi trouvée radicalement transformée par l'apparition du jazz dans leur village : « *Nous voulions animer les soirées d'un été culturel désert*, raconte Jean-Louis Guilhaumon, président de l'association Jazz in Marciac, *alors nous avons fait une modeste soirée dans les arènes...* » Un concert, puis deux, un trompettiste célèbre séduit par les lieux, quelques centaines d'amateurs de jazz... Un quart de siècle plus tard, le festival dure toute l'année (un concert chaque mois, hors festival), 500 des 1200 habitants du village sont bénévoles pour organiser une manifestation qui attire 150 000 visiteurs en deux se-

1 **un cortège** Gefolge, Zug – 2 **une balade** une promenade – 3 **un coup** *ici:* un verre – 4 **la décontraction** Entspannung, Lockerheit – 5 **une grand-messe** Hochamt – 6 **couru,e** *ici:* fréquenté – 7 **incontournable** unumgänglich – 8 **jaloux, -se** *ici:* sorgsam – 9 **exécuter** *ici:* jouer

maines, et le collège, qui propose une formation au jazz de cinq heures par semaine, a vu le nombre de ses élèves multiplié par trois.

Les connaisseurs, eux, ont appris à fuir les rassemblements de masse. « *Il y a trop de monde à Avignon. Alors il ne faut pas hésiter à habiter à l'extérieur de la ville, dans les Bouches-du-Rhône, ce qui permet de découvrir les festivals de L'Isle-sur-la-Sorgue, de Carpentras ou de Vaison-la-Romaine… et de profiter d'Avignon, mais sans se faire étouffer* », confie un habitué.

Rues bondées[10] et spectacles pleins à craquer[10] ne parviennent[11] toutefois[12] pas à freiner[13] l'enthousiasme d'un public jeune, familial, composé d'employés et d'étudiants, qui apprécie l'art descendu dans la rue, les fêtes locales ou les festivals folkloriques. Lorient a accueilli environ 450 000 spectateurs l'an dernier, Les Vieilles Charrues sont passées au premier rang des festivals français de rock en 2000.

Les célébrations d'un produit ou d'une activité typiquement régionaux foisonnent[14], de la Fête de la moule[15] (de La Rochelle à Pornic) à la Fête du boudin[16] en Picardie ou aux festivals de bandas[17] dans le Midi-Pyrénées. Mais festivals régionaux ne signifient pas forcément touristes en tongs[18]. Les Montpelliérains adulent[19] aujourd'hui Montpellier Danse, consacré à la danse contemporaine. Mais il leur a fallu près de vingt ans. « *Un jour, nous avons fait venir Cunningham, le plus grand chorégraphe vivant. Il a fait scandale, la moitié de la salle s'est barrée[20] à chaque représentation, mais j'ai recommencé. L'an dernier, toute la salle, 2000 personnes, l'a acclamé[21]. Ce public est devenu un public de connaisseurs, et il vient majoritairement de Montpellier* », se rengorge[22] Jean-Paul Montanari, le directeur. Raison de plus pour regarder autour de soi, un festival n'est pas obligatoirement dans le Sud : il peut aussi se trouver à deux pas de chez vous !

Challenges, 2 mai 2002 (texte abrégé).

Autour du texte

1 Relevez les différents festivals cités dans le texte et classez-les par genres.
2 Que signifie la phrase : « *Festivals régionaux ne signifient pas forcément touristes en tongs* » (L. 74) ?
3 Caractérisez le public des festivals d'après les indications du texte.

Au-delà du texte

- Créativité – Préparez une petite campagne de publicité pour un festival de votre choix : Dessinez des affiches, inventez des slogans, formulez une publicité pour la radio, etc.
- Ecriture – Imaginez que vous désiriez assister à une ou plusieurs représentations d'un festival.
  En groupes, rédigez l'une des lettres suivantes.
  a) A l'office du tourisme : Vous désirez obtenir le programme du festival, le prix des entrées et une liste des hôtels et pensions de la région.
  b) A l'un des hôtels : Vous aimeriez réserver plusieurs chambres. Précisez vos besoins.
  c) A la direction du festival : Vous souhaitez réserver des billets d'entrée pour une ou plusieurs représentations. Renseignez-vous sur les possibilités de réduction des tarifs d'entrée.

10 **bondé,e / plein,e à craquer** trop plein – 11 **parvenir** arriver – 12 **toutefois** cependant – 13 **freiner** bremsen – 14 **foisonner** être très nombreux – 15 **une moule** Miesmuschel – 16 **le boudin** Blutwurst – 17 **une banda** une fanfare, un orchestre – 18 **des tongs** *f* sandales de plage – 19 **aduler** adorer, admirer – 20 **se barrer** *fam.* partir – 21 **acclamer** bejubeln – 22 **se rengorger** sich brüsten

18 La culture fait grève

Regardez la photo. Quelle est votre première impression ? Comment interprétez-vous son « message » ?

26 juin 2003 : CULTURE EN GREVE

Vous aimez voir des spectacles de musique, de danse, de théâtre.

Vous aimez que les artistes soient correctement éclairés, costumés et sonorisés.

Vous aimez, au détour d'une semaine de vacances vous laisser surprendre par un festival de musique, de spectacle de rue ou de danse.

Vous aimez vous inscrire et inscrire vos enfants à des ateliers de pratiques artistiques.

Vous aimez le cinéma, la télé, la radio.

Vous aimez payer vos places à un prix raisonnable.

AUJOURD'HUI, VOTRE PLAISIR EST EN DANGER CAR NOS METIERS SONT EN DANGER.

Nous, artistes de la musique, de la danse, du théâtre ou du cirque, techniciens du spectacle vivant ou de l'audiovisuel, sommes des « intermittents[1] du spectacle ». C'est à dire que nous ne sommes engagés qu'à l'occasion des spectacles qui vous sont proposés.

Ce qui fait la spécificité de nos métiers, ce sont des journées, des semaines, des mois de travail nécessaires à l'élaboration de nos projets. Comme un peintre en bâtiment passe la plupart de son temps à préparer ses surfaces[2] avant de les peindre, un boulanger sa pâte avant de cuire son pain, un professeur ses cours avant de les enseigner. A la différence près[3] que ceux-ci, pendant ces heures de préparation, sont payés, alors que nous sommes chômeurs.

En France, l'économie du spectacle fonctionne ainsi.

Le MEDEF[4] veut l'annulation de la spécificité de notre statut, ce qui entraînerait la disparition de 70 % d'entre nous.

La création artistique est notre métier. Tout un pan[5] de l'économie de notre pays, le tourisme et l'industrie du loisir notamment, repose sur la culture. Celle-ci génère des bénéfices[6] considérables. L'image culturelle d'une ville, d'une région, d'un pays est aussi porteuse de qualité de vie.

La diversité culturelle est garante de la démocratie d'une nation.

Soyez vigilants[7] et présents à nos côtés le 26 juin 2003.

POUR SAUVEGARDER[8] VOTRE DROIT A LA CULTURE, DEFENDONS-LA ENSEMBLE. MERCI.

**Les professionnels du spectacle et de l'audiovisuel
et les Syndicats CGT du Spectacle et de l'Audiovisuel**

1 **intermittent,e** sporadique, irrégulier – 2 **une surface** *ici:* Oberfläche, Grund – 3 **à la différence près** avec comme différence – 4 **le MEDEF** l'organisation nationale des patrons – 5 **un pan** *ici:* une partie importante – 6 **un bénéfice** Gewinn – 7 **vigilant,e** wachsam – 8 **sauvegarder** garder, sauver

Autour du texte

1 Qui est l'auteur de cette affiche ? A qui s'adresse-t-elle ? Pour faire quoi ?
2 En quoi la situation des « intermittents du spectacle » est-elle différente de celle du reste des travailleurs ?
3 Quelle est la cause directe de la grève ? (Pour des informations plus précises, tapez *statut, intermittents spectacle* dans votre moteur de recherche Internet.)
4 Dites ce que signifie l'affirmation suivante et ce que, vous-même, vous en pensez :
« La diversité culturelle est garante de la démocratie d'une nation. » (L. 33)

- Ecriture – A la suite de la grève des intermittents du spectacle, une partie des plus grands festivals de l'été 2003 ont été annulés.
  a) Mettez-vous à la place d'un intermittent en grève et écrivez un message pour le courrier des lecteurs d'un magazine, dans lequel vous justifiez les mesures qui ont entraîné ces annulations.
  b) Mettez-vous ensuite à la place d'un lecteur ou d'une lectrice de ce magazine qui voulait assister à un des festivals annulés et répondez à ce message *(→ stratégies, p. 137)*.

19 La grève, une passion française

1 Avez-vous déjà été « victime » d'une grève ? Si oui, comment avez-vous vécu cette expérience ?
2 D'après vous, y a-t-il des catégories de personnes à qui on devrait interdire de se mettre en grève ? Lesquelles ? Justifiez votre opinion.

« Mais quel genre de relation lie les Français aux grèves ? », s'interrogeait il y a peu le correspondant à Paris du quotidien britannique *The Guardian*. *« L'été dernier, c'était les pilotes de ligne, les porteurs de bagages, les employés du RER et les conducteurs de train. Le mois dernier, les chauffeurs-routiers et, la semaine dernière, les conducteurs de bus. Et cette semaine, nom de Dieu : les élèves des écoles. Même les chômeurs font grève, ce qui est quand même assez ironique. Grèves et manifestations sont, semble-t-il, une nuisance perpétuelle*[1]*, un fait récurrent*[2] *de la vie française. En fait, je*

1 **perpétuel,le** constant – 2 **récurrent,e** qui revient régulièrement

suis convaincu que personne ne serait heureux sans les grèves. Elles constituent une partie essentielle de l'image que les Français ont d'eux-mêmes, quelque chose qui fournit un sentiment pervers de fierté nationale. Nous, en France – semblent dire les grèves – croyons toujours – contrairement au reste du monde – que descendre dans la rue peut vraiment faire changer les choses. » (1)

« *Depuis deux siècles*, explique l'historien Stéphane Sirot, *la grève est une passion française et le phénomène gréviste s'inscrit au cœur de notre société, en régule les rapports sociaux. Ceux qui depuis les années 60 annoncent régulièrement son dépérissement*[3] *sont dans l'erreur, les éruptions périodiques du phénomène sont d'ailleurs là pour les contredire.* » (2)

La France en grève !

Voici *quelques-unes* des grèves qui ont eu lieu en France en 2003
(d'après les titres du journal *Le Monde*) :

La grève des médecins de montagne *(janvier)*
Appel à une journée nationale de grève des intermittents du spectacle *(février)*
Air France : grève des pilotes *(février)*
Canal+ toujours en grève *(mars)*
Grève des enseignants pour dénoncer le port du foulard par une élève *(mars)*
SNCF : journée nationale de grève le 18 mars *(mars)*
La grève contre la privatisation d'Air France *(mars)*
Provence-Alpes-Côte d'Azur : grève illimitée des chauffeurs de taxi *(mars)*
La grève des facteurs parisiens *(avril)*
La SNCF et la RATP se préparent à la grève *(mai)*
Radio France a été très perturbée[4] par la grève *(mai)*
Banque de France : plusieurs milliers d'agents en grève *(juin)*
Paris : poursuite de la grève des éboueurs[5] *(juin)*
Journée de grève nationale des urgences hospitalières *(juin)*
Grève générale à propos des retraites *(octobre)*
Hausse du tabac, grève des buralistes[6] *(octobre)*
Grève de lycéens pour protester contre l'application de la loi Evin *(octobre)*
Des étudiants en grève dans six universités *(novembre)*
Grève de la marine marchande le 11 décembre *(décembre)*
La grève au ministère des affaires étrangères *(décembre)*

Face aux grèves, les Français se comportent de manière schizophrène. C'est en tout cas l'avis de Robert Rochefort, le directeur général du Credoc (Centre de recherche pour l'étude et l'observation des conditions de vie), interviewé pour *Le Monde* par Sylvain Cypel.

– *Comment analysez-vous l'attitude des usagers*[7] *lors des récents mouvements sociaux ?*

– Par un mot : l'ambivalence – j'irai jusqu'à dire la schizophrénie. L'usager connaît une double situation : il s'énerve lorsqu'il est victime des grèves, quand tout lui devient insupportable, mais il vit avec l'idée que, quelque part, les grévistes défendent une image sociale de la France qui se dégrade[8] réellement. L'usager a, lui aussi, le sentiment que « tout fout le camp[9] », l'idée que tout notre système de protection sociale est en danger.
Il y a, bien sûr, des usagers ouvertement oppo-

3 **le dépérissement** Niedergang – 4 **perturbé,e** très dérangé – 5 **un éboueur** Müllmann – 6 **un buraliste** qn qui vend du tabac – 7 **un usager** qn qui utilise un service public – 8 **se dégrader** perdre sa valeur – 9 **foutre le camp** *fam.* partir; *ici:* se perdre

sés aux grèves. Le premier type, classique, est très idéologisé, il refuse les « archaïsmes » et les « entraves[10] à la liberté » que représentent les grèves. Le second me paraît nouveau. Il y a eu beaucoup de jeunes parmi les manifestants, mais aussi parmi ceux qui ont trouvé ces grèves insupportables. Les jeunes réagissent directement par rapport à leur situation professionnelle personnelle. Les jeunes cheminots[11] ou postiers défendent un statut qui les a fait opter[12] pour ces métiers. Les autres vivent une situation professionnelle où l'on exige d'eux plus d'efficacité, d'adaptation. Ces jeunes-là, en colère contre les grévistes, ne voient pas forcément à quoi peut servir de défendre une situation qui ne correspond aucunement au monde du travail qu'ils connaissent.

– On a cependant constaté relativement peu de manifestations d'hostilité[13] forte aux grévistes.

– Effectivement. Le schizophrène se retient. Il peste[14] devant le problème rencontré, mais ne manifeste pas une franche[15] hostilité, parce qu'il a une forme d'identification, pas forcément avec la revendication[16] ou le mode d'action du gréviste ou du manifestant, mais avec le malaise[17] qu'ils expriment.

– Des comportements nouveaux sont-ils apparus parmi les usagers ?

– Oui. Lorsqu'une grève est correctement menée, avec préavis[18], la capacité d'adaptation des usagers est plus grande qu'auparavant. Ce n'est pas la grève, mais l'improvisation due à la grève surprise qui est source de frustration. Sinon, les gens sont de plus en plus capables de s'adapter, en temps réel, aux événements prévisibles.

– Existe-t-il une « spécificité » de l'usager français, une plus grande tolérance de sa part, dans un pays où les mouvements sociaux sont récurrents ?

– Je l'ai longtemps pensé, je ne le crois plus. Pendant les grèves de 1995, j'avais un fils à Minneapolis, aux Etats-Unis. Il me racontait la difficulté d'expliquer le mouvement aux Américains. Puis a éclaté dans sa région une grève des transporteurs routiers, très dure. Les Américains se sont adaptés à la situation avec la même « tolérance » pour les grévistes que les Français. La France se caractérise par l'importance du secteur public et la propension[19] aux grèves dures, mais l'usager français ne s'identifie pas par une attitude spécifique. (3)

1 *Le Journal du Dimanche*, 18 octobre 1998 (extrait);
2 cité sur http://perso.club-internet.fr/castelg/ca14.htm, 8 juillet 2003;
3 *Le Monde*, 22 juin 2003 (texte abrégé).

Autour des textes

1 Comment les Anglais du *Guardian* jugent-ils la relation qu'ont les Français avec la grève ?
2 Regardez les différentes grèves qui ont eu lieu en France en une année.
   a) Qui fait grève en France, pour ou contre quoi ? Les motifs de grève vous semblent-ils tous « graves »?
   b) A votre avis, ferait-on grève pour ce genre de motifs en Allemagne ?
3 Quels sont les différents types de réaction des Français face aux grèves, selon Robert Rochefort, et quelles sont les motivations qui leur correspondent ?
4 Comparez ce que dit Robert Rochefort au sujet de la « spécificité française » face aux grèves (L. 104–115) à l'opinion exprimée dans le *Guardian* (L. 1–20). Que constatez-vous ?

Au-delà des textes

- Discussion – Lors d'une grève des transports dans un aéroport ou une gare, un groupe de voyageurs en colère discute avec un groupe de grévistes. Préparez d'abord la discussion en petits groupes en imaginant les arguments que les différentes personnes vont avancer. Puis jouez la scène.
- Créativité – En petits groupes, choisissez une raison de faire grève : une raison sérieuse ou amusante, ou même absurde (par exemple : une grève contre la pluie ou contre les lundis). Rédigez ensuite un tract dans lequel vous exposez le plus sérieusement possible votre problème et vos revendications. (Pour la forme, vous pouvez vous inspirer du texte 18, p. 30.)

10 **une entrave** Hemmnis – 11 **un cheminot** un employé des chemins de fer – 12 **opter pour qc** choisir qc – 13 **l'hostilité** *f* l'opposition agressive – 14 **pester** râler – 14 **franc, franche** *ici:* ouvert – 16 **une revendication** Forderung – 17 **un malaise** Unbehagen – 18 **un préavis** Vorankündigung – 19 **une propension** une tendance « naturelle » (à faire qc)

1 Digne debout

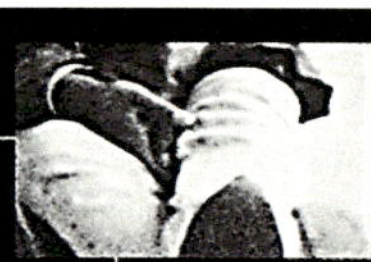

L'HOMME N'EST DIGNE QUE DEBOUT

Dans nos sociétés, l'Homme doit rester prioritaire. Il est urgent de relever le défi de l'exclusion, du mépris et de la désespérance d'une large part des femmes et des hommes de notre temps. Nous avons tous, avec nos différences et nos complémentarités, une place dans la construction de ce monde.
Le collectif de l'Homme debout veut promouvoir la dignité de la personne humaine et relever le défi de la pauvreté et de l'exclusion.

 1 **un défi** Herausforderung – 2 **l'exclusion** *f* → exclure – 3 **le mépris** Verachtung – 4 **promouvoir** fördern

Autour de l'image

1 Décrivez l'affiche de la page 36 *(→ stratégies, p. 134)* puis dites comment il faut comprendre son slogan.
2 Pour ou contre quoi le collectif « L'Homme debout » s'engage-t-il ? Qui sont, d'après vous, les principales victimes de l' « exclusion » ?
3 Dites ce qui peut, selon vous, porter atteinte à la dignité humaine.

2 Il marche seul

La solitude n'est-elle qu'une menace ou peut-elle aussi être une chance ? De quoi est-ce que cela dépend, d'après vous ?

Refrain :
Il marche sans but[1] sans s'arrêter
À se demander où ce soir il va pouvoir coucher
Il dort dans le froid, hiver comme été
Soit[2] dans un parc ou dans une cage[3] d'escalier.

Quel âge a-t-il ? Il ne sait même plus
Quelle importance
maintenant qu'il est dans la rue ?
Majeur[4] et vacciné[5] depuis pas si longtemps,
Arrivé à Paris pour trouver du mouvement.
Maintenant
Refrain

Il s'en souvient encore, il y pensait déjà :
Il irait concrétiser tous ses rêves là-bas,
La ville lumière où tout est permis.
Mais la vie n'est pas si simple,
malheureusement pour lui.

Il s'en souvient encore, il y pensait déjà :
Il irait concrétiser tous ses rêves là-bas,
La ville lumière où tout est permis.
Il est seul, tout le monde l'ignore,
même sa famille le renie[6].
Maintenant
Refrain

Tonton David

Il est sans-abri, sans domicile fixe.
Aucun but précis, aucune idée fixe.
Il a voulu travailler, il n'a rien trouvé,
Mais il ne veut pas mendier[7] par principe et fierté[8].
Maintenant
Refrain

Paroles : Ray David Grammont. Musique : B. Arrondel / J. Benze / E. M'Boneke.

Autour du texte

1 Qu'est-ce qu'on apprend sur le personnage de la chanson ? Dites où et dans quelle situation il se trouve actuellement.
2 a) Imaginez les rêves que le personnage voulait concrétiser dans la « ville-lumière » (L. 16–17).
b) Reconstituez les événements qui ont pu le mener là où il est maintenant.
3 Quel avenir voyez-vous pour cet homme ?
4 « Il » : A votre avis, pourquoi l'auteur ne donne-t-il pas de nom à son personnage ?

1 **un but** Ziel – 2 **soit…soit/ou…** entweder … oder … – 3 **une cage d'escalier** Treppenhaus – 4 **majeur,e** qui a plus de 18 ans – 5 **vacciné,e** geimpft; **être majeur et vacciné** *fam.* être adulte – 6 **renier qn** *ici:* rejeter qn – 7 **mendier** betteln (→ un mendiant) – 8 **la fierté** → fier

3 Peut-on détruire la misère ?

1 Avez-vous déjà pu observer un clochard dans la rue ? Quelles étaient les différentes réactions des passants ? Vous-même, quel genre de sentiment avez-vous eu devant ce « spectacle » ?
2 a) Quelle différence voyez-vous entre « misère » et « souffrance » ?
   b) Répondez à la question posée par le titre de ce texte.

« *Je ne suis pas, Messieurs, de ceux qui croient qu'on peut supprimer[1] la souffrance en ce monde, la souffrance est une loi divine, mais je suis de ceux qui pensent et qui affirment qu'on peut détruire la misère. Remarquez-le bien, Messieurs, je ne dis pas diminuer, amoindrir[2], limiter, circonscrire[3], je dis détruire. La misère est une maladie du corps social comme la lèpre[4] était une maladie du corps humain ; la misère peut disparaître comme la lèpre a disparu. Je dis que la société doit dépenser[5] toute sa force, toute sa sollicitude[6], toute son intelligence, toute sa volonté, pour que de telles choses ne soient pas ! Je dis que de tels faits, dans un pays civilisé, engagent la conscience de la société toute entière.* » (1)
Cent cinquante-trois ans après ce discours de Victor Hugo contre l'extrême pauvreté, la société française est encore incapable d'éradiquer[7] cette maladie sociale…

Un fait divers. Un cadavre en hiver. Juste entre Noël et le jour de l'an, on a découvert sur la plage de Nice un homme mort entre deux sacs de couchage[8]. En trois semaines, c'est le septième sans-abri qui succombe[9] ainsi dans la rue.
Morts de solitude, d'épuisement[10], de maladies et de dénuement[11], contrairement à ce qu'on peut lire ici et là, ce n'est pas l'hiver qui les a tués. Le froid n'a fait que les achever[12] : le reste de l'année, ils l'ont passé à laisser leur corps malade s'affaiblir[13] et leur esprit se noyer[14] dans la bibine[15] assassine[16].
Mendiants, vagabonds, nouveaux pauvres, exclus, marginaux[17], SDF, sans-abri, qui et combien sont-ils ? Il est impossible d'avancer[18] des chiffres précis. Cependant, on estime leur nombre entre 10 000 et 15 000 « à vivre dans la rue de façon habituelle et installée » à Paris. Autour de ce noyau[19] dur gravitent[20] environ de 20 000 à 30 000 « compagnons de route » de la clochardisation définitive: jeunes à la dérive[21], toxicomanes, prostitués occasionnels[22] des deux sexes, sortant de prison ou d'hôpital psychiatrique. Patrick Declerck, qui a vécu avec les clochards pour en tirer un livre (*Les Naufragés*[23]) estime qu'il est raisonnable de multiplier ce chiffre par deux ou trois. Ils seraient donc de 60 000 à 135 000 à subir[24] les dangers de la rue.
La misère, contrairement à l'argent, a une odeur de crasse[25], de mauvais alcool, de pisse et de merde. Tous, nous passons notre chemin, honteux[26] de nous laisser submerger[27] par le dégoût[28]. Declerck, lui, n'a pas honte de l'exprimer : « *La plupart du temps, je les hais*[29], écrit-il. *Ils puent*[30]. *Ils puent la crasse, les pieds, le tabac et le mauvais alcool. Ils puent la haine, les rancœurs*[31] *et l'envie. Ils se volent entre eux. Terrorisent les plus faibles et les infirmes*[32]. *Guettent*[33], *comme les rats, le sommeil*[34] *des autres pour leur dérober*[35] *des misères*[36]. *Ils se*

1 **supprimer** enlever; *ici:* faire disparaître – 2 **amoindrir** diminuer (→ moins) – 3 **circonscrire** limiter – 4 **la lèpre** Lepra – 5 **dépenser** *ici:* employer – 6 **la sollicitude** Fürsorge – 7 **éradiquer** supprimer définitivement – 8 **un sac de couchage** Schlafsack (→ se coucher) – 9 **succomber** mourir – 10 **l'épuisement** *m* Erschöpfung – 11 **le dénuement** la misère (→ nu) – 12 **achever** finir; *ici:* tuer (un blessé) – 13 **s'affaiblir** devenir plus faible – 14 **se noyer** ertrinken – 15 **la bibine** *fam.* l'alcool (de mauvaise qualité) – 16 **assassin,e** qui tue – 17 **un marginal** soziale Randfigur – 18 **avancer** *ici:* donner – 19 **un noyau** (Obst)Kern – 20 **graviter (autour de qc)** tourner – 21 **à la derive** ziel- und haltlos – 22 **occasionnel,le** ≠ habituel – 23 **un naufragé** Schiffbrüchiger – 24 **subir** supporter (aushalten, erleiden) – 25 **la crasse** la saleté – 26 **honteux, -euse** beschämt (→ la honte) – 27 **submerger** überschwemmen; *ici:* überwältigen – 28 **le dégoût** → dégoûtant – 29 **haïr** [air] ≠ aimer (→la haine) – 30 **puer** sentir mauvais – 31 **une rancœur** Groll – 32 **un infirme** un handicapé – 33 **guetter** belauern – 34 **le sommeil** le fait de dormir – 35 **dérober** voler – 36 **des misères** *f*, *ici:* des choses sans valeur

tuent aussi. Violemment parfois. » Qui les aimerait ? Nous imaginons qu'il suffirait d'un peu de bonne volonté sociale pour les réintégrer. Or, si on peut certainement les soulager[37], stabiliser leur état, il est vain[38] et dangereux de s'obstiner[39] à vouloir, avec des moyens inappropriés[40], faire « revenir » ces sujets à une normalité qu'ils n'ont jamais connue. « *De toute ma pratique auprès de milliers de gens qu'il m'a été donné[41] de recevoir tant en psychothérapie qu'en consultation médicale,* écrit Patrick Declerck, *je ne connais aucun cas de réinsertion[42], si l'on entend[43] par là l'évolution d'un sujet qui, de clochard, deviendrait ou redeviendrait comme vous et moi.* »
Nié[44] par la vie, le clochard se nie : *« L'exclusion, au-delà d'une certaine limite, agit comme un virus qui, en s'installant dans le cœur du sujet, le force à le reproduire à l'infini.* »
Et nous assistons[45], fascinés et impuissants[46], à ce processus d'autodestruction. (2)

1 Victor Hugo, *Discours sur la misère* devant L'Assemblée législative, le 9 juillet 1848 ;
2 Florence Assouline, *Marianne*, 14 janvier 2002 (texte abrégé).

Autour des textes

1 Etes-vous d'accord avec Victor Hugo quand il compare la misère à une maladie ? Justifiez (ou réfutez) cette comparaison.
2 a) Relevez dans le texte les différentes catégories de personnes qui vivent aujourd'hui dans la rue.
b) Relevez tous les dangers qui menacent directement ces personnes.
3 a) D'après le texte, pourquoi la bonne volonté ne suffit-elle pas pour réintégrer les clochards dans la vie « normale » ?
b) Expliquez comment fonctionne le « processus d'autodestruction » mentionné à la fin du texte.

Au-delà des textes

- Discussion – A votre avis, a-t-on le droit de *haïr* les clochards et autres victimes de la misère, comme le fait Patrick Declerck (L. 51) ? Prenez position et justifiez votre point de vue.
- Ecriture – En 2003, certains maires ont interdit aux SDF de venir mendier dans leur ville. Rédigez un texte pour le courrier des lecteurs d'un journal local dans lequel vous prenez position pour ou contre cette interdiction *(→ stratégies, p. 137).*
- Commentaire – D'après Heinrich Böll, « on reconnaît le degré d'humanité d'une société en observant ce qu'elle déclare être des déchets ». Commentez cet avis *(→ stratégies, p. 138).*

4 Lydia, SDF à 20 ans

Décrivez la photo ci-contre. Imaginez les pensées que cette jeune fille peut avoir au moment où elle est photographiée.

Quand j'étais gamine[1], souvent je me demandais ce que je ferais une fois grande. Comme toutes les petites filles, je voulais devenir maîtresse d'école, ensuite artiste, chanteuse. Jamais je n'avais pensé que je pourrais être SDF.
Je m'appelle Perréal Lydia.

37 **soulager qn** aider qn (à supporter qc) – 38 **vain,e** vergeblich – 39 **s'obstiner** beharren – 40 **inapproprié,e** inadapté à la situation – 41 **il m'a été donné de** j'ai eu l'occasion de – 42 **la réinsertion** la réintégration – 43 **entendre** *ici:* comprendre – 44 **nier** verneinen – 45 **assister à** voir (un spectacle) – 46 **impuissant,e** sans pouvoir (agir)

Je suis née le 23 juillet 1973 à Tours. Dans une famille où les problèmes existaient bien avant que je naisse.
J'ai vingt ans, je suis une femme, et j'ai été SDF. Ce qui veut dire Sans Domicile Fixe. Trois initiales[2] gravées[3] dans ma mémoire.
Comment oublier que pendant une année de sa vie l'on a fait partie des sans-abri ? Un an, quand on en a cinquante, ce n'est pas grand-chose, à la limite du presque rien, mais quand on a vingt ans c'est beaucoup.
C'est drôle, quand je regarde les jeunes de mon âge, ceux qui ont des parents, de la thune[4] et des maisons, j'ai l'impression qu'on ne se ressemble pas. On parle la même langue, on vit dans la même ville, on porte des jeans, on écoute la même musique, on prend le même métro, mais on est différents. Comme si on habitait à des milliers de kilomètres les uns des autres. Leur vie à eux, c'est une vraie vie. Pleine de joie, de délires[5], de bêtises. Leurs seules angoisses[6], c'est de savoir s'ils pourront aller en boîte vendredi soir, au ski l'hiver prochain, s'ils réussiront à leurs examens et surtout leurs histoires d'amour avec des jeunes qui leur ressemblent. Ils ne sont confrontés à rien et surtout pas à la survie. Ni au manque d'amour.
La vie des SDF est une course après la vie et après l'argent. Comment boire un café ? Comment prendre le métro ? Comment manger et survivre quand on ne possède[7] que le minimum, lorsque l'on n'a pas un franc devant soi, lorsque la volonté fout le camp[8] et la santé aussi ?
Il faut lutter à chaque instant contre les humiliations[9], les faux discours, les agressions. Lutter contre des milliers de détails qui, accumulés[10] les uns aux autres, finissent par rendre la vie invivable[11]. On est sans cesse tentés[12] par les paradis artificiels comme la drogue et l'alcool, par la prostitution, et harcelés[13] par ces maladies physiques et psychologiques que l'on ramasse en cours de route. Des maladies dues à l'épuisement, à l'alcoolisme, au froid, aux carences[14] alimentaires : les baisses de tension[15], les vertiges[16], ou les scléroses, les parasites, et d'autres maladies plus graves comme la tuberculose.
En général, les gens, la télévision et les journaux s'apitoient[17] sur les SDF en hiver parce qu'il fait froid et que cela les touche, les émeut[18], les culpabilise[19]. Parce que eux aussi ont froid et que, pour une fois, ils partagent[20] un de nos malheurs…
Comme s'il y avait une saison pour être SDF, nous on est à la mode en hiver. Mais quand on est sans-abri, la rue c'est toute l'année. Douze mois sur douze. L'été aussi. Et l'été, c'est presque plus dur. Comme tout ferme, il faut vraiment se débrouiller[21] seul. On est alors obligé d'accomplir ces gestes qui nous enfoncent[22] davantage dans notre dèche[23] parce qu'à chaque fois on y laisse un peu de notre dignité : fouiller[24] dans les poubelles, faire la manche[25]. S'y habituer c'est déjà renoncer à s'en sortir[26]. C'est une évidence dont peu de gens se rendent compte.
Pour en arriver là il faut déjà être un peu SDF dans sa tête. Être psychologiquement fragile, marqué par un passé lourd, névrotique[27], être en rupture[28] avec sa famille ou la société. Ou avec les deux. On ne devient pas SDF par hasard. C'est faux de croire qu'il suffit d'être cocu[29] ou chômeur pour se retrouver à la rue. SDF, c'est un aboutissement[30], et ça a commencé dans nos têtes, il y a très longtemps.

Lydia Perréal, *J'ai vingt ans et je couche dehors*, © Editions Jean-Claude Lattès, Paris 1995 (texte abrégé).

Autour du texte

1 Faites le résumé du texte de Lydia Perréal *(→ stratégies, p. 139)*.
2 A votre avis, de quels problèmes concrets peut-il s'agir aux lignes 7–9 ?
3 Quels sont, pour Lydia Perréal, les « milliers de détails » qui rendent la vie quotidienne des SDF particulièrement pénible ? Quels sont les dangers qui menacent les SDF ?
4 Expliquez ce que Lydia veut dire aux lignes 72–76.
5 En quoi l'exemple de Lydia Perréal confirme-t-il ce qui est dit dans le texte précédent (p. 36–37) ?

---

1 **une gamine** *fam.* une petite fille – 2 **une initiale** la première lettre d'un nom – 3 **graver** (ein)meißeln – 4 **la thune** *fam.* l'argent – 5 **le délire** *ici:* l'enthousiasme – 6 **une angoisse** une grande peur – 7 **posséder** avoir (besitzen) – 8 **foutre le camp** *fam.* s'en aller – 9 **une humiliation** Erniedrigung – 10 **accumuler** anhäufen – 11 **invivable** → vivre – 12 **tenter qn** jn in Versuchung führen – 13 **harceler qn** poursuivre qn – 14 **une carence** un manque (de qc) – 15 **la tension** Blutdruck – 16 **un vertige** Schwindelanfall – 17 **s'apitoyer sur qn** jdn bemitleiden (→ la pitié) – 18 **émouvoir qn** toucher qn (→ une émotion) – 19 **culpabiliser qn** jdm Schuldgefühle geben – 20 **partager qc** etw teilen – 21 **se débrouiller** sich zurecht finden – 22 **enfoncer** versinken lassen – 23 **la dèche** *fam.* la pauvreté – 24 **fouiller** wühlen – 25 **faire la manche** betteln – 26 **s'en sortir** sich heraushelfen – 27 **névrotique** neurotisch – 28 **une rupture** Bruch – 29 **cocu,e** trompé,e par sa femme (ou par son mari) – 30 **un aboutissement** un résultat

5 Les chômeurs disent : ça suffit !

Taux[1] de chômage en France en décembre 2003 (d'après l'INSEE) :

Au-dessous de 25 ans	21,2 %	563.000 personnes
Entre 25 et 49	8,9 %	1.639.000 personnes
Plus de 50 ans	6,9 %	433.000 personnes

1 Roland G., 47 ans, a six années de chômage derrière lui. Sa bataille pour l'emploi, il la mène en connaissance de cause[2]. Roland passe la moitié de son temps à « chercher un boulot », décide pourtant de se rendre utile. Il anime[3] ainsi une maison de quartier, organise le rattrapage scolaire[4] de collégiens en difficulté et initie[5] des jeunes à l'informatique…
Le miracle s'est produit un jour, après qu'il eut répondu à une annonce pour un concours des Postes ouvert à tous les Français de moins de 45 ans. « *J'en avais 43. A l'ANPE[6], on m'avait affirmé que j étais trop vieux… Depuis, je travaille aux guichets[7] et je gagne trois fois moins que si j'étais resté dans ma filière[8] d'origine (l'informatique), mais j'ai la garantie de l'emploi.* »

2 Jean-Claude P., tour à tour[9] cadre, chômeur, sans domicile fixe, a décidé d'agir. Après avoir créé *l'Association européenne pour le Développement de l'Emploi*, il a décidé de se porter candidat dans le 20e arrondissement de Paris lors des prochaines législatives[10]. Hors de[11] tout parti politique, mais en tant que[12] « représentant des chômeurs ». « *Soudain, j'ai eu l'idée de me présenter pour parler d'eux, de nous, de tous ceux qui galèrent[13].* »

3 A Caen, douze chômeurs ont choisi de se réinsérer[14] en mettant sur pied[15] une action humanitaire : envoyer trois camions de nourriture à Saint-Petersbourg. Complètement farfelu[16] ? Pas du tout. « *Ce n'était pas un stage, mais un vrai travail* », racontent-ils. Et à l'issue[17] de ce qui aurait pu n'être qu'une simple balade[18], Rémi, père de quatre enfants, inactif[19] depuis dix ans, a passé son permis[20] poids lourd. Jacques a postulé[22] pour un poste dans le contrôle technique automobile. Olivier va devenir moniteur d'auto-école …

4 A Marne-la-Vallée, c'est Anthony D., 55 ans, qui met son expérience de « cadre-informaticien-demandeur d'emploi » au service des autres, plus jeunes, et qui peuvent encore espérer… Dans le Nord, à Roost-Warendin, on ne sait plus qui a eu l'idée de créer une ferme pédagogique. Mais ici, des chômeurs aux multiples[23] savoirs apprennent aux enfants ce qu'ils savent. Et développent, du même coup[24], leurs compétences.

5 Marie-France, 45 ans, secrétaire de direction, a été licenciée il y a quelques mois. Depuis… rien. Seulement une même réponse de la part d'éventuels employeurs parisiens : « *Vous habitez trop loin, vous n'aurez pas la disponibilité[25] nécessaire* » Marie-France ne baisse pas pour autant les bras[26]. Elle veut faire partager leur chômage à tous les demandeurs d'emploi. Les réunir, les entretenir[27] dans la volonté de toujours continuer à chercher. Signe encourageant[28], la mairie, les notables[29] commencent à prêter une oreille[30] attentive à sa démarche[31]. Grâce à des gens comme elle, le chômeur est en train de prendre la parole.

Claude-François Jullien,
Le Nouvel Observateur,
11 mars 1993 (extraits).

Les chômeurs prennent la parole, par exemple dans les magazines spécialisés dans la lutte anti-chômage.

1 **un taux** un pourcentage – 2 **en connaissance de cause** in Kenntnis der Sachlage – 3 **animer** *ici:* diriger – 4 **le rattrapage scolaire** Nachhilfeunterricht – 5 **initier à** einführen in – 6 **l'ANPE** l'Agence nationale pour l'emploi – 7 **un guichet** Schalter – 8 **une filière** *ici:* Berufszweig – 9 **tour à tour** l'un après l'autre – 10 **les législatives** *f* l'élection des députés de l'Assemblée nationale – 11 **hors de** à l'extérieur de – 12 **en tant que** in der Eigenschaft als – 13 **galérer** être en situation difficile – 14 **(se) réinsérer** (s')intégrer à nouveau – 15 **mettre qc sur pied** créer qc – 16 **farfelu,e** ≠ sérieux – 17 **à l'issue de** à la fin de – 18 **une balade** une promenade – 19 **inactif, -ive** *ici:* au chômage – 20 **le permis (de conduire)** Führerschein – 21 **un poids lourd** un camion – 22 **postuler** être candidat – 23 **multiple** nombreux et différent – 24 **du même coup** en même temps – 25 **la disponibilité** *ici:* le fait d'être flexible – 26 **baisser les bras** renoncer à agir – 27 **entretenir** *ici:* maintenir (halten) – 28 **encourageant,e** qui donne du courage – 29 **les notables** *m* les gens « importants » (Honoratioren) – 30 **prêter une oreille à** écouter; *ici:* prendre au sérieux – 31 **une démarche** *ici:* une initiative

Autour des textes

1 Qu'est-ce que les personnes mentionnées dans les textes ci-dessus ont en commun ?
2 a) Quelles sont les différentes « réponses » qu'elles ont trouvées à leurs problèmes ?
b) En quoi ces réponses constituent-elles de vraies solutions au phénomène du chômage ?
3 Comment est-ce qu'on pourrait caractériser la réaction de ces personnes ?
4 Si l'un de vos amis était au chômage, qu'est-ce que vous lui conseilleriez de faire pour qu'il s'en sorte ?
5 Imaginez que vous vouliez faire un stage dans l'un des 31 parcs régionaux de France. Il n'y a pas eu d'annonce d'offre d'emploi dans le journal, mais vous avez entendu dire que ces parcs embauchaient quelquefois des jeunes pendant les vacances d'été. Ecrivez au responsable du personnel de l'un de ces parcs pour poser votre candidature. Suivez les conseils donnés ci-dessous.

Pour rédiger une demande d'emploi (ou de stage)

1 Votre lettre doit être écrite à la main.
2 Pour commencer la lettre, utilisez les formules de politesse habituelles (*Mesdames, Messieurs*, etc.).
3 Dites où vous avez trouvé l'offre d'emploi ou (s'il n'y a pas eu d'annonce) pour quelle raison vous vous adressez à cet employeur (p. ex. : *Je recherche une entreprise de... qui embauche des stagiaires pour... / J'aimerais faire un stage en entreprise dans le domaine de...)*
4 Si on vous l'a demandé : mentionnez que vous joignez votre CV à la lettre *(→ stratégies, p. 148)*.
5 Indiquez le temps où vous serez disponible et renseignez-vous sur les conditions d'embauche.
6 Remerciez d'avance et terminez par une formule de politesse habituelle.

6 Tous égaux

Question : Diriez-vous qu'en ce moment le racisme est en France une chose très répandue[1], plutôt répandue, plutôt rare ou très rare ?

	%
☐ Très répandue	22
☐ Plutôt répandue	**71**
☐ Plutôt rare	6
☐ Très rare	1
☐ Sans opinion	–

*Question : Selon vous, en France, envers qui y a-t-il le plus de racisme ?**

	%
☐ Envers les Maghrébins	**89**
☐ Envers les gens du voyage, les Gitans[2]	46
☐ Envers les Noirs	37
☐ Envers les Juifs	10
☐ Envers les ressortissants[3] d'autres pays européens, comme p. ex. les Roumains, les Yougoslaves	6
☐ Envers les Asiatiques	2
☐ Envers les ressortissants de l'Union européenne, comme p. ex. les Italiens, les Espagnols	1
☐ Sans opinion	1

Question : Voici un certain nombre d'opinions. Pour chacune d'entre elles, pouvez-vous me dire si vous êtes plutôt d'accord ou plutôt pas d'accord ?

(« oui » = plutôt d'accord, « non » = plutôt pas d'accord, « nsp » = ne sait pas / sans opinion)

Les jeunes d'origine étrangère ou de couleur sont davantage contrôlés par la police que les autres.

☐ oui : 71 ☐ non : 29 ☐ nsp : 0

L'immigration est une chance pour la France

☐ oui : 67 ☐ non : 31 ☐ nsp : 2

Les comportements de certains peuvent parfois justifier qu'on ait à leur égard[4] des réactions racistes

☐ oui : 53 ☐ non : 47 ☐ nsp : 0

Aujourd'hui en France, on ne se sent plus chez soi comme avant.

☐ oui : 33 ☐ non : 66 ☐ nsp : 1

* Le total des pourcentages est supérieur à 100, les jeunes interrogés ayant pu donner deux réponses.
(Sondage Sofres 2002 des 4 et 5 mars 2003 pour l'association *Festival contre le Racisme.)*

Autour des textes

1 a) Dites ce que vous voyez sur l'affiche de la Licra. Quel message cette organisation veut-elle faire passer ?
b) A votre avis, à qui et à quoi sert le numéro d' « appel gratuit » mentionné sur l'affiche ?
c) Personnellement, comment trouvez-vous ce genre d'affiche ?

2 a) Examinez les résultats du sondage. Y a-t-il quelque chose qui vous frappe ? Si oui, quoi ?
b) Dans le contexte français, comment s'explique le fait que le racisme touche surtout les Maghrébins ?

3 Pour une majorité de jeunes Français, « *les comportements de certains peuvent parfois justifier qu'on ait à leur égard des réactions racistes.* » A votre avis, de quels types de comportement est-il question ?

4 D'après vous, en quoi les résultats d'un tel sondage seraient-ils peut-être différents s'il avait été fait…
a) chez des Français adultes ? b) chez des jeunes Allemands ?

Au-delà des textes

- Sondage – Faites le même sondage dans plusieurs classes de votre école, mais concernant le racisme en Allemagne (intégrer les Turcs dans les réponses à la question 2).
Comparez les résultats avec le sondage fait en France et avec vos prévisions de l'exercice 4 b.

- Internet – Retrouvez et visitez le site de la LICRA puis renseignez-vous sur les objectifs de cette association. Visitez ensuite les sites d'autres organisations qui luttent contre le racisme (www.sos-racisme.org, www.mrap.asso.fr, etc.) et retrouvez les points communs et les divergences de ces différentes organisations.

1 **répandu,e** verbreitet – 2 **un gitan** Zigeuner – 3 **un ressortissant** qn qui vient d'un autre pays (→ sortir) – 4 **à l'égard de qn** envers qn, face à qn

7 Intégrer est un partage

A l'aide d'un dictionnaire unilingue, définissez les mots suivants et dites en quoi ils se différencient les uns des autres : *un étranger, un immigré, un Arabe, un beur, un jeune franco-maghrébin.*

Ils sont nés en France de parents immigrés. Leur enfance n'a connu que cette terre. Leurs souvenirs n'ont que ce repère[1]. Un repère qu'ils aiment malgré tout. On estime leur nombre à 2 millions. Cependant, dans l'imaginaire[2] des gens, ces jeunes font partie de l'immigration. Forme subtile ou inconsciente[3] de racisme : on les confond[4] avec leurs parents, on évoque à leur propos[5] « odeurs » et « invasions », et on s'en détourne[6] comme si cela ne concernait pas le destin[7] français.
Les enfants ont grandi, sont allés à l'école laïque[8] et républicaine, qui les a accueillis sans discrimination ; ils ont cependant accumulé retards et échecs, peut-être parce que les parents ne sont pas toujours en mesure[9] d'accompagner leur scolarité[10] ; ils ont fait l'apprentissage de la rue et de la violence, pour certains la délinquance est devenue un mode de vie, d'autres ne se sentent pas concernés par ce pays ou si peu. Des difficultés de toutes sortes ont surgi[11] sur leur chemin : privés[12] de pays intérieur, les voilà privés d'identité. Ils ont beau[13] brandir[14] leur carte d'identité française, quelque chose ne passe pas. La maison ne consolide pas cette identité ; l'administration fait la moue[15].
Mais l'islamisme veille[16] et attend son heure pour se présenter comme le « sauveur » avec ou sans foulard, ce voile qui dissimule[17] les cheveux et affirme une appartenance. Seulement une religion ne doit pas devenir un asile identitaire, surtout à l'école, laquelle n'est pas le lieu d'une telle proclamation[18]. Car après le foulard, un certain nombre d'interdits suivront : pas de gymnastique, pas de cours de musique, pas de cours de sciences naturelles, pas de cours de dessin, etc.
C'est en somme[19] un refus de s'intégrer et de rejoindre les acquis[20] de grandes luttes[21] comme celles qui ont abouti[22] en décembre 1905 à séparer l'Eglise de l'Etat.
Pour les Maghrébins, l'islam est devenu plus qu'une religion, une identité, un asile culturel. C'est leur façon d'être là. Ils constatent que leurs enfants leur échappent, mais qu'y peuvent-ils ? La rue, cet espace[23] improvisé, volé entre la maison et l'école, est plus forte, plus attrayante[24]. C'est là que l'Etat a manqué[25] de vigilance[26]. Ce n'est malheureusement pas un hasard si quelques jeunes franco-maghrébins, comme on les appelle, se sont trouvés mêlés[27] à des attentats terroristes. Ces jeunes ont été victimes du vide, du néant[28] et de l'absurde de leur situation. Evidemment, il s'agit là d'une infime[29] minorité[30]. Mais le vide où s'est engouffré[31] le terrorisme est bien là et est le résultat d'un abandon, d'une grave négligence[32].
On reparle aujourd'hui d'intégration. Il va falloir réparer les dégâts. Reconnaître la part de responsabilité de la France, qui a du mal à passer de la suspicion[33] et de la répression à la confiance. Elle n'a pas su aimer cette jeunesse aux couleurs et épices[34] un peu relevées[35]. Elle ne les a pas vus grandir. On pourrait évoquer aussi la part de responsabilité des pays d'origine. Eux aussi ont laissé faire et n'ont rien prévu pour ces enfants qui leur échappent.
Les filles, plus motivées, plus engagées que les garçons, se battent et certaines arrivent à s'en sortir. Elles savent que les acquis des luttes féministes en France les concernent aussi et qu'elles ne les retrouveraient pas au Maghreb. Leur attachement[36] à la France s'explique aussi par cet aspect essentiel de leur vie.
Il est temps que la France se préoccupe[37] de manière sincère[38] et déterminée[39] de ces jeunes Français d'un type nouveau qui aiment ce pays et n'ont pas d'autre patrie à servir.
Pour cela, il va falloir de l'imagination et de l'audace[40] : débloquer[41] des moyens financiers

---

1 **un repère** qc qui permet de s'orienter – 2 **l'imaginaire** *m, ici:* les pensées – 3 **inconscient,e** unbewusst (→ la conscience) – 4 **confondre** verwechseln – 5 **à propos de qn** en parlant de qn – 6 **se détourner de** ≠ faire face à – 7 **le destin** Schicksal – 8 **laïc, laïque** ≠ religieux – 9 **être en mesure de** être capable de – 10 **la scolarité** *ici:* la vie d'écolier – 11 **surgir** apparaître brusquement – 12 **être privé de qc** ne pas avoir (droit à) qc – 13 **ils ont beau (faire qc)** so oft sie auch (etw. tun) – 14 **brandir** hochhalten – 15 **faire la moue** schmollen, *ici:* manifester son refus – 16 **veiller** ≠ dormir – 17 **dissimuler** cacher – 18 **une proclamation** Verkündigung – 19 **en somme** en résumé – 20 **un acquis** Errungenschaft – 21 **une lutte** un combat – 22 **aboutir à qc** avoir qc comme résultat – 23 **un espace** un lieu, un endroit – 24 **attrayant,e** verlockend (→ attirer) – 25 **manquer de** ne pas avoir assez de – 26 **la vigilance** le fait de faire attention – 27 **être mêlé,e à** etwas zu tun haben mit – 28 **le néant** das Nichts – 29 **infime** très petit – 30 **une minorité** Minderheit – 31 **s'engouffrer dans qc** in etw. hineinstürzen – 32 **une négligence** Nachlässigkeit – 33 **la suspicion** la méfiance (Argwohn) – 34 **une épice** Gewürz – 35 **relevé,e** *ici:* fort, intense – 36 **l'attachement** *m* le fait de se sentir lié (à qn ou qc) – 37 **se préoccuper** *ici:* s'occuper – 38 **sincère** aufrichtig – 39 **déterminé,e** avec une forte volonté

importants, repenser l'urbanisme et l'école, ne pas transiger[42] à propos de la laïcité[43]. Se convaincre et convaincre le reste de la population que le paysage humain de ce pays change, prend des couleurs. L'intégration ce n'est pas forcément de l'amour, c'est un partage, un engagement de part et d'autre[44], c'est surtout du respect et de la reconnaissance mutuelle[45], la mise en pratique du principe des droits et des devoirs.

Tahar Ben Jelloun, *Le Nouvel Observateur*, 29 mai 2003 (texte abrégé).

Autour du texte

1 Dites ce que signifient, dans leur contexte, les expressions suivantes :
   a) l'apprentissage de la rue (L. 16) ; c) la maison ne consolide pas cette identité (L. 23) ;
   b) privés de pays intérieur (L. 20) ; d) cette jeunesse aux couleurs et épices un peu relevées (L. 58–59).
2 a) Qui sont pour Ben Jelloun les « jeunes Français d'un type nouveau » (L. 73) ?
   b) Expliquez pourquoi ces jeunes font partie de l'immigration « *dans l'imaginaire des gens* » (L. 5).
   c) Dites en quoi consiste l'absurdité de la situation de ces jeunes en France.
3 Qu'est-ce qui, dans une perspective musulmane, pourrait justifier les interdits mentionnés à la ligne 32 ?
4 a) Pour Ben Jelloun, « *une religion ne doit pas devenir un asile identitaire* ». (L. 28–29). Que veut-il dire ?
   b) Comment l'auteur explique-t-il l'importance prise en France par l'islam ?
   c) En quoi consiste la position de l'auteur face à l'islam ? Quels dangers voit-il ?
5 En quoi la situation des filles franco-maghrébines est-elle différente de celle des garçons ?
6 a) D'après l'auteur, qui porte la responsabilité de l'insuffisante intégration des jeunes franco-maghrébins ?
   b) Qu'est-ce qui devrait changer fondamentalement pour que l'intégration puisse réussir ?
   c) « *L'intégration est un partage* », dit Ben Jelloun. Le partage de quoi, à votre avis ?
   c) Pour Ben Jelloun, il faut aussi « *repenser l'urbanisme et l'école* » (L. 77) : D'après vous, en quoi la ville et l'école devraient-elles changer, concrètement, pour permettre une meilleure intégration des jeunes franco-maghrébins ?

Au-delà du texte

- Résumé – Résumez le texte *(→ stratégies, p. 139).*
- Internet – Retrouvez le site officiel de Tahar ben Jelloun et renseignez-vous sur sa biographie et sur son œuvre.

8 Finis les complexes !

Selon vous, quels genres de complexes sont assez « typiques » des gens vivant dans un pays étranger ?

Malek Boutih, à l'époque président de *SOS Racisme*, est interviewé pour le magazine *Marianne*.

– *C'est à l'homme public français et arabe que je voulais poser la question : nous, Français, qu'est-ce qu'on va faire de nos Arabes ? Vivrons-nous ensemble ?*

– Le point de départ pour moi, c'est que la France n'est pas un pays profondément raciste. Cela tient[1] à une raison : nous sommes rassemblés[2] autour d'une idée. Le Français n'aime pas se voir comme appartenant à une race ou à une religion, sa référence, c'est la République, la démocratie et quelque chose de très français : la laïcité[3]. En plus, il y a le formidable rayonnement[4] de la culture française qui nous a absorbés[5]. J'entends souvent : La culture française, c'est fini, elle a été, elle n'est plus. C'est faux, archifaux[6]. Au bled[7], en Algérie les gens parlent de plus en plus français.

40 **l'audace** *f* Wagemut – 41 **débloquer** freisetzen – 42 **transiger** faire des compromis – 43 **la laïcité** → laïc – 44 **de part et d'autre** des deux côtés – 45 **mutuel,le** réciproque – *(annotations texte 8 : voir page suivante)*

– Alors, l'intégration, ça va marcher ? Et la drogue ? La violence ? La délinquance ?

– Bien sûr, ça existe. Il y a aussi ceux qui réussissent, mais, eux, on ne les voit pas ! Allez dans un hôpital : beaucoup de malades arabes mais aussi beaucoup d'infirmières et, parfois, des chefs de service d'origine maghrébine. Il y a plein de chefs d'entreprise, de hauts fonctionnaires[8], de professions libérales[9]. C'est eux, l'avant-garde, pas les dealers contre lesquels nous luttons aussi. L'intégration culturelle et civilisationnelle a formidablement réussi. Les Beurs, les Africains, dont on pensait qu'en raison de leur peau, de leur religion, de Dieu sait quoi ils ne s'intégreraient pas aussi facilement que les Espagnols et les Italiens, sont devenus en une génération des Françaouis[10] de chez[11] Françaoui. Tout ce qu'ils veulent, c'est un appart, un boulot, une bagnole[12], ils veulent vivre comme tout le monde. Ils veulent l'égalité en tant que citoyens français. Uniquement ça.

– Et alors, qu'est-ce qui ne va pas ?

– Ce qui ne va pas ? Les ghettos. Pour ce qui est de la culture, l'intégration, ça marche à merveille[13]. Mais le problème, ce n'est pas la djellaba[14], c'est la casquette[15] de banlieue. Oui, il y a des voyous[16] chez nous. La masse s'en sort, mais elle est plombée[17] par cette minorité de délinquants. Tu cherches un boulot, un appart, une entrée dans une discothèque, on va te faire barrage[18]. Le mec[19], il ne regarde pas tes études, ta profession. Il regarde ta gueule[20], et ta gueule, c'est celle des autres : eux, c'est des voyous, donc tu es un voyou. Tant qu'il y aura un voyou, on sera tous des voyous. Et les Beurs aujourd'hui, ils n'en peuvent plus de ces voyous qui leur pourrissent[21] la vie. Et puis aussi, on est complexés, on a honte de notre gueule. Ça suffit. On doit se dire que *Beur is beautiful*. Ce que nous avons fait dans le foot, on peut le faire dans l'économie, dans les sciences, dans la littérature, dans tout. Des Zidane, il y en a dans toutes les professions. La France s'est toujours enrichie des apports[22] de l'immigration mais, aujourd'hui, elle doute[23] d'elle. Nous, on peut lui redonner confiance.

– Peut-être que vous êtes une chance pour la France, mais la France, n'est-ce pas une chance pour vous ?

– Evidence[24] totale. On les voit, les gens du bled en vacances, ils voudraient tous être à notre place. Vivre dans un pays libre, un pays qui nous donne le droit à l'espérance. Quand vous voyez la misère et les massacres au bled, vous dites : Merci, les parents, d'avoir émigré, merci, la France, de les avoir reçus. Je déteste le discours qui dit : Les immigrés, ils ont été des esclaves, ils ont été exploités[25]. Tout ça, c'est du baratin[26]. Mon père et ma mère, ils n'avaient pas été à l'école, mais quelle intelligence ils ont eue en venant ici. On aime l'Algérie, mais qui veut y retourner sauf pour revoir les grand-mères et les cousins ? Mon père, il a marché pieds nus. Moi, je suis sur Internet, et je prends le TGV.

– Alors quoi ? Heureux comme Dieu en France ?

– Oui, heureux comme Allah en France. Tout reste à gagner et ce qui est merveilleux, c'est que c'est possible en France.

– Mais quoi, vous êtes arabe ou vous êtes français ?

– Est-ce que vous demandez à un Auvergnat, à un Breton s'il est français ? Je suis un citoyen français. Point barre[27].

– Ça vous ennuie si un Arabe francise son nom ?

– Non. Moi, je m'appelle Malek, je ne vois pas pourquoi je changerais, même si c'est parfois un obstacle[28]. Quand j'aurai des enfants, je choisirai un beau prénom, pas un prénom ethnique. Un Arabe sur deux épouse[29] une Française, une Arabe sur quatre n'épousera pas un Arabe. La vie, c'est plus fort que les idéologies.

– Le voile à l'école ?

– S'il n'était que religieux, il ne me poserait pas de problème. Mais vous savez bien qu'il est politique et qu'il exprime une idéologie fasciste. Dès lors[30], je suis contre.

– Finalement, que faire de nos Arabes ?

– De bons Français, grognons[31], surendettés[32], mangeurs de camembert et buveurs de beaujolais.

Propos recueillis par Guy Sitbon, *Marianne*, 2 décembre 2002 (texte abrégé).

---

1 **tenir à qc** *ici:* avoir qc comme cause – 2 **rassembler** réunir – 3 **la laïcité** → laïc – 4 **le rayonnement** Ausstrahlung (→ rayonner) – 5 **absorber** aufsaugen – 6 **archi-...** tout à fait ... – 7 **le bled** *arabe* le village; *ici:* la campagne – 8 **un,e fonctionnaire** Beamte(r) – 9 **les professions libérales** *ici:* Freiberufler – 10 **Françaoui** prononciation « arabe » de *Français* – 11 **un (X) de chez (X)** *fam.* un authentique (X) – 12 **une bagnole** *fam.* une voiture – 13 **à merveille** très bien – 14 **une djellaba** un vêtement traditionnel du Maghreb – 15 **une casquette** *ici:* Baseballkappe – 16 **un voyou** Ganove – 17 **plombé,e** *ici:* unterminiert – 18 **un barrage** Sperre – 19 **un mec** *fam.* un homme – 20 **la gueule** *fam.* le visage – 21 **pourrir** verderben – 22 **un apport** → apporter – 23 **douter** zweifeln – 24 **une évidence** *ici:* klare Tatsache (→ évident) – 25 **exploiter** ausbeuten – 26 **le baratin** *fam.* Geschwafel – 27 **point barre** *fam.* c'est tout, basta ! – 28 **un obstacle** Hindernis – 29 **épouser qn** se marier avec qn – 30 **dès lors** pour cette raison – 31 **grognon** qui *râle* (motzt) beaucoup – 32 **surendetté,e** qui a trop de *dettes* (Schulden)

Autour du texte

1 a) Selon Malek Boutih, l'intégration des « Arabes » (les personnes d'origine maghrébine) fonctionne bien. Comment le démontre-t-il ?
b) Relevez dans le texte tous les passages qui indiquent – directement ou indirectement – que Boutih se sent lui-même parfaitement intégré dans la société française.
2 D'après vous, en quoi l'intégration des étrangers peut-elle « enrichir » la société française ?
3 a) Que représentent pour Boutih la djellaba et la casquette de banlieue (L. 43 et 44) ?
b) Comment explique-t-il que les comportements racistes continuent à exister ? Expliquez sa phrase « *Tant qu'il y aura un voyou, on sera tous des voyous* » (L. 51–52).
4 Pour quelles raisons Boutih et beaucoup d'autres Arabes vivant en France ne veulent-ils pas retourner dans leur pays d'origine ?
5 A votre avis, pourquoi Boutih souhaite-t-il à la fin de son interview que les Arabes deviennent « *grognons, surendettés et buveurs de beaujolais* » ?

Au-delà du texte

- Comparez les positions de Malek Boutih à celles de Ben Jelloun, dans le texte précédent. En quoi consistent les différences principales ? De quelle position vous sentez-vous le plus proche ? Justifiez votre réponse.
- Internet – Recherchez des informations sur les personnes de la vie publique qui illustrent la réussite de l'intégration des jeunes d'origine maghrébine (quelques exemples : Zinedine Zidane, Jamel Debbouze, Faudel, Smain, Mehdi Charef, Azouz Begag, Leila Sebbar, Gad Elmaleh, Magyd Cherfi, Nina Bouraoui, Assia Djebar, Azzedine Alaia). Présentez plusieurs de ces personnages *(→ stratégies, p. 144)*.

9 Liberté ou soumission ?

1 A quels signes ou symboles religieux êtes-vous souvent ou quelquefois confrontés dans votre vie quotidienne ? Où ces signes sont-ils visibles ? A quelle(s) religion(s) appartiennent-ils ?
2 a) Est-ce que vous trouvez ou trouveriez acceptable qu'un crucifix pende au mur de votre classe ?
b) Est-ce que vous trouvez ou trouveriez normal qu'un élève (d'une autre religion) se sente gêné par la présence de ce crucifix dans la salle de classe ?
3 Décrivez la photo ci-dessous et dites ce qu'elle vous inspire.

1 « *Le port du voile en islam est une prescription*[1] *divine, le voile est la tenue*[2] *de la femme musulmane comme en ont les militaires, les policiers, les médecins, les mécaniciens, les pilotes. Pourquoi les professeurs empêchent*[3]*-ils les jeunes musulmanes de se voiler ? Pourquoi veulent-ils à tous prix voir leurs cheveux, leurs oreilles et leur corps ? Du moment qu'ils voient leur visage cela suffit. Je dis que ceci est du sadisme.* » – Nasserdine

1 **une prescription** un ordre – 2 **une tenue** un vêtement – 3 **empêcher** ≠ permettre

2 Hilal vient d'entrer en sixième. Elle a 11 ans et demi et a été exclue le 29 septembre, quatre semaines après la rentrée. Elle ne voulait pas retirer[4] son foulard. Le principal[5] a invoqué[6] le règlement du collège : « *Le port d'un couvre-chef*[7], *le chewing-gum sont interdits dans l'établissement*[8]. » La mère se lamente[9] : « *Le principal considère le foulard comme un couvre-chef. Mais ce n'est pas un couvre-chef. C'est notre religion…* » Les parents affirment qu'ils n'ont jamais obligé leur fille. Simplement, pour eux, le foulard c'est l'islam : « *Ce n'est pas une question de choix. Une femme musulmane est voilée.* » Hilal explique qu'elle est tout à fait libre : « *Mes parents m'ont proposé de mettre le foulard plus tôt. J'ai dit non, parce que je n'étais pas prête. A 11 ans, j'ai dit oui, parce que j'avais le courage.* »

3 Leïla a 16 ans et porte le foulard depuis trois mois. La jeune musulmane trouve que « *l'islam est la plus belle des religions : Tout ce qui nous est interdit, c'est pour notre bien. Comme l'alcool, qui est mauvais pour la santé. Le voile, c'est pareil : une femme voilée, on lui accorde*[10] *plus de respect dans la rue. On ne l'embête*[11] *pas.* » La mère intervient : « *Tu es dans le pays qui a accueilli tes parents. Tu lui dois le respect* ! » La fille répond sur le registre[12] de la liberté individuelle : « *Chacun fait ce qu'il veut, du moment qu'il se sent bien. Ceux qui ne veulent pas me voir, ils ne me regardent pas.* » Le père de la jeune fille, qui est algérien, menace de déchirer[13] tous les foulards et de les jeter à la poubelle. Sa mère ne sait plus à quel saint se vouer[14] : « *Moi, je suis marocaine, de Rabat. Ma langue maternelle, c'est le français. J'ai mangé du porc. Il y a deux ans encore, on fêtait Noël à la maison. Je ne sais même pas préparer le thé à la menthe*[15], *c'est dire!* ». Elle a appelé la mosquée de l'UOIF[16], à La Courneuve[17], en demandant à parler à l'imam. « *Ils m'ont répondu : si le proviseur demande d'enlever le foulard, il faut que votre fille l'enlève* », se félicite-t-elle[18].

4 Nadia a 17 ans. Inscrite[19] en première dans un lycée de Saint-Ouen, elle a été exclue dès la rentrée par le proviseur. Elle porte le foulard depuis trois ans et demi. Pour elle, c'est « *un signe de pudeur*[20], *de respect, de soumission*[21] *à Dieu. Mais certainement pas à mon père ou à mon futur mari !* » Pendant toute la conversation, les hommes de la famille sont présents. Mohammed, le fiancé[22], assis à côté d'elle, Kamel, le frère aîné[23], qui porte une courte barbe. A un moment, le plus jeune frère arrive et glisse un mot[24] à l'oreille de sa sœur : « *Le père arrive !* » Comme Nadia ne bouge pas, il se fait plus insistant : « *Le père arrive ! Va préparer le café.* » Après une dernière hésitation, la jeune fille se lève et va dans la cuisine, abandonnant son interlocuteur[25]. Le chef de famille, qui fait son entrée, est un solide barbu[26], peintre en bâtiment. Il explique qu'il n'a jamais forcé sa fille à porter le foulard : « *J'oblige personne. C'est elle qui a pris sa décision.* » Nadia sert le café à son père et à son hôte[27]. Accepte-t-elle de confier[28] une photo d'elle avec son voile ? Elle veut bien et court chercher une petite photo d'identité. Quelques heures plus tard, son fiancé téléphonera pour demander qu'on restitue[29] la photo : la famille ne veut pas qu'elle soit publiée dans le journal.

5 « *Petite sœur musulmane, toi qui crois porter le voile librement et penses te forger*[30] *ainsi une identité, permets-moi de te mettre en garde*[31] *: un jour viendra, peut-être, où tu ne pourras plus sortir seule, faire des études, accéder*[32] *à une presse libre ou voter. Observe bien. Dans les pays musulmans, la liberté des femmes est inversement proportionnelle au nombre de voiles sur les têtes. Crois-tu que le sort des femmes pakistanaises ou iraniennes soit enviable ? Je prie Allah pour que tu ne t'aperçoives pas trop tard, petite sœur, que tu as perdu le bien le plus précieux qui soit : la liberté.* » – Amina

---

4 **retirer** enlever – 5 **le principal** le directeur d'un collège – 6 **invoquer** sich berufen auf – 7 **un couvre-chef** Kopfbedeckung – 8 **un établissement** *ici:* une école – 9 **se lamenter** se plaindre – 10 **accorder** *ici:* donner, montrer – 11 **embêter qn** ≠ laisser qn tranquille – 12 **sur le registre de…** auf die …-Tour – 13 **déchirer** zerreißen – 14 **ne plus savoir à quel saint se vouer** weder ein noch aus wissen – 15 **la menthe** Minze – 16 **l'UOIF** une organisation islamique – 17 **La Courneuve** une ville de la banlieue parisienne – 18 **se féliciter** *ici:* sich freuen – 19 **inscrire** *ici:* einschreiben – 20 **la pudeur** Sittsamkeit – 21 **la soumission** Unterwerfung (→ se soumettre) – 22 **le fiancé** Verlobte – 23 **l'aîné,e** le ou la plus âgé(e) – 24 **glisser un mot** dire qc (discrètement) – 25 **un interlocuteur** la personne avec qui on parle – 26 **un barbu** qn qui porte la *barbe* (Bart) – 27 **un hôte** un invité – 28 **confier** anvertrauen – 29 **restituer** rendre – 30 **forger** construire (qc de solide) – 31 **mettre qn en garde** prévenir qn (warnen) – 32 **accéder à qc** avoir *accès* (Zugang) à qc

6 « *Je suis moi-même Kabyle, et contre le port du voile à l'école publique française. Je pense qu'il faut refuser de débattre avec les intégristes*[33] *religieux qui expliquent que la loi coranique passe avant les lois françaises. La loi républicaine doit s'appliquer, et les religions s'y plier*[34]. » – Kamel

7 « *Le problème est posé par l'islam, qui lance sans arrêt des défis*[35] *à l'Etat français. Les aménagements*[36] *déjà consentis*[37] *à des musulmans intransigeants*[38] *sont des atteintes*[39] *à la laïcité : Port du foulard à l'école, aménagement des horaires de piscine pour les femmes dans une piscine municipale. Et les revendications*[40] *vont aller en s'élargissant*[41] *! Après les piscines, les transports réservés aux femmes, les classes séparées et pourquoi pas l'application de la charia à la place du droit français ?* » – Maria

8 « *La République française est laïque. Elle ne peut réserver des privilèges à certaines confessions religieuses. Vouloir créer des différences, c'est remettre en question la notion*[42] *même de république. Nous sommes tous différents, mais pourquoi vouloir « institutionnaliser » le droit à la différence ? Créer des différences, se replier*[43] *sur ses différences, c'est se marginaliser*[44] *et s'enfermer dans la peur de l'autre et l'obscurantisme.* » – Pierre

Les textes « sacrés »

La sourate[45] XXXIII du Coran :

Prophète, dis à tes femmes et à tes filles et aux femmes des croyants de se couvrir de leur voile. C'est le meilleur moyen pour elle d'être reconnues et de n'être pas offensées[46].

Déclaration des droits de l'homme et du citoyen, 16 août 1789, art.10 :

Nul ne doit être inquiété pour ses opinions, mêmes religieuses, pourvu que[47] leur manifestation[48] ne trouble pas l'ordre public établi[49] par la loi.

Loi du 9 décembre 1905 sur la séparation des Eglises et de l'Etat, art.1 :

La République assure la liberté de conscience. Elle garantit le libre exercice des cultes[50] sous les seules restrictions[51] édictées[52] [...] dans l'intérêt de l'ordre public.

1 Forum *LeParisien.com*, 26 septembre 2003 ; 2 et *3 Le Monde*, 14 octobre 2003 ; 4 *Le Monde*, 13 octobre 2003 ; 5 Amina Asram, *Marianne*, courrier des lecteurs, 12 mai 2003 ; 6 Forum *LeParisien.com*, le 4 octobre 2003 ; 7 Forum *LaCroix.com*, le 23 juin 2003 ; 8 Pierre Ferrari, *Marianne*, courrier des lecteurs, 12 mai 2003 (textes abrégés).

Autour des textes

1 Dans le premier texte, Nasserdine dit 1) que le voile est comparable à la tenue d'un médecin ou d'un mécanicien ; 2) que les profs sont sadiques parce qu'ils veulent voir les cheveux et les oreilles des jeunes musulmanes. Que pensez-vous de ces deux affirmations ? A votre avis, pourquoi Nasserdine argumente-t-il de cette manière ?

2 a) Comment Hilal, Leïla et Nadia (textes 2, 3 et 4) justifient-elles le port du voile ?
b) Dans ces trois cas, quelles ont été les réactions à l'école ?
c) Quelle différence y a-t-il entre les parents de Hilal (texte 2) et ceux de Leïla (texte 3) ?

3 a) Dans le texte 4, Nadia affirme que le foulard n'est pas un signe de soumission à son père ou à son mari. (L. 64–65). Son père affirme, lui, qu'il ne l'a pas obligée à le porter. A votre avis, cela veut-il vraiment dire que Nadia a pris sa décision « librement » ? Justifiez votre réponse en vous basant sur le reste du texte 4.
b) En quoi l'attitude des jeunes musulmanes comme Nadia constitue-t-elle un vrai danger pour d'autres musulmanes, d'après Amina (texte 5) ?

4 a) Qu'est ce que les positions de Kamel, Maria et Pierre (textes 6 à 8) ont en commun ?
b) De quoi Maria a-t-elle peur (texte 7) ?
c) Dites avec vos propres mots en quoi consiste la position de Pierre (texte 8).

33 **un intégriste** un fondamentaliste – 34 **se plier (à qc)** se soumettre – 35 **lancer un défi** *ici:* provoquer – 36 **un aménagement** *ici:* un compromis – 37 **consentir (qc à qn)** zugestehen – 38 **intransigeant,e** qui est contre les compromis – 39 **une atteinte à** une attaque contre – 40 **une revendication** le fait d'exiger qc – 41 **aller en s'élargissant** augmenter – 42 **la notion** *ici:* l'idée (de qc) – 43 **se replier** sich zurückziehen – 44 **se marginaliser** zur Randgruppe werden – 45 **une sourate** Sure – 46 **offenser** beleidigen – 47 **pourvu que** à condition que – 48 **la manifestation** *ici:* la pratique – 49 **établi,e** *ici:* réglé – 50 **un culte** une religion – 51 **une restriction** Einschränkung – 52 **édicter** erlassen

Au-delà des textes

- Décrivez le dessin de Plantu, ci contre. Dites en quoi consiste son « message » puis mettez-le en rapport avec les textes que vous venez de lire.
- Discussion – Pour ou contre le port du voile à l'école ? Organisez un débat autour de cette question en tenant compte de ce qui a été dit dans les textes ci-dessus et dans la case-info.
- Jeu de rôle – Rédigez (puis jouez) le dialogue qui a lieu dans un lycée entre une fille qui refuse d'enlever son voile en classe, ses parents musulmans et le proviseur du lycée.

10 Le voile, quelle affaire !

« *Le voile islamique ? C'est beaucoup trop de gesticulations pour un simple morceau de coton !* »
Que pensez-vous d'une telle attitude ?

– *Symbolisme*. Ce qui est irritant[1] dans la querelle du voile, c'est le contraste entre le dérisoire[2] de l'objet et l'importance de l'enjeu[3]. Un carré[4] de tissu, la belle affaire ! Mais le primat[5] des lois de la République sur les prescriptions des religieux, quelle grande affaire ! Les grandes affaires politiques portent[6] rarement sur les seuls intérêts matériels. On ne se bat jamais seulement pour des choses. On ne ment jamais que pour des symboles.
– *Exception française ?* On dit que la France est la seule à s'alarmer[7] du symbole islamique. Bon. Et alors ? *So what* ? Il n'y a pas de honte à être en avance sur les autres. Car, dans ce combat entre la démocratie laïque et la théocratie[8], la France n'est pas à la traîne[9] mais en avance. D'autres pays comme la Belgique et l'Allemagne commencent à s'émouvoir[10]. Quant aux[11] Etats-Unis, ils ont renoncé au melting-pot et opté[12] pour le communautarisme[13]. Il n'est pas sûr que leur solution soit la bonne.
– *Laïcité*. Elle est l'expression de la distinction[14] des ordres[15] faite par Pascal[16] : ordre des corps, ordre de l'esprit, ordre de la charité[17]. Cette distinction interdit la prétention[18] du spirituel à dominer le temporel[19] et la prétention du temporel à régenter[20] le spirituel. Dans un monde où la facilité des communications met en contact permanent les peuples, les civilisations, les religions, la laïcité est la seule solution : laïcité ou barbarie.
– *Servitude[21] volontaire*. Parmi les porteuses de voile, une minorité est animée[22] par la conviction[23], l'anticonformisme, voire[24] par la coquetterie. Est-ce une raison pour qu'il soit imposé[25] aux autres ? Pas à l'école en tout cas. Les esclavagistes[26] ont toujours à leur dévotion[27] une minorité d'esclaves contents de leur sort[28]. Est-ce une raison pour rétablir l'esclavage ?
– *Stigmatisation*[29]. Il paraît que ce sont les musulmans, et eux seuls, qui se sentent stigmatisés par la loi. Bien sûr ! Croyez-vous par hasard que les catholiques ne se sentirent pas stigmatisés par la

---

1 **irritant,e** énervant – 2 **dérisoire** petit, ridicule – 3 **un enjeu** Einsatz (beim Spiel) – 4 **un carré** Quadrat – 5 **le primat** *ici:* la priorité – 6 **porter sur qc** avoir qc pour objet – 7 **s'alarmer** s'inquiéter – 8 **la théocratie** Theokratie, „Gottesstaat" – 9 **à la traîne** en retard, derrière les autres – 10 **s'émouvoir** *ici:* s'inquiéter – 11 **quant à** en ce qui concerne – 12 **opter pour** choisir – 13 **le communautarisme** le fait de vivre dans des communautés séparées – 14 **la distinction** Unterscheidung – 15 **un ordre** *ici:* un domaine, une catégorie – 16 **Blaise Pascal** philosophe français (1623–1662) – 17 **la charité** *ici:* la religion – 18 **la prétention** Anspruch – 19 **temporel,le** *ici:* irdisch – 20 **régenter** commander – 21 **la servitude** la soumission – 22 **animé,e** *ici:* motivé – 23 **la conviction** Überzeugung (→ convaincre) – 24 **voire** *litt.* ou même – 25 **imposer** auferlegen – 26 **un esclavagiste** Anhänger der Sklaverei – 27 **la dévotion** Verehrung – 28 **le sort** le destin (Schicksal) – 29 **la stigmatisation** le fait de *stigmatiser* (brandmarken)

loi de 1905 ? Ils finirent par comprendre que c'était leurs comportements, non leur foi[30], qui étaient visés[31]. Exemple à suivre.

– *Crétinisme*[32] *législatif.* Il paraîtrait encore qu'on fait en France trop confiance à la loi pour résoudre les problèmes. Je ne suis pas de cet avis. La loi est l'expression de la volonté nationale. Dans nos sociétés, c'est le conformisme qui opprime[33] et c'est la loi qui libère. Quant à l'idée qu'elle ne sera pas appliquée, je la trouve plaisante[34] : c'est la première fois que j'entends dire qu'il ne faut pas une loi parce qu'elle pourrait déplaire aux contrevenants[35].

Jacques Julliard, *Le Nouvel Observateur*, 29 janvier 2004 (texte abrégé).

Autour du texte

1 a) Qu'est-ce que l'auteur veut dire quand il parle du « *contraste entre le dérisoire de l'objet et l'importance de l'enjeu* » (L. 3–4) ?
b) En quoi consiste cet enjeu ? Quelle est l'attitude personnelle de l'auteur face à cet enjeu ?

2 a) Exprimez par vos propres mots ce que le philosophe Pascal a dit à propos des « ordres » (L. 22–30).
b) Dites en quoi consiste la « barbarie » à laquelle, selon Julliard, l'absence de laïcité peut conduire (L. 30).

3 Que pensez-vous de la comparaison faite entre les porteuses de voile et les esclaves (L. 31–38) ?

4 a) Quel rapport Julliard fait-il entre la situation de 2004 et celle de 1905 ?
b) Expliquez ce qu'il laisse entendre par « exemple à suivre » (L. 45).
c) A votre avis, est-il toujours possible de faire une différence nette entre sa foi et ses comportements ?

5 Expliquez et commentez la phrase « *c'est le conformisme qui opprime et c'est la loi qui libère* » (L. 50–51).

6 La loi mentionnée par Julliard a été votée en mars 2004. Elle interdit le port de tout signe religieux « ostentatoire » *(demonstrativ)* à l'école et dans certains lieux publics.
a) A votre avis, cette loi peut-elle résoudre la querelle du voile ou risque-t-elle de créer encore plus de problèmes ? Justifiez votre opinion.
b) Une telle loi existe-t-elle en Allemagne ? Sinon, faudrait-il en voter une ? Exposez votre point de vue.

- Internet – Renseignez-vous sur la situation des musulmanes dans les écoles allemandes (situation de fait et cadre légal). Tapez *Kopftuchverbot, Kopftuchstreit* ou *Fereshta Ludin* dans votre moteur de recherche et choisissez les sites qui vous semblent les mieux informés. Mettez ensuite vos résultats en commun.

11 Le spectre du communautarisme

Dans beaucoup de villes, les étrangers ayant la même nationalité ou les immigrés venant d'un même pays ont souvent tendance à se regrouper dans certains quartiers ou dans certaines rues.
a) Quelles sont les différentes raisons qui mènent à ces regroupements ?
b) D'après vous, ces regroupements sont-ils plutôt une bonne ou une mauvaise idée ?

« *Le communautarisme ? Même plus la peine d'en débattre. C'est fait, on y est en plein* », affirme le maire d'une importante commune de la région parisienne. Pour toutes les décisions touchant[2] à l'organisation sociale de sa ville - vie religieuse, scolarité, logement -, il doit traiter[3] avec les représentants de chacune des innombrables[4] communautés composant sa commune-mosaïque. « *Le patriarche de ci, le leader de ça, les imams des différentes tendances de l'islam.* »

« *Le communautarisme ? Un fantasme d'intello*[5] *parisien* », s'écrie[6] Hugues Martin, premier adjoint[7] au maire de Bordeaux. Qui croire ? Celui qui dit baigner dans le communautarisme ? Ou celui qui ne l'a jamais rencontré ? Ici (à Lille et à Mons-en-Baroeul), à la demande des musulmans, on aménage[8] des horaires de piscine réservés aux femmes ; là, on tolère des enseignes[9] de restaurant en vietnamien ou en kurde ; partout monte la demande de nourriture casher[10] ou hallal[10] à la

---

30 **la foi** Glaube – 31 **être visé** im Visier sein – 32 **le crétinisme** → un *crétin* (Dummkopf) – 33 **opprimer** unterdrücken – 34 **plaisant,e** drôle – 35 **un contrevenant** celui qui ne respecte pas la loi.

1 **un spectre** un fantôme – 2 **toucher à** *ici:* concerner – 3 **traiter** behandeln; *ici:* verhandeln – 4 **innombrable** très nombreux – 5 **un intello** *fam.* un intellectuel – 6 **s'écrier** entrüstet rufen (→ crier) – 7 **un adjoint** Beigeordneter (→ joindre) – 8 **aménager** *ici:* arranger – 9 **une enseigne** (Aushänge)Schild – 10 **casher / hallal** produit selon les prescriptions juives / islamiques

La prière devant une mosquée parisienne

cantine des écoles. Qui est dans le vrai ? Existe-t-il vraiment, dans la France de 2003, un risque de repli[11] identitaire ? Les réponses sont nuancées et diverses mais toutes les villes, toutes, sont confrontées à la même urgence : apprendre – ou réapprendre – à vivre ensemble, à l'heure de la société plurielle.

Pour certaines, c'est une vieille histoire. Le multiculturalisme y est devenu une seconde nature. A Marseille, il est le principe même de l'identité locale. Marseille, cité[12] de passage et société cosmopolite qui a vu défiler[13] toutes les vagues d'immigration, compte aujourd'hui plus de trente communautés. Qui cohabitent[14] plutôt heureusement. C'est que Marseille tout entière se sent et se vit comme une communauté : C'est un melting-pot. « *On est marseillais avant d'être arménien, juif, italien, turc, algérien, espagnol ou quoi que ce soit*[15], explique Philippe, CRS[16] et animateur dans les collèges, d'ascendance[17] italienne, marié à une Marseillaise d'origine algérienne. *Les différences sont plus sociales que culturelles ou ethniques.* » Marie Sinanoglou, Grecque naturalisée[18] française, confirme : « *Il y a un esprit de port. On est habitué à voir l'étranger qui peut rester ou partir. Il y a toutes les nationalités possibles. Mais pas de ghettos au sens communautariste. Belsunce est aujourd'hui arabe ; autrefois, c'était un quartier italien. Ce sera encore autre chose demain. Tout bouge.* » Ici, la communauté d'origine est une salle de transit avant la véritable intégration : l'adoption de la citoyenneté marseillaise.

Même culte de l'identité à Strasbourg, même culture historique de la cohabitation. Mais ici les communautés ne sont pas des lieux de passage : elles sont l'élément stable du paysage politique et social. Ici, rabbins, curés[19], pasteurs, sont fonctionnaires payés par l'Etat. L'archevêque[20], le président du Consistoire[21] protestant, le grand rabbin, sont des figures[22] de Strasbourg. Ces notables philosophes se rencontrent. L'Alsace est un club. Dernière arrivée, la communauté musulmane frappe à la porte. Elle aimerait avoir sa place à la table. N'ose pas encore rêver d'imams fonctionnaires d'Etat. Mais si des cours d'islam pouvaient être organisés dans les écoles, comme on enseigne le judaïsme ou le christianisme...

Petites frustrations. Envies d'égalité. Que certains encouragent. « *Les musulmans sont aussi nombreux que nous. Nous nous sentons des devoirs*[23] », dit le pasteur Lienhard. Au quartier du Neuhoff, les protestants ont rétrocédé[24] la moitié de leur temple aux musulmans. Mais à Strasbourg comme ailleurs la visibilité[25] nouvelle de l'islam, bien plus souvent, inquiète. C'est bien l'affirmation publique de la communauté dite « musulmane » (même si la majorité est peu ou pas pratiquante[26]), qui, ici et là, nourrit la crainte d'une montée du communautarisme.

Abdelaziz Chaabi, 45 ans, porte-parole[27] de l'Union des Jeunes Musulmans, est plutôt contre la création d'écoles privées musulmanes. « *Mais*, ajoute-t-il, *la laïcité n'est pas un texte sacré. Si une jeune fille ne peut pas exprimer sa foi dans les écoles publiques, alors la solution sera de créer nos écoles confessionnelles, comme les catholiques et les juifs.* »

Dans le Grand Lyon, où vivent quelque 35 000 juifs, on voit de plus en plus de familles déménager[28] pour se regrouper à Villeurbanne, où se trouvent les deux écoles confessionnelles, et où réside[29] désormais la moitié des juifs de l'agglomération. Repli communautariste? Alain Jakubowicz, président du Crif[30] Rhône-Alpes, le conteste. « *Vouloir se retrouver ensemble, dans un mode de vie qui ne dérange en rien la République, à proximité des magasins casher, des écoles pour les enfants, des lieux de culte, n'est pas le signe d'une ghettoïsation. La ghettoïsation, elle est dans le regard des autres.* » Mais la création – ou la recréation – de quartiers juifs n'en est pas moins un phénomène nouveau – ou un retour en arrière. Comme est nouveau le discours du grand rabbin de Lyon, Richard Wertenschlag, critiquant la laïcité à la française : « *Il n'y a pas d'égalité de traitement entre les reli-*

11 **un repli** *ici:* une tendance à s'isoler – 12 **une cité** une ville – 13 **défiler** *ci:* passer – 14 **cohabiter** habiter ensemble – 15 **quoi que ce soit** was auch immer – 16 **un CRS** un gendarme (d'une compagnie spéciale) – 17 **l'ascendance** *f* l'origine familiale – 18 **naturaliser** einbürgern – 19 **un curé** kath. Pfarrer – 20 **un archevêque** Erzbischof – 21 **le Consistoire** Kirchenvorstand – 22 **une figure** *ici:* un personnage (important) – 23 **se sentir des devoirs** sich verpflichtet fühlen – 24 **rétrocéder** rendre – 25 **la visibilité** → voir – 26 **(un,e) pratiquant,e** (qn) qui pratique activement une religion – 27 **un porte-parole** Sprecher – 28 **déménager** umziehen – 29 **résider** habiter – 30 **le Crif** le Centre des institutions juives

gions pratiquées en France. Dans l'Education nationale, on tient de moins en moins compte des obligations religieuses des juifs. Il faut regarder les choses en face; la laïcité, qui doit permettre l'expression de toutes les religions, n'est pas respectée. Il faut sortir du schéma centralisateur. Nous sommes dans une société multiculturelle. »

Des propos inconcevables[31] il y a trente ans, quand les rabbins se voulaient plus républicains que la République. Ils ne représentent d'ailleurs pas le point de vue de l'ensemble des juifs, mais celui d'une minorité orthodoxe[32]. Mais résonnent, au fond, au diapason[33] de la société française, où toutes les différences sont revendiquées[34], toutes les identités exaltées[35]. Où le moi tend à l'emporter[36] sur le nous. Et c'est bien pourquoi la menace du communautarisme en France est plus fantasmatique[37] que réelle – même si on en observe ici et là des traces. Car le modèle communautariste suppose[38] que les communautés soient homogènes, centralisées. Au lieu de quoi elles sont multiples, incontrôlables. Tout ça, au fond, est très français.

Claude Weill, *Le Nouvel Observateur*, 19 juin 2003 (texte abrégé).

Autour du texte

1 a) Dites en quoi consiste le communautarisme et pourquoi, globalement, il pose problème.
 b) Relevez dans la première partie du texte les différentes formes que peut prendre le communautarisme dans la vie quotidienne.
2 Dites en quoi consiste la particularité de Marseille face aux communautés.
3 a) Dans quelle situation se trouve la communauté musulmane à Strasbourg ? Comment fonctionne la cohabitation des religions ?
 b) D'après vous, comment se manifeste la « visibilité nouvelle » de l'islam (L. 74) ?
4 a) Pourquoi beaucoup de juifs lyonnais s'installent-ils à Villeurbanne ?
 b) Expliquez la phrase : *« la ghettoïsation, elle est dans le regard de l'autre »* (L. 99).
 c) Qu'est-ce que le grand rabbin de Lyon critique, concrètement (L. 105–112) ?
6 Pour l'auteur du texte, le communautarisme est-il une menace grave ou non ? Justifiez votre réponse à l'aide du texte.

• Créativité – En groupes, définissez les « grands principes » qui devraient régler la cohabitation des différentes communautés religieuses dans une société majoritairement laïque. Regroupez ces principes dans une charte dont les « articles » sont formulés de manière aussi claire et aussi brève que possible. Puis présentez votre charte sous forme d'affiche.

12 J'y suis j'y reste

1 A votre avis, qui est « je » et que représente le pronom « y » dans le titre de cette chanson ?
2 Après avoir écouté la chanson une première fois, dites si elle vous plaît ou pas. Mettez en commun tout ce que vous avez retenu (faites une liste des mots, des phrases ou des idées que vous avez compris).

Ma ville a ses petits avions
Jolis comme des papillons[1]
Mais qui les prend à votre avis
Qui les prend... on s'est compris

Ma ville a ses jardins où le bonheur
S'arrête aux environs de 18 heures
Car les kiosques à la gloire de la patrie
N'aiment pas le bruit
De ceux qui rêvent de lutte de classe
Et qui portent des tee-shirts Chiapas[2]
Ils veulent pas oublier
Que tout ne peut pas s'oublier

Et si c'est en chantant
Moi j'ai choisi mon camp[3]

---

31 **inconcevable** undenkbar – 32 **orthodoxe** *ici:* radical – 33 **résonner au diapason de qc** *ici:* être en harmonie avec qc – 34 **revendiquer** → une revendication – 35 **exalter** *ici:* montrer avec fierté – 36 **l'emporter** emporter une victoire, gagner – 37 **fantasmatique** *ici:* imaginaire – 38 **supposer qc** avoir qc comme condition

1 **un papillon** Schmetterling – 2 **le Chiapas** une région du Mexique (où les paysans sont en révolte) – 3 **un camp** Lager; *ici:* Seite

Y'a des djembés[4] qui sous la bourrasque[5]
Font chanter tous les pays basques
Sans déconner[6] il était temps
Des Sénégalais chantent l'occitan
Y'a ceux de Malte ou de Jérusalem
Qui vivent aussi en bas des HLM
Au milieu de tous ceux qui sont pas nés
De l'autre côté

Ils ont pleuré mais des années durant[7]
D'être oranais mais plus jamais d'Oran[8]
Ils veulent pas oublier
Qu'y z'étaient[9] pas les premiers

Et c'est depuis longtemps
Qu'y sont là et pourtant
Ils pleurent mais moi je reste
Et je le dis sans conteste[10]

J'y suis j'y reste, j'y suis j'y reste (x2)

Ma ville a ses plaintes[11] et ses plots[12]
Qui font d'elle un petit enclos[13]
Pour ceux qui font des balades en vélo
Pas pour ceux qui rentrent au galop

Eux y z'ont l'accent mais y z'ont pas l'accès[14]
Tout ça, ça vous fait de méchantes poussées[15]
Comme une guerre qui porte son nom
A chaque prénom

A toujours descendre les mêmes escaliers
Et toujours tomber sur le même palier[16]
Y sont d'où tous entassés[17]
Y sont d'ici mais pas assez
Et si de temps en temps
Y passent du bon temps
Moi c'est décidé je reste
Et je le dis sans conteste

J'y suis j'y reste, j'y suis j'y reste (x4)

Moi c'est décidé...

Paroles : Magyd Cherfi ; musique : Zebda ; © Zebda / Hijack.

Autour du texte

1 a) *Sans chercher à comprendre toutes les paroles de cette chanson*, retrouvez son « message » central.
b) D'après vous, cette chanson est-elle surtout...
1) un cri de protestation contre les injustices vis-à-vis des immigrés ? 2) une déclaration de guerre aux racistes ? 3) une reconnaissance de la société multiculturelle ? ou encore 4) une déclaration d'amour à la France ?
c) Qu'est-ce qui vous fait penser cela ?

2 a) Dites de quel « côté » il est question à la L. 22 et qui sont « *ceux qui sont pas nés de l'autre côté* ».
b) Qui sont ceux qui sont « *oranais mais plus jamais d'Oran* » et
c) ceux qui « *n'étaient pas les premiers* » (L. 23 à 26) ? (Pensez à l'histoire des colonies...)

3 a) L'auteur dit qu'il a « *choisi son camp* » (L. 14). A partir des éléments contenus dans le texte, faites la liste de tous ceux qui font partie de son « camp ». Utilisez les structures *les* + (nom) ou *ceux qui* + (verbe).
b) Donnez un nom au « camp » du chanteur.

Au-delà du texte

- Internet – Renseignez-vous sur le groupe Zebda *(→ stratégies, p. 144)* ; présentez les chanteurs et musiciens, l'histoire du groupe, sa « philosophie » et ses engagements. Puis retrouvez (p. ex. sur www.paroles.net) une autre chanson de Zebda qui parle de la situation des immigrés ou des enfants d'immigrés et présentez ce texte en classe.
- Commentaire – La société multiculturelle est-elle selon vous une éternelle utopie ou un projet réalisable dans un avenir proche ? Rédigez un texte dans lequel vous exposez votre point de vue *(→ stratégies, p. 138)*.

4 **un djembé** un tambour africain – 5 **une bourrasque** un vent très fort – 6 **déconner** *fam.* dire des bêtises – 7 **durant** pendant – 8 **Oran** une ville d'Algérie – 9 **y z'** *fam.* ils – 10 **sans conteste** zweifelsohne – 11 **une plainte** → se plaindre – 12 **un plot** *ici: fam.* une affaire – 13 **un enclos** eingezäuntes Grundstück – 14 **l'accès** *m* la possibilité d'entrer (→ accéder) – 15 **une poussée** *ici:* Aufflammen – 16 **un palier** Treppenabsatz – 17 **entassé,e** mis en *tas* (Haufen)

Chapitre 3 LA POLITIQUE – POUVOIRS ET DEVOIRS

1 Liberté, égalité, fraternité

Extraits de la Constitution :

Préambule

Le peuple français proclame solennellement[1] son attachement aux droits de l'homme et aux principes de la souveraineté nationale tels qu'ils ont été définis par la Déclaration de 1789, confirmée et complétée par le préambule de la Constitution de 1946.

Article 2

La France est une République indivisible, laïque[2], démocratique et sociale. Elle assure l'égalité devant la loi de tous les citoyens sans distinction d'origine, de race ou de religion. Elle respecte toutes les croyances[3].

L'emblème national est le drapeau tricolore, bleu, blanc, rouge.

L'hymne national est La Marseillaise.

La devise de la République est *Liberté, Égalité, Fraternité.*

Son principe est : gouvernement du peuple, par le peuple et pour le peuple.

Article 3

La souveraineté nationale appartient au peuple qui l'exerce[4] par ses représentants et par la voie[5] du référendum.

1 **solennel,le** [sɔlanɛl] feierlich – 2 **laïc, laïque** indépendant de toute religion – 3 **une croyance** une religion – 4 **exercer** ausüben – 5 **par la voie de** mittels

Autour du texte

1 Dites où et à quelles occasions on peut a) voir le drapeau tricolore, b) lire la devise de la République et c) entendre la Marseillaise.
2 Connaissez-vous d'autres « symboles nationaux » français ? Si oui, lesquels ?
3 Expliquez les adjectifs utilisés dans la première phrase de l'article 2.
4 Contrairement à la Constitution française, la Loi Fondamentale allemande n'a pas prévu de référendum comme moyen de décision politique. Quels sont les avantages et quels pourraient être les inconvénients du référendum ?
5 A l'aide d'Internet ou d'une encyclopédie, renseignez vous sur a) la « signification » des couleurs du drapeau tricolore, b) l'histoire de la Marseillaise, c) l'origine de la devise républicaine *(→ stratégies, p. 144)*.

2 J'm'en fous d'la France

Refrain :
J'm'en fous[1] d'la France
On m'a menti
On a profité d'mon enfance
Pour me faire croire à une patrie

1 J'demande à voir la liberté
La liberté qui était marquée
Sur le portail[2] de mon école
Liberté de chanter
Mais attention, sorti de l'atelier
Liberté de voir
Les conneries[3] débitées[4] dans France foire[5]
Liberté de penser
La même chose que la majorité
Refrain

2 J'demande à voir l'égalité
L'égalité qu'était gravée
Sur le fronton[6] de la mairie
Égaux ta femme et toi
Mais pas la paie[7] de fin de mois
Égaux toi et ton fils
Quand il aura fait son service
Égaux les hommes et toi
Mais s'ils sont plus grands, t'as pas le choix
Refrain

3 J'voudrais voir la fraternité
La fraternité racontée
Dans le linteau[8] de cette église
Fraternel dans les mœurs[9]
Mais en tenant compte de la couleur
Fraternel avec celui
Qu'a pu apprendre à dire merci
Fraternel, on est tous frères
Mais à la guerre comme à la guerre[10]

Refrain :
J'm'en fous d'la France
On m'a menti
On a profité d'mon enfance
Pour me faire croire à des conneries

Autour du texte

1 a) Retrouvez dans chaque couplet le ou les mots qui sont répétés plusieurs fois. Qu'est-ce que vous constatez?
b) Quel lieu l'auteur met-il en rapport avec chacun de ces mots ? Qu'est-ce que ces différents lieux représentent ?
c) Les trois couplets sont construits exactement sur le même modèle. Mettez ce modèle en évidence.
2 a) A quel journal français (et à quelle sorte de presse) l'auteur fait-il allusion à la ligne 11 ?
b) Expliquez les autres exemples donnés par l'auteur dans chaque couplet.
3 Expliquez le refrain et justifiez le changement effectué par l'auteur dans le dernier vers.
4 Ecrivez un texte dans lequel vous récapitulez le contenu de la chanson avant de mettre en évidence la position de son auteur. Dites ensuite ce que vous pensez de cette attitude *(→ stratégies, p. 137)*.

---

1 **je m'en fous** *fam.* das ist mir Wurscht – 2 **le portail** la porte principale – 3 **une connerie** *fam.* une bêtise – 4 **débiter** *ici:* dire (des bêtises) – 5 **la foire** *ici: fam.* le désordre – 6 **le fronton** Giebel(seite) – 7 **la paie** le salaire (→ payer) – 8 **un linteau** Türsturz – 9 **les mœurs** *f* les habitudes et règles de vie – 10 **à la guerre comme à la guerre** gelobt sei, was hart macht

3 Le président de la République

1 Connaissez-vous les noms des différents présidents de la Ve République ?
2 Nommez au moins une « grande action » de l'un de ces hommes.

Le président de la République est élu au suffrage[1] universel direct pour cinq ans, après un scrutin[2] majoritaire à deux tours. C'est la Constitution, rédigée en 1958 à l'initiative du général de Gaulle et modifiée par la suite, qui définit les pouvoirs du président de la République. Voici les principaux d'entre eux.

1 *Il dirige la politique étrangère*
Le Président dirige personnellement la politique étrangère de la France. Il nomme les ambassadeurs[3] français dans toutes les capitales du monde. Il signe aussi les traités de paix avec les pays étrangers. Il représente la France dans le monde. Le Président reçoit aussi les chefs d'État étrangers au palais de l'Élysée.

2 *Il est le chef des armées*
Le Président est le chef des armées. En cas de conflit, il se rend dans une salle située dans les sous-sols de l'Élysée. De là, il donne ses instructions aux armées, et il commande l'envoi des missiles[4]. En cas de crise grave, il peut décider d'utiliser l'arme nucléaire.

3 *Il nomme le Premier ministre*
Le Président oriente la politique de la France. Il définit des priorités, mais il ne gouverne pas lui-même. Il ne règle pas les problèmes personnellement. Il nomme le Premier ministre et choisit les autres ministres, en accord avec le Premier ministre.

4 *Il préside le Conseil des ministres*
Chaque mercredi, le Président réunit les ministres au palais de l'Élysée pour le traditionnel Conseil des ministres. Au Conseil des ministres, on prend les décisions les plus importantes. Les ministres proposent, à tour de rôle[5], des projets de lois. Le Président donne son avis sur tout. Quand il est d'accord, le texte est approuvé, puis transmis[6] aux députés et aux sénateurs qui vont l'examiner et le voter ou le rejeter[7].

5 *Il peut dissoudre[8] l'Assemblée nationale*
Le Président dispose d'une « arme » redoutable[9] contre les députés de l'Assemblée nationale : s'il n'est pas d'accord avec les députés, le Président peut dissoudre l'Assemblée et demander aux Français d'élire de nouveaux députés. S'il a dissout l'Assemblée, il doit attendre un an minimum avant d'avoir le droit de recommencer.

6 *Il a tous les pouvoirs en cas de crise grave*
En France, les pouvoirs sont partagés entre trois groupes de personnes : le Président et le Gouvernement, qui préparent les lois ; les députés et les sénateurs, qui discutent et votent les lois ; les juges, qui punissent ceux qui ne respectent pas les lois. Ce système permet d'éviter qu'un seul homme décide de tout.
Pourtant, l'article 16 de la Constitution permet au Président, exceptionnellement, d'étendre[10] ses pouvoirs en cas de crise grave. Charles de Gaulle a utilisé une fois cette possibilité, en avril 1961, pendant la guerre d'Algérie. Il a cumulé[11] tous les pouvoirs pendant cinq mois.

7 *Il a le droit de grâce[12]*
Le Président peut réduire une partie ou la totalité de la peine[13] d'un condamné. C'est le « droit de grâce ». Il remet en liberté des personnes condamnées à de courtes peines et qui n'ont pas commis[14] de fautes graves.

Autour du texte

1 a) Récapitulez les pouvoirs du président de la République.
b) A votre avis, pourquoi la Constitution lui donne-t-elle un aussi grand nombre de fonctions ?
2 Dites à quelles personnes ou à quelles institutions les sept pouvoirs mentionnés sont accordés en Allemagne.
3 On a souvent dit que le président de la République française avait les pouvoirs d'un roi (et se comportait parfois comme s'il en était un…). A votre avis, qu'est-ce qui pourrait justifier ou contredire cette affirmation ?

---

1 **un suffrage** une élection – 2 **un scrutin** un vote – 3 **un ambassadeur** Botschafter – 4 **un missile** Rakete – 5 **à tour de rôle** l'un après l'autre – 6 **transmettre** donner, passer – 7 **rejeter** *ici:* ≠ accepter – 8 **dissoudre** auflösen – 9 **redoutable** terrible – 10 **étendre** *ici:* élargir – 11 **cumuler** avoir (plusieurs choses) en même temps – 12 **une grâce** *ici:* une amnistie – 13 **une peine** *ici:* Strafe – 14 **commettre** faire (qc de mal)

4 Le Président, un modèle en fin de série ?

a) Décrivez le dessin de Rapaport, ci contre.
b) Faites parler le personnage principal : quelle serait sa devise ?
c) Quelle « critique » ce dessin exprime-t-il ?

Arnaud Montebourg, député socialiste de Saône-et-Loire, se bat depuis plusieurs années pour renouveler la Constitution. Extrait d'une interview donnée en 2002.

– *D'après vous, le Parlement ne sert pas à grand-chose*[2]*…*

– Dans la Constitution de la Ve République, bâtie sur mesure[3] pour le général de Gaulle, les députés ont été conçus[4] comme des potiches[5] décoratives et infantiles, peu responsables du destin[6] national. Aujourd'hui encore, nous ne sommes même pas un contre-pouvoir.

– *Que proposez-vous ?*

– Je souhaite renforcer les pouvoirs du Parlement. Pas en reconstituant[7] la IVe République, quand le gouvernement était le jouet de permanents marchandages[8] parlementaires. Mais il faut un vrai contre-pouvoir face à l'administration toute-puissante[9]. Pour passer à l'action, mes amis et moi avons fondé[10] la « Convention pour une VIe République ».

– *Vous voulez donc supprimer*[11] *le Président ?*

– Je ne propose pas de supprimer le président de la République. Mais je souhaite un régime de responsabilité. Celui qui prend les décisions doit en répondre[12] et accepter qu'on en discute. C'est ce que fait déjà le gouvernement, qui est interpellé[13] chaque semaine par le Parlement (qui peut le faire tomber en votant contre lui). Le Président, lui, est un monarque. Un monarque certes[14] élu, mais un monarque ! Qui n'a que sa propre conscience[15] comme limite de son action…

– *Si l'on acceptait vos propositions, le Président deviendrait un peu comme la reine d'Angleterre, qui ne s'occupe pas de gouverner ?*

– Oui. Et, dans ce cas, il ne serait plus élu au suffrage universel mais par le Parlement, c'est-à-dire l'Assemblée nationale et le Sénat. On ne dérange pas 35 millions d'électeurs pour élire la reine d'Angleterre. La France ne ferait ainsi qu'imiter la plupart des autres pays européens en la matière[16].

Autour du texte

1 Dites ce que le député Montebourg reproche à la Constitution actuelle et pourquoi.
2 Montebourg aimerait que le Président soit élu comme dans « la plupart des autres pays européens ». Dites de quels pays il s'agit (nommez-en au moins un !) et comment on y élit le chef de l'Etat.
3 Selon vous, un Etat moderne a-t-il besoin d'un roi, d'une reine, ou d'un Président qui n'a pas de véritable fonction politique ? Justifiez votre position.

1 **un modèle en fin de série** Auslaufmodell – 2 **pas grand-chose** presque rien – 3 **sur mesure** maßgeschneidert – 4 **concevoir** *ici:* imaginer, penser – 5 **une potiche** *ici:* Statist – 6 **le destin** *ici:* l'avenir –7 **reconstituer** *ici:* reconstruire – 8 **un marchandage** Kuhhandel – 9 **puissant,e** qui a du pouvoir – 10 **fonder** créer – 11 **supprimer** faire disparaître – 12 **répondre de qc** porter la responsabilité de qc – 13 **interpeller qn** *ici:* demander des explications à qn – 14 **certes** bien sûr – 15 **la conscience** *ici:* Gewissen – 16 **en la matière** dans ce domaine

5 Le pouvoir ou la vie

1 « Avoir du pouvoir », pour vous, qu'est-ce que cela signifie ? Donnez des exemples de personnages qui ont du pouvoir et dites si vous aimeriez être à leur place ou pas. Justifiez votre réponse !
2 Que savez-vous du personnage d'Antigone ?

Créon : Un matin, je me suis réveillé roi de Thèbes. Et Dieu sait si j'aimais autre chose dans la vie que d'être puissant…

Antigone : Il fallait dire non, alors !

Créon : Je le pouvais. Seulement, je me suis senti tout d'un coup comme un ouvrier qui refusait un ouvrage[1]. Cela ne m'a pas paru honnête. J'ai dit oui.

Antigone : Eh bien, tant pis pour vous. Moi, je n'ai pas dit « oui » ! Qu'est-ce que vous voulez que cela me fasse, à moi, votre politique, votre nécessité, vos pauvres histoires ? Moi, je peux dire « non » encore à tout ce que je n'aime pas et je suis seul juge. Et vous, avec votre couronne, avec vos gardes, avec votre attirail[2], vous pouvez seulement me faire mourir, parce que vous avez dit « oui ».

Créon : Écoute-moi.

Antigone : Si je veux, moi, je peux ne pas vous écouter. Vous avez dit « oui ». Je n'ai plus rien à apprendre de vous. Pas vous. Vous êtes là à boire mes paroles. Et si vous n'appelez pas vos gardes, c'est pour m'écouter jusqu'au bout[3].

Créon : Tu m'amuses !

Antigone : Non. Je vous fais peur. C'est pour cela que vous essayez de me sauver. Ce serait tout de même plus commode[4] de garder une petite Antigone vivante et muette[5] dans ce palais. Vous êtes trop sensible pour faire un bon tyran, voilà tout. Mais vous allez tout de même me faire mourir tout à l'heure, vous le savez, et c'est pour cela que vous avez peur. C'est laid un homme qui a peur.

Créon, *sourdement*[6]. – Eh bien oui, j'ai peur d'être obligé de te faire tuer si tu t'obstines[7]. Et je ne le voudrais pas.

Antigone : Moi, je ne suis pas obligée de faire ce que je ne voudrais pas ! Vous n'auriez pas voulu non plus, peut-être, refuser une tombe[8] à mon frère ? Dites-le donc, que vous ne l'auriez pas voulu ?

Créon : Je te l'ai dit.

Antigone : Et vous l'avez fait tout de même. Et maintenant, vous allez me faire tuer sans le vouloir. Et c'est cela, être roi !

Créon : Oui, c'est cela !

Antigone : Pauvre Créon ! Avec mes ongles cassés et pleins de terre et les bleus[9] que tes gardes m'ont faits aux bras, avec ma peur qui me tord[10] le ventre[11], moi je suis reine.

Créon : Alors, aie pitié de moi, vis. Le cadavre de ton frère qui pourrit[12] sous mes fenêtres, c'est assez payé pour que l'ordre règne dans Thèbes. Mon fils t'aime. Ne m'oblige pas à payer avec toi encore. J'ai assez payé.

Antigone : Non. Vous avez dit « oui ». Vous ne vous arrêterez jamais de payer maintenant !

Créon, *la secoue[13] soudain, hors de lui.* Mais, bon Dieu ! Essaie de comprendre une minute, toi aussi, petite idiote ! J'ai bien essayé de te comprendre, moi. Il faut pourtant qu'il y en ait qui disent oui. Il faut pourtant qu'il y en ait qui mènent la barque. Cela prend l'eau de toutes parts, c'est plein de crimes, de bêtise, de misère … Et le gouvernail[14] est là qui ballotte[15]. L'équipage ne veut plus rien faire, il ne pense qu'à piller[16] la cale[17] et les officiers sont déjà en train de se construire un petit radeau[18] confortable, rien que pour eux, avec toute la provision d'eau douce pour tirer au moins leurs os[19] de là. Et le mât[20] craque, et le vent siffle, et les voiles vont se déchirer, et toutes ces brutes[21] vont crever[22] toutes ensemble, parce qu'elles ne pensent qu'à leur peau, à leur précieuse peau et à leurs petites affaires. Crois-tu, alors, qu'on a le temps de faire le raffiné[23], de savoir s'il faut dire « oui » ou « non », de se demander s'il ne faudra pas payer

1 **un ouvrage** un travail – 2 **un attirail** nutzloses Gepränge, Prunk – 3 **le bout** *ici:* la fin – 4 **commode** pratique, facile – 5 **muet,te** qui ne parle pas – 6 **sourdement** d'une voix faible – 7 **s'obstiner (à faire qc)** beharren – 8 **une tombe** Grab – 9 **un bleu** blauer Fleck – 10 **tordre** verdrehen, verzerren – 11 **le ventre** *ici:* Magen – 12 **pourrir** verfaulen – 13 **secouer** schütteln – 14 **un gouvernail** Ruder – 15 **balloter** hin und her schwanken – 16 **piller** plündern – 17 **une cale** la partie du bateau qui contient les marchandises – 18 **un radeau** Floß – 19 **tirer ses os de là** davonkommen – 20 **le mât** Mast – 21 **une brute** *ici:* un homme primitif – 22 **crever** *fam.* mourir – 23 **faire le raffiné** die Nase rümpfen

trop cher un jour et si on pourra encore être un homme après ? On prend le bout de bois, on redresse[24] devant la montagne d'eau, on gueule[25] un ordre et on tire dans le tas[26], sur le premier qui s'avance. Dans le tas ! Cela n'a pas de nom. C'est comme la vague qui vient de s'abattre[27] sur le pont[28] devant vous, le vent qui vous gifle[29], et la chose qui tombe dans le groupe n'a pas de nom. C'était peut-être celui qui t'avait donné du feu en souriant la veille. Il n'a plus de nom. Et toi non plus, tu n'as plus de nom, cramponné[30] à la barre. Il n'y a plus que le bateau qui ait un nom et la tempête. Est-ce que tu le comprends, cela ?

ANTIGONE, *secoue la tête*. Je ne veux pas comprendre. C'est bon pour vous. Moi je suis là pour autre chose que pour comprendre. Je suis là pour vous dire non et pour mourir.

CRÉON : C'est facile de dire non !

ANTIGONE : Pas toujours.

CRÉON : Pour dire oui, il faut suer[31] et retrousser ses manches[32], empoigner[33] la vie à pleines mains et s'en mettre jusqu'aux coudes[34]. C'est facile de dire non, même si on doit mourir. Il n'y a qu'à ne pas bouger et attendre. Attendre pour vivre, attendre même pour qu'on vous tue. C'est trop lâche[35].

Jean Anouilh, *Antigone*, Éditions de La Table ronde, Paris 1946.

Autour du texte

1 Analysez le monologue de Créon (L. 56–87) :
   a) Qu'est-ce que la barque symbolise ? Relevez toutes les images qui appartiennent au domaine de la navigation et expliquez-les.
   b) De quelle manière Créon « mène-t-il sa barque » ? D'après vous, est-il un « bon » chef d'Etat ? Justifiez votre position.

2 Analysez le dialogue entre Créon et Antigone (L. 1–55) :
   a) « Dire non », qu'est-ce que cela signifie pour Antigone ? En quoi Antigone s'oppose-t-elle à Créon ?
   b) Comment faut-il comprendre son affirmation « *moi je suis reine* » (L. 48) ?

3 Caractérisez les deux personnages. En partant de leur dialogue, analysez les relations qu'ils ont entre eux *(→ stratégies, p. 142)*.

• Commentaire – D'après Créon, « *c'est facile de dire non* ». Qu'en pensez-vous ? Rédigez un commentaire sur ce sujet en vous inspirant, si possible, de votre expérience personnelle *(→ stratégies, p. 138)*.

6 Décentralisation : un pas de plus

1 Contrairement à l'Allemagne, la France est toujours considérée comme un pays centraliste. Donnez des exemples (importants ou non, mais concrets) qui illustrent bien la différence des deux systèmes.

2 A partir de l'allemand, d'un mot d'une autre langue ou d'un autre mot français de la même famille, dites ce que signifient les mots suivants :
   a) la décentralisation ; b) la désertification ; c) une autorité ; d) la responsabilité ; e) un budget ; f) une infrastructure ; g) l'habitat ; h) le ramassage ; i) un transfert ; j) une compétence ; h) un élu ; l) la continuité ; m) une équivalence ; n) alléger ; o) une procédure.

La France, Etat jacobin

Si certains États, comme les Etats-Unis ou l'Allemagne, sont des fédérations, système où les entités[1] régionales ont de larges pouvoirs, la France, au contraire, gouverne depuis la capitale. Ce choix d'un Etat central est dit « jacobin » (du nom des Jacobins qui, durant[2] la Révolution française, le défendirent face aux Girondins). Mais le jacobinisme a un inconvénient[3] majeur : il ne permet pas de coller[4] à la réalité locale malgré la petite taille[5] de notre pays. De plus, il contribue à la désertification du territoire face au poids excessif[6] de Paris. (1)

24 **redresser** gerade richten – 25 **gueuler** *fam.* crier fort – 26 **tirer dans le tas** in die Menge schießen – 27 **s'abattre** tomber d'un coup – 28 **le pont** *ici:* Deck – 29 **gifler** ohrfeigen – 30 **se cramponner** se tenir avec force – 31 **suer** schwitzen – 32 **retrousser ses manches** die Ärmel aufkrempeln – 33 **empoigner** saisir, prendre – 34 **s'en mettre jusqu'aux coudes** bis an die Ellenbogen hineintauchen – 35 **lâche** ≠ courageux

1 **une entité** Gebilde – 2 **durant** pendant – 3 **un inconvénient** ≠ un avantage – 4 **coller** kleben; *ici:* passen – 5 **la taille** *ici:* la dimension – 6 **excessif, -ive** en trop / trop grand

Aujourd'hui, qui fait quoi en France ?
Actuellement, nous avons quatre niveaux d'autorités.
– *L'Etat* garde la responsabilité de l'essentiel (maintien de l'ordre, élaboration[7] des lois et du budget, fonction publique[8]...).
– La *région* s'occupe de l'entretien[9] et construction des lycées, gère[10] le transport express régional (TER) ainsi que certaines infrastructures de transport, certaines aides directes à l'entreprise, certaines infrastructures culturelles. ↗
– Le *département* a la responsabilité de l'aide sociale (handicapés[11], enfance, personnes âgées, aide médicale), de l'entretien des routes départementales, des collèges et de certaines actions culturelles et économiques.
– La *commune*[12] s'occupe des écoles primaires, de l'action sociale (crèches[13], foyers[14] de personnes âgées, logements sociaux), de l'urbanisme (entretien de la voirie[15], programme d'habitat), de la sécurité sur la voie publique (police municipale), du ramassage des ordures[16]. (1)

Au niveau...	*les citoyens élisent...*	*qui est présidé(e) par...*	*lors des élections...*	*tous les...*
de la commune	le Conseil municipal	le maire	municipales	6 ans
du département	le Conseil général	le président du Conseil général	cantonales	6 ans
de la région	le Conseil régional	le président du Conseil régional	régionales	6 ans
de l'Etat	l'Assemblée nationale	le président de l'Assemblée nationale	législatives	5 ans
	le président de la République		présidentielles	5 ans
	(Le Sénat est élu pour 9 ans par les « grands électeurs » : tous les députés, tous les conseillers régionaux et généraux, ainsi que les délégués des conseillers municipaux.)			

Ce que veut changer la réforme Raffarin
Le projet de réforme Raffarin prévoit d'abord de nouveaux transferts de compétences aux régions (formation professionnelle, aides aux entreprises, gestion[17] des personnels d'entretien des lycées, tourisme, port, aéroports et canaux d'intérêt régional) et aux départements (RMI[18], personnels d'entretien des collèges, carte scolaire[19] des collèges, routes nationales, insertion[20] des handicapés, politique de l'eau et gestion des déchets[21]). Enfin, le projet prévoit d'octroyer[22] aux régions et départements le produit de certains impôts pour financer ces nouvelles responsabilités. (1)

Ce qu'en pensent les citoyens concernés
Anne-Marie Comparini, présidente de la région Rhône-Alpes : « *Avec la décentralisation, les Français sauront qui fait quoi. Ils mettront un visage sur les responsables de leur vie quotidienne. Cela va recréer un lien entre les citoyens et la chose publique.* » (2)

Pierrette Fontanas, maire de Tarnos (Aquitaine) : « *Je suis évidemment pour une plus grande proximité entre la prise des décisions et ceux qui vont la vivre au quotidien. Par exemple je trouve anormal qu'aujourd'hui encore le maire ne puisse avoir accès[23] au compte rendu[24] du comité d'hygiène[25] et de sécurité d'une entreprise à risques[26] sur sa propre commune.* » (3)

Béatrice Péresse, professeur d'économie à Rennes (Bretagne) : « *Il ne faudrait pas que le contenu des formations soit pensé par des élus susceptibles[27] de céder[28] au lobby des acteurs[29] économiques locaux. L'Etat doit rester le garant de la continuité des formations et de leurs équivalences.* » (3)

Christian Aucq, patron d'une PME[30] à Champsac (Limousin) : « *La décentralisation, pour moi, c'est l'espoir que les décisions puissent enfin se prendre localement. Car les patrons de la « France d'en bas » ont bien des difficultés. Exemple : la formation professionnelle dépend de règles édictées[31] depuis Paris, totalement déconnectées[32] de la réalité des PME.* » (3)

7 **l'élaboration** *f, ici:* la préparation – 8 **la fonction publique** öffentl. Dienst – 9 **l'entretien** *m ici:* Instandhaltung – 10 **gérer** verwalten – 11 **un,e handicapé(e)** Behinderte(r) – 12 **la commune** Gemeinde – 13 **une crèche** Kinderkrippe – 14 **un foyer** *ici:* Heim – 15 **la voirie** *ici:* la voie publique (l'ensemble des rues) – 16 **les ordures** *f* (Haus)Müll. – 17 **la gestion** → gérer – 18 **le RMI** l'aide aux chômeurs – 19 **la carte scolaire** carte à l'aide de laquelle on « choisit » son école – 20 **l'insertion** *f* Eingliederung – 21 **les déchets** *m* les ordures – 22 **octroyer** gewähren – 23 **l'accès à** *m* Zugang zu – 24 **un compte rendu** Bericht – 25 **l'hygiène** *f, ici:* la santé – 26 **à risques** *ici:* dangereux – 27 **susceptible de** qui pourrait – 28 **céder** ≠ résister – 29 **un acteur** *ici:* Unternehmer – 30 **les PME** *f* les petites et moyennes entreprises – 31 **édicter** dicter – 32 **déconnecté,e de** *ici:* sans rapport avec

Marie-Hélène Feuillin, surveillante-chef au Samu[33] hospitalier[34] de Marseille (Provence-Alpes-Côte d'Azur) : « *Au niveau hospitalier, nous avons subi*[35] *une recentralisation avec une gestion à distance par des personnes qui connaissent mal le terrain*[36]. *Les délais*[37] *sont beaucoup plus longs qu'avant. Si la décentralisation à venir pouvait nous alléger toutes ces procédures…* » (3)

1 *Les Dossiers de l'actualité*, avril 2003 ; 2 citée dans le *Guide Figaro Rhône-Alpes* du 30 novembre 2002 ; 3 cités dans *Les Dossiers de l'actualité*, avril 2003 (textes abrégés).

Autour des textes

1 « *Coller à la réalité locale* » (L. 10), qu'est-ce que cela signifie ? Donnez des exemples.
2 a) Comparez les compétences des différents niveaux d'autorité (L. 17–35). Pouvez-vous retrouver la « logique » qui a mené à un tel partage des compétences ?
   b) D'après cette logique, quel est le niveau d'autorité qui devrait être responsable des universités ?
3 Choisissez une des mesures proposées par la réforme Raffarin (L. 36–48) et expliquez pourquoi vous la trouvez bonne ou mauvaise pour les habitants des régions ou départements.
4 a) Face à la réforme, quelle est l'attitude commune de la plupart des « personnes concernées » (L. 50–85) ?
   b) Une de ces personnes est plutôt sceptique : laquelle ? Dites ce qu'elle craint et si cette peur est injustifiée ou s'il s'agit d'un vrai problème.

7 Les partis en bref

L'extrême gauche

Il existe une série de petits partis ou groupuscules[1] d'extrême gauche, dont les plus connus sont *Lutte ouvrière* et la *Ligue communiste révolutionnaire*, de tendance trotskyste[2]. Bien qu'Arlette Laguiller soit très connue du grand public (depuis plus de trente ans, elle se présente[3] pour *Lutte ouvrière* à chaque élection présidentielle !), aucun candidat issu[4] de ces partis ne siège[5] dans les grandes assemblées législatives.
(www.lutte-ouvriere.org et www.lcr-rouge.org)

La gauche

PCF

Le PCF (*Parti Communiste Français*) est fondé en 1920. Il participe activement à la Résistance et connaît son heure de gloire[6] juste après la Seconde Guerre mondiale : il est alors le plus grand parti français et participe à plusieurs gouvernements, dont celui du Général de Gaulle. Depuis la chute[7] du bloc communiste des pays d'Europe de l'Est, le PCF, dont l'influence auprès des couches[8] populaires ne cesse de diminuer, peine[9] à se trouver une nouvelle identité. (www.pcf.fr)

Le PS (*Parti Socialiste*) est le nom pris en 1969 par la Section Française de l'Internationale Ouvrière, créée en 1905. Le but du PS est de construire une société plus juste et plus « humaine » en mettant l'accent sur l'égalité et la solidarité entre les citoyens. En 1981, François Mitterrand devient le premier président socialiste de la Ve République, il est réélu en 1988. Aux élections présidentielles de 2002, le candidat socialiste (Lionel Jospin) ne recueille[10] cependant que 16 % des voix. Le PS reste néanmoins l'un des deux principaux partis du pays.
(www.parti-socialiste.fr)

Les Verts (*Confédération écologiste – Parti écologiste*) sont nés en 1970 avec pour objectifs[11] principaux la protection de l'environnement et la défense de la qualité de la vie. Politiquement neutres à leurs débuts (« ni gauche, ni droite »), les Verts sont aujourd'hui considérés comme un parti de gauche. Ils ont d'ailleurs été plusieurs fois alliés[12] au PS et au PCF et ont participé avec eux à plusieurs gouvernements de gauche.
(www.les-verts.org)

33 **le Samu** le service d'aide médicale urgente – 34 **hospitalier, -ière** → l'hôpital – 35 **subir** supporter (erleiden) – 36 **le terrain** *ici:* la situation réelle – 37 **un délai** le temps nécessaire pour faire qc

La droite

L'UMP (*Union pour un Mouvement Populaire*) est le principal parti de droite. Créé en 2002 pour soutenir[13] l'action du Président Jacques Chirac (élu en 1995, réélu en 2002), il est né de la fusion[14] du RPR (droite conservatrice à tendance gaulliste), d'une partie de l'UDF (droite modérée) et de plusieurs autres formations de droite. L'UMP se veut[15] le défenseur des grandes valeurs républicaines et d'un Etat fort et indépendant. (www.u-m-p.org)

L'UDF (*Union pour la Démocratie Française*) est une fédération de plusieurs petits partis et formations de centre-droite. Fondée en 1978 par Valéry Giscard d'Estaing, l'UDF est de tendance modérée, libérale et pro-européenne, elle est traditionnellement « alliée » aux Gaullistes. Une grande partie de ses membres a d'ailleurs rejoint le RPR en 2002 pour former l'UMP. (www.udf.org)

L'extrême droite

Le FN (*Front National*) a été fondé en 1972 par plusieurs personnalités d'extrême droite, dont Jean-Marie Le Pen, son actuel président. Le FN est ouvertement anti-européen, nationaliste et xénophobe et exige une « préférence nationale » dans tous les domaines de la vie sociale. En 2002, pour la première fois de son histoire, le FN arrive à mener son candidat (Le Pen) jusqu'au deuxième tour[16] d'une élection présidentielle – avec 17 % des voix au premier tour. (www.frontnational.com)

Le MNR (*Mouvement National Républicain*) est fondé en 1999 par Bruno Mégret et un groupe d'adhérents du FN à la suite d'un désaccord avec Jean-Marie Le Pen. Les thèses du MNR sont très proches de celles du FN mais ses résultats aux différentes élections sont beaucoup plus faibles. (www.m-n-r.com)

Au-delà des textes

- Internet – Consultez le site Internet de l'Assemblée Nationale pour connaître sa composition actuelle. Présentez celle-ci sous forme de graphique.
- Internet – En groupes, choisissez un des partis présentés dans ce texte *(excepté le FN)* et visitez son site Internet. A partir des informations que vous y trouverez, caractérisez l'« attitude de base » du parti dans les domaines suivants : a) l'économie, b) la politique sociale, c) l'enseignement et la culture, d) l'immigration, e) l'Europe. Dites ensuite de quel parti politique allemand ce parti français se rapproche le plus. Mettez en évidence les ressemblances et les différences.
- Projet – A partir des propositions des différents partis français ou allemands, réalisez le programme du parti politique qui vous semblerait « idéal ». Donnez ensuite un nom à votre parti, dessinez-lui un logo et résumez vos propositions sous forme de slogans pour une affiche ou un tract électoral.

8 Les mains sales

1 Rassemblez le plus de situations possibles dans lesquelles on peut « se salir les mains ».
2 A votre avis, certaines situations peuvent-elles « justifier » les mensonges ? Si oui, lesquelles (et pourquoi) ?

La scène suivante se passe en Illyrie, un Etat imaginaire situé dans une Europe en guerre. Hoederer, le chef du Parti Prolétarien, est prêt à passer un accord avec ses adversaires politiques afin de sauver des vies humaines… mais aussi d'assurer à long terme l'influence de son parti. Hugo, son jeune secrétaire, est choqué par ces méthodes.

---

1 **un groupuscule** un petit groupe – 2 **trotzkyste** → Trotzky – 3 **se présenter** *ici:* être candidat – 4 **issu,e de qc** aus etw. hervorgegangen – 5 **siéger** avoir un *siège* (Sitz) – 6 **l'heure de gloire** *ici:* Glanzzeit – 7 **la chute** Sturz; *ici:* Zusammenbruch – 8 **une couche** Schicht – 9 **peiner** avoir des difficultés – 10 **recueillir** *ici:* réunir – 11 **un objectif** un but – 12 **allié,e** associé – 13 **soutenir** unterstützen – 14 **une fusion** Zusammenschluss – 15 **se vouloir**… affirmer qu'on est… – 16 **un tour** *ici:* Wahlgang

HUGO : Hoederer, je… je sais mieux que vous ce que c'est que le mensonge ; chez mon père tout le monde se mentait, tout le monde me mentait. Je ne respire que depuis mon entrée au Parti. Pour la première fois j'ai vu des hommes qui ne mentaient pas aux autres hommes. Chacun pouvait avoir confiance en tous et tous en chacun, le militant le plus humble[1] avait le sentiment que les ordres des dirigeants lui révélaient[2] sa volonté profonde, et s'il y avait un coup dur, on savait pourquoi on acceptait de mourir. Vous n'allez pas…

HOEDERER : Mais de quoi parles-tu ?

HUGO : De notre Parti.

HOEDERER : De notre Parti ? Mais on y a toujours un peu menti. Comme partout ailleurs. Et toi, Hugo, tu es sûr que tu ne t'es jamais menti, que tu n'as jamais menti, que tu ne mens pas à cette minute même ?

HUGO : Je n'ai jamais menti aux camarades. Je… A quoi ça sert de lutter pour la libération des hommes, si on les méprise[3] assez pour leur bourrer le crâne[4] ?

HOEDERER : Je mentirai quand il faudra et je ne méprise personne. Le mensonge, ce n'est pas moi qui l'ai inventé : il est né dans une société divisée en classes et chacun de nous l'a hérité[5] en naissant. Ce n'est pas en refusant de mentir que nous abolirons[6] le mensonge : c'est en usant[7] de tous les moyens pour supprimer les classes.

HUGO : Tous les moyens ne sont pas bons.

HOEDERER : Tous les moyens sont bons quand ils sont efficaces.

HUGO : Alors, de quel droit condamnez-vous la politique du Régent ? Il a déclaré la guerre à l'URSS parce que c'était le moyen le plus efficace de sauvegarder[8] l'indépendance nationale.

HOEDERER : Est-ce que tu t'imagines que je la condamne ? Il a fait ce que n'importe[9] quel type de sa caste aurait fait à sa place. Nous ne luttons ni contre des hommes ni contre une politique mais contre la classe qui produit cette politique et ces hommes.

HUGO : Et le meilleur moyen que vous ayez trouvé pour lutter contre elle, c'est de lui offrir de partager le pouvoir avec vous ?

HOEDERER : Parfaitement. Aujourd'hui, c'est le meilleur moyen. (*Un temps.*) Comme tu tiens à ta pureté[10], mon petit gars ! Comme tu as peur de te salir les mains. Eh bien, reste pur ! A qui cela servira-t-il et pourquoi viens-tu parmi nous ? La pureté, c'est une idée de fakir et de moine[11]. Vous autres, les intellectuels, les anarchistes bourgeois, vous en tirez prétexte[12] pour ne rien faire. Ne rien faire, rester immobile, serrer les coudes[13] contre le corps, porter des gants[14]. Moi j'ai les mains sales. Jusqu'aux coudes. Je les ai plongées[15] dans la merde et dans le sang. Et puis après ? Est-ce que tu t'imagines qu'on peut gouverner innocemment ?

HUGO : On s'apercevra peut-être un jour que je n'ai pas peur du sang.

HOEDERER : Parbleu[16] : des gants rouges, c'est élégant. C'est le reste qui te fait peur. C'est ce qui pue[17] à ton petit nez d'aristocrate.

Jean-Paul Sartre, *Les mains sales*, Editions Gallimard, Paris, 1948.

Autour du texte

1 En quoi consistent les positions des deux protagonistes et en quoi s'opposent-elles ?
2 Expliquez et commentez la phrase de Hoederer : « *Le mensonge est né dans une société divisée en classes et chacun de nous l'a hérité en naissant.* » (L. 25–27)
3 Si vous avez déjà lu l'extrait d'*Antigone*, d'Anouilh, page 57 : a) Comparez Hoederer à Créon qui, lui aussi, « s'en met jusqu'aux coudes » (L. 56). En quoi ces personnages sont-ils semblables, en quoi sont-ils différents ? b) Comparez Hugo à Antigone : Quel personnage vous semble le plus sympathique ? Pourquoi ?
4 Quel pourrait être le « message » délivré par l'auteur Jean-Paul Sartre ? *(→ stratégies, p. 142).*

Au-delà du texte

- Commentaire – A votre avis, est-il possible de « gouverner innocemment » (L. 58) ? Prenez position en vous appuyant sur des exemples pris hors du texte *(→ stratégies, p. 138).*
- Discussion – La société et l' homme idéal existent-ils déjà quelque part dans le monde ? Sinon, ont-ils une chance de voir le jour à l'avenir ? Justifiez votre opinion.
- Ecriture – Le jeune Hugo peut être considéré comme un représentant du communisme « pur et dur ». Rédigez sous sa plume un manifeste dans lequel il décrit la société idéale et l'homme de demain ainsi que les moyens à mettre en œuvre pour parvenir un jour à ce but.

---

1 **humble** simple, pauvre – 2 **révéler** montrer, faire comprendre – 3 **mépriser qn** ≠ respecter qn – 4 **bourrer le crâne à qn** raconter des mensonges à qn – 5 **hériter** erben – 6 **abolir qc** annuler qc, mettre fin à qc – 7 **user de qc** utiliser qc – 8 **sauvegarder** sauver, assurer – 9 **n'importe quel,le** jede(r) andere(r) – 10 **la pureté** → pur; *ici:* l'honnêteté, l'intégrité – 11 **un moine** Mönch – 12 **un prétexte** Vorwand – 13 **un coude** Ellbogen; **serrer les coudes** *ici:* ne rien faire – 14 **des gants** *m* Handschuhe – 15 **plonger qc** (hin)eintauchen – 16 **parbleu** vx bien sûr – 17 **puer** *fam.* sentir mauvais

9 La nouvelle génération Le Pen

1 Décrivez le dessin de Tignous, ci-contre. En quoi consiste la critique qui y est exprimée ?
2 a) Connaissez-vous de près ou de loin des gens qui militent ou qui ont des sympathies pour l'extrême droite? b) A votre avis, quelles peuvent être les différentes motivations de ces personnes ?

Autoritaire, xénophobe, masculin, populaire, l'électorat[1] de l'extrême droite n'a guère évolué dans ses grands traits[2]. Toutefois[3], Le Pen a conquis[4] de nouveaux sympathisants.

Certains ont le « profil de l'emploi[5] », comme Stéphane, agent de sécurité[6] en Haute-Savoie, tatoué[7], qui parle d'une « France décadente » et aspire[8] à une « ère[9] nouvelle » avec Le Pen. Il y a d'authentiques racistes. Ainsi David, jeune agriculteur dans la Nièvre : *« Oh ! moi, j'ai jamais pu les blairer[10], les bicots[11] ! Quand j'avais 12 ans, à la cantine, il y avait un Marocain. Les jours où on mangeait du porc, on lui servait des œufs au plat. Et moi, si j'aimais pas le porc, qu'est-ce que j'aurais eu ? Rien. C'est simple : j'ai jamais pu les blairer ! »*

Ou ceux qui ignoraient leurs sentiments profonds, comme ce couple populaire du Nord, vivant misérablement[12] dans un bassin minier[13] ravagé[14] par la crise. Le mari votait PC, la femme PS, mais elle avoue détester les « bougnoules[15] ». Après l'agression de leur fille et un problème d'allocation chômage[16], ils se sont tournés vers le Front, révélant leur vraie nature. « *Finalement, j'ai toujours été raciste* », confie-t-elle.

On serait presque rassuré[17] si le Front ne recrutait que ces caricatures. Mais, pour les autres, les raisons sont beaucoup plus complexes, engendrées[18] par une longue frustration. Ces motifs sont parfois enfouis[19] dans le fond de leur vie personnelle, dans de douloureuses angoisses[20]. « *On a le droit d'avoir la trouille[21] !* » clame[22] Sabine, banlieusarde[23], ancienne comédienne[24].

Avant, Corinne votait écolo, c'est-à-dire Verts. Parce qu'elle aime la nature et les animaux. Dans son portefeuille, des cartes d'adhésion[25] à Greenpeace et à WWF, une association mondiale qui défend nos amies les bêtes. « *Un jour, j'ai entendu Noël Mamère déclarer qu'il était pour les corridas et qu'il mangeait du foie gras. Ça m'a dégoûtée[26]* », avoue-t-elle. Cela suffit-il pour soutenir Le Pen ? « *Il est le seul à proposer un secrétariat d'Etat à la Condition animale* », explique, naïve, cette jeune femme de 26 ans, qui travaille dans une société informatique de Strasbourg. A priori, c'est son unique critère.

La « préférence étrangère », dénoncée[27] à grands cris par le Front, c'est ce qui a fait changer Muriel et José, 31 et 33 ans, un couple de Perpignan avec deux enfants. Elle ne travaille pas ; lui est préparateur-vendeur dans une entreprise de chauffage. Le revenu[28] mensuel[29] du ménage ne dépasse pas 1 300 euros. Muriel pense tout à coup à sa mère, qui vit avec un Marocain. Son « beau-père » a remplacé son frère, décédé[30], à la mairie de Perpignan. « *Alors que, quand j'ai demandé un emploi, il n'y en avait pas* ! lance[31]-t-elle. *On n'est pas raciste, mais je me dis qu'« ils » ont tous les droits. La loi est mal faite.* » Muriel votait Chirac auparavant[32]. Elle aide aujourd'hui à la permanence[33] du FN.

1 **l'électorat** *m* l'ensemble des électeurs – 2 **les traits** *m, ici:* les caractéristiques – 3 **toutefois** cependant – 4 **conquérir** erobern (→ une conquête) – 5 **le profil de l'emploi** les caractéristiques typiques – 6 **un agent de sécurité** Wächter – 7 **tatoué,e** tätowiert – 8 **aspirer à qc** souhaiter qc très fort – 9 **une ère** une époque – 10 **ne pas blairer qn** *fam.* ne pas aimer qn – 11 **un bicot** *fam. et péjoratif* un Arabe – 12 **misérable** pauvre (→ la misère) – 13 **un bassin minier** une région de mines de charbon – 14 **ravager** verwüsten – 15 **un bougnoule** *fam. et péjoratif* un Arabe – 16 **l'allocation** *(f)* **chômage** Arbeitslosengeld – 17 **être rassuré,e** ≠ être inquiet – 18 **engendrer** *ici:* causer, créer – 19 **enfoui,e** *ici:* profondément caché – 20 **une angoisse** une peur profonde – 21 **la trouille** *fam.* la peur – 22 **clamer** beteuern – 23 **un,e banlieusard,e** → la banlieue – 24 **une comédienne** une actrice – 25 **l'adhésion** *f, ici:* Mitgliedschaft (→ adhérer) – 26 **dégoûter qn** *ici:* déplaire fortement à qn – 27 **dénoncer** *ici:* critiquer – 28 **le revenu** l'argent qu'on gagne – 29 **mensuel,le** → le mois – 30 **décéder** mourir – 31 **lancer** *ici:* dire – 32 **auparavant** avant cela – 33 **la permanence** *ici:* le bureau

Parmi ces nouveaux militants, certains viennent de tellement loin que tout retour semble impossible. Née d'une mère enseignante, socialiste, Virginie défilait[34], en 1986, avec SOS-Racisme et son slogan « Touche pas à mon pote ». Comme nombre[35] de jeunes, Virginie est à cette époque pleine d'idéal, impulsive, optimiste, veut sauver la terre entière... « *Forcément, on veut se ranger*[36] *du côté du bien*, raconte-t-elle. *On se bat contre le racisme, qui est une vilaine*[37] *chose, contre les skinheads, contre l'extrême droite.* » Virginie vote PS. Elle habite dans la banlieue de Strasbourg. L'endroit est tranquille et... régulièrement cambriolé[38]. Des jeunes « dealent » devant les fenêtres, se comportent mal. Un jour, elle se querelle[39] avec l'un d'eux, en promenant Joe, son cocker, puis avec la femme du maire (PS), « *toujours prête à leur donner des excuses, alors que tout se dégrade*[40] ». Virginie en a marre, du « laisser-aller » : « *On en est arrivé à une situation extrême de laxisme*[41], *si bien que je réagis par un autre extrême. Je ne vois pas d'autre solution.* » « *Si on lâche maintenant, le gouvernement lâchera*, renchérit[42] Frédéric, agent à la police des chemins de fer de Moselle, et membre de la CGT[43] ! *En 2004, je voterai pas UMP, mais FN ou blanc*[44]. *Pour maintenir la pression.* »

Romain Rosso, *L'Express* 17 avril 2003 (texte abrégé).

Quelle est aujourd'hui votre attitude à l'égard[45] *du Front national ?*

– Vous vous sentez proche du FN et vous adhérez à toutes ses idées	3 %
– Vous vous sentez proche du FN mais vous n'approuvez pas certaines de ses idées	8 %
– Vous ne vous sentez pas proche du FN mais vous approuvez certaines de ses idées	33 %
– Vous ne vous sentez pas proche du FN et vous désapprouvez toutes ses idées	53 %
– Ne se prononce[46] pas	3 %

Pour vous, le Front national est-il un parti politique...	*oui*	*non*	*ne se prononce pas*
– comme les autres ?	47	50	3
– d'extrême droite ?	82	13	5
– raciste ?	73	24	3
– dangereux pour la démocratie ?	68	28	4
– utile ?	44	52	4

Sondage Ipsos, *Le Nouvel Observateur*, 1er mai 2003.

Autour du texte

1 a) Regroupez les différentes raisons qui poussent les gens qui s'expriment dans ce texte à voter pour le FN.
b) Que pensez-vous de ces raisons ? Pourquoi certains témoignages peuvent-ils sembler paradoxaux ?
c) Qu'est-ce que ces personnes reprochent aux partis traditionnels ?

2 A partir des exemples de ce texte, que peut-on dire de la situation sociale de la majorité des électeurs du FN ? Faites le portrait-type de l'électeur FN à partir des éléments fournis par le texte.

3 Retrouvez dans le texte quelques éléments qui permettent d'identifier la position du journaliste face aux sympathisants du FN.

4 Commentez le sondage réalisé auprès des Français au sujet du Front national.

- Ecriture – Imaginez qu'un ami français, séduit par le programme du Front national, vous annonce qu'il a l'intention de voter pour Le Pen. Ecrivez-lui une lettre dans laquelle vous essayez de le faire changer d'avis.

34 **défiler** *ici:* manifester – 35 **nombre de** beaucoup de – 36 **se ranger** *ici:* se mettre – 37 **vilain,e** mauvais, méchant – 38 **cambrioler (un endroit)** y entrer pour voler – 39 **se quereller** se disputer (→ une querelle) – 40 **se dégrader** *ici:* devenir de pire en pire – 41 **le laxisme** une tolérance exagérée – 42 **renchérir** ajouter (en insistant) – 43 **la CGT** le *syndicat* (Gewerkschaft) communiste – 44 **voter blanc** sich der Stimme enthalten – 45 **à l'egard de** face à, envers – 46 **se prononcer** donner son avis

10 Faut-il avoir peur de l'extrême droite ?

a) Répondez spontanément à la question posée par le titre.
b) Quelles catégories de personnes donneraient certainement une réponse contraire à cette même question ? Pourquoi ?

Le Pen

Résultats des cinq meilleurs candidats au premier tour des élections présidentielles de 2002 :

Jacques Chirac (RPR) :	19,83 %
Jean-Marie Le Pen (FN) :	16,91 %
Lionel Jospin (PS) :	16,14 %
François Bayrou (UDF) :	6,84 %
Arlette Laguiller (LO) :	5,73 %

1 Un combat d'arrière-garde

Nonna Mayer, directrice de recherche au Centre national de la recherche scientifique, est interviewée pour le magazine *Phosphore*.

Phosphore : – Le FN est-il vraiment antidémocratique, voire[1] *« fasciste » ou « nazi » ?*

Nonna Mayer : – Pour l'instant, non. Le FN a été créé en 1972 justement[2] pour réintégrer l'extrême droite dans le jeu parlementaire et démocratique. Le Pen a présenté des candidats à toutes les élections. Il a joué le jeu parlementaire. Mais son programme défend des valeurs contraires à la tradition républicaine. C'est un parti autoritaire et xénophobe.

– Comment cette xénophobie s'exprime-t-elle ?

– Le programme du FN repose[3] sur la « préférence nationale » et vise[4] à réserver aux Français les emplois, les logements, la Sécurité sociale, etc. Les immigrés sont présentés comme la cause de tous les maux[5], notamment le chômage et l'insécurité, ainsi que comme une menace pour l'identité nationale.

– Qui vote pour le FN ?

– Des hommes plus que des femmes. Celles-ci, comme les personnes âgées, sont un peu dégoûtées par la violence du discours[6] de Le Pen. Des non-diplômés plus que des diplômés, moins sensibles[7] aux arguments simplistes[8] et mieux servis par le système.

– Quel rôle a vraiment joué l'insécurité dans le vote FN ?

– À l'insécurité habituelle (telle que la petite délinquance) s'est ajoutée, ces derniers mois, une conjoncture[9] de violences démesurées[10] : attaques de commissariats et de synagogues, violences en bandes. Il flotte[11] un sentiment que l'univers se dérègle[12] : les attentats, la vache folle[13], les OGM[14], les explosions d'usines… Il y a aussi l'insécurité sociale face aux mutations vers une société post-industrielle, les licenciements massifs. C'est un sentiment d'insécurité au sens vraiment large.

– La France bascule[15]*-t-elle vers l'extrême droite ?*

– Non. Je rappelle que le vrai vainqueur[16] du premier tour de l'élection présidentielle est l'abstention[17] record (28 %). Pourtant, cet électrochoc peut être salutaire[18] car il peut ramener les citoyens vers les partis politiques, dont le rôle est d'animer[19] le débat d'idées. Les partis devront pour cela comprendre enfin les exigences[20] des citoyens. L'important, c'est que, sur le long terme[21], la dynamique globale de la société française va contre les thèmes du FN. Il y a dix ans, 50 % des Français pensaient qu'il y avait trop d'immigrés en France contre 25 % aujourd'hui. Un maire musulman ne choquerait plus grand monde[22]. L'opinion est de plus en plus hostile[23] à la peine de mort. L'euro a été accepté. En fait, le FN mène un combat d'arrière-garde[24].

1 **voire** *litt.* ou même – 2 **justement** eben deshalb – 3 **reposer sur** être basé sur – 4 **viser à qc** avoir qc comme but – 5 **des maux** → un mal – 6 **le discours** *ici:* les paroles – 7 **sensible à** empfänglich für – 8 **simpliste** simple et naïf – 9 **une conjoncture** *ici:* gleichzeitiges Auftreten – 10 **démesuré,e** très grand – 11 **flotter** *ici:* exister, régner – 12 **se dérègler** ne plus fonctionner (→ une règle) – 13 **la vache folle** Rinderwahn – 14 **les OGM** organismes génétiquement modifiés – 15 **basculer** changer brusquement de côté – 16 **le vainqueur** le gagnant – 17 **l'abstention** *f* le fait de ne pas voter – 18 **être salutaire** avoir un effet positif – 19 **animer** rendre vivant – 20 **une exigence** *f* → exiger – 21 **le long terme** une période longue – 22 **grand monde** beaucoup de gens – 23 **hostile à qc** contre qc – 24 **un combat d'arrière-garde** Rückzugsgefecht

2 Front National : demandez le programme !

Quelques-unes des principales propositions du FN :

Immigration
- Mettre fin à toute immigration
- Procéder[25] à l'expulsion[26] effective[27] des immigrés clandestins[28]
- Interdire la double nationalité
- Organiser le retour chez eux des étudiants étrangers à l'issue[29] de leurs études

Préférence nationale
- Accorder[30] la priorité d'emploi aux Français
- Assurer[31] aux nationaux[32] la priorité d'accès aux logements sociaux
- Réserver aux Français les aides sociales

Sécurité
- Organiser l'inversion[33] des flux[34] migratoires[35]
- Expulser les délinquants et criminels étrangers
- Rétablir[36] la peine de mort pour les crimes les plus graves
- Construire 13.000 nouvelles places de prison[37]
- Renforcer[38] les services de police

Enseignement
- Rétablir les cours de morale et d'instruction civique[39]
- Libérer l'école de l'immigration
- Assurer la discipline et la sécurité dans les établissements scolaires

Famille
- Abroger[40] les lois sur l'avortement
- Abroger le PACS[41]

1 Propos recueillis par Frédéric Niel et Béatrice Toulon, *Phosphore*, juin 2002 ;
2 Extraits de brochures et tracts électoraux du FN, 2002.

Autour des textes

1 Décrivez et commentez les deux affiches électorales du Front national. Quels points du programme illustrent-elles ?

2 a) Qu'est-ce qui, dans le programme du FN, permet de dire qu'il s'agit bien d'un parti d'« extrême droite » ?
b) Comparez ce programme aux « valeurs républicaines » citées au début de ce chapitre (p. 53) : Que constatez-vous ?
c) Pourquoi, d'après Nonna Mayer, ne peut-on cependant pas dire que le FN est « antidémocratique » ?

3 a) Comment Nonna Mayer explique-t-elle le succès électoral du FN ?
b) En quoi les personnes et situations mentionnées dans le texte précédent (p. 63–64) illustrent-elles bien ces explications ?

4 a) Quelle réponse Nonna Mayer donne-t-elle à la question formulée dans le titre de ce texte ?
b) Expliquez ce qu'elle veut dire quand elle parle de « combat d'arrière-garde ».

Au-delà des textes

- Certains hommes politiques modérés reconnaissent que *« le FN apporte de mauvaises réponses à de bonnes questions. »* Quelles pourraient être ces questions, d'après vous ? (Formulez-les aussi simplement que possible.)

---

25 **procéder à qc** commencer à faire qc – 26 **une expulsion** le fait d'*expulser* qn (ausweisen) – 27 **effectif, -ive** réel – 28 **clandestin,e** illégal – 29 **l'issue** *f* la sortie; *ici:* la fin – 30 **accorder (qc à qn)** gewähren – 31 **assurer** *ici:* garantir – 32 **les nationaux** les « vrais » Français – 33 **l'inversion** *f* Umkehrung – 34 **un flux** [fly] un mouvement – 35 **migratoire** → l'immigration – 36 **rétablir** wieder herstellen – 37 **une prison** Gefängnis – 38 **renforcer** rendre plus fort – 39 **l'instruction civique** Gemeinschaftskunde – 40 **abroger** annuler – 41 **le PACS** l'union légale des couples (homo- et hétérosexuels)

- Discussion – En 1995, le sociologue Pierre-André Taguieff distinguait déjà sept « stratégies anti-Front national » (récapitulées ci-dessous). Dites en quoi ces différentes stratégies vous semblent – ou non – efficaces.
  1 *La diabolisation* : le FN est un parti de fascistes, proche des nazis. Il faut l'écraser politiquement.
  2 *Le silence* : Moins on parle de Le Pen, moins on fait de publicité pour le FN.
  3 *L'imitation* : On banalise certains thèmes du FN en les intégrant dans les programmes des autres partis politiques pour y attirer les électeurs de Le Pen.
  4 *L'alliance* : On propose au FN des alliances électorales (surtout au niveau communal) à condition qu'il se « modère ».
  5 *Le front républicain* : Tous les autres partis se déclarent prêts à des alliances électorales entre eux pour barrer la route aux candidats du FN.
  6 *La lutte intellectuelle* : On prouve que chacun des arguments du FN est faux ou stupide.
  7 *L'action sur les causes sociales* : On combat les problèmes qui sont à l'origine de la montée du FN.

11 Les extrêmes

A gauche ? A droite ? Rien !

Il faudra regarder les alentours[1] en passant
Avant de foncer tête baissée[2] droit devant
Bienvenue citoyen voici le monstre étatique[3]
Qui fera ta nation ton pays sa politique

Mon pauvre esprit de rêve te voila catapulté
Au milieu des sondages et du journal télévisé[4]
Overdose de crapules[5] noyées[6] dans leur ramage[7]
Mais où se situer[8] dans tout ce paysage ?

Mais quand l'empire du pire au cœur de ta cité
S'mettra à sécher[9] l'âme humaine
au fond d'son grenier[10]
Je sais que tu prendras tes convictions[11] à la main
Construisant une assise[12] pour te sentir citoyen

Mais les extrêmes c'est toi
C'est toi quand tu ne votes pas !
Mais les extrêmes c'est toi

Bienvenue novice[13] au marché électoral
Pas l'temps d'aller s'inscrire[14], oublié, trop d'travail
Ou qui s'est érigé[15] en un principe moral
De se sentir citoyen et d'refuser
d'aller sur la bataille

Ils doivent se réjouir[16],
envahissant[17] le nerf de la guerre[18]
Récoltant[19] les voix de la bourgeoise
à la fermière[20] !

Tu n'imagines pas la puissance[21] que tu es !
L'histoire c'est toi, l'histoire c'est toi qui la fais !

Alors tu descends dans la rue
combattre la peste brune
Toi qui n'a jamais jamais pris
le chemin vers les urnes
Il est temps de brandir[22] ses convictions à la main
Construisant une assise pour se sentir citoyen

Mais les extrêmes c'est toi
C'est toi quand tu ne votes pas !
Mais les extrêmes c'est toi

Pas l'envie pas le temps de faire entendre sa voix
Mobilisez[23]-vous pour faire partie du paysage
Overdose de crapules -
Où se noyer dans tout ça ?
Tu sais au moins que tu veux être
une pierre du barrage

Alors tu descends dans la rue
combattre la peste brune
Toi qui n'a jamais pris le chemin vers les urnes
Il est temps de brandir ses convictions à la main
Construisant une assise pour se sentir citoyen

A gauche ? A droite ? Rien !

Paroles et musique : Christophe Petit (Mali),

1 **les alentours** *m* Umgebung – 2 **tête baissée** sans regarder autour de soi – 3 **étatique** → l'Etat – 4 **le journal télévisé** Fernsehnachrichten – 5 **une crapule** Schuft, Ganove – 6 **noyé,e** ertränkt; *ici:* erstickend – 7 **le ramage** *ici:* Geplapper – 8 **se situer** se placer – 9 **sécher** → sec, sèche – 10 **un grenier** Dachboden, Speicher – 11 **une conviction** Überzeugung (→ convaincre) – 12 **une assise** *ici:* une base – 13 **un novice** un (jeune moine) débutant – 14 **s'inscrire** *ici:* sich ins Wählerverzeichnis aufnehmen lassen – 15 **ériger (X en Y)** élever (X au rang de Y) – 16 **se réjouir** être content – 17 **envahir** *ici:* conquérir – 18 **le nerf de la guerre** treibende Kraft; *ici:* les médias – 19 **récolter** ernten; *ici:* récupérer – 20 **une fermière** → une ferme – 21 **la puissance** le pouvoir (→ puissant) – 22 **brandir** hochhalten – 23 **se mobiliser** *ici:* se regrouper et s'activer

Autour du texte

1 a) Qui est le « toi » à qui la chanson s'adresse ? Que signifie *« novice au marché électoral »* (L. 18) ?
  b) Relevez les excuses avancées par ceux qui ne vont pas voter. Reconnaissez-vous ce genre d'excuse ?
2 a) Qui sont « ils » à la L. 23 ?
  b) Expliquez les métaphores de l' « empire du pire » (L. 10) et de la « peste brune » (L. 30).
3 a) Expliquez les lignes 27–28.
  b) De quelle(s) manière(s) l'auteur conseille-t-il de « faire l'histoire » ?
  c) Comment faut-il comprendre, dans ce contexte, la phrase du refrain *« les extrêmes, c'est toi »* ?

Au-delà du texte

- Discussion – Un ami vous dit qu' « *aller voter, ça ne sert à rien* ». Rassemblez les arguments qu'il pourrait vous donner puis argumentez pour le convaincre du contraire.
- Internet – Consultez le site Internet de *Ras l'front* (http://www.raslfront.org/). Présentez cette organisation : dites quel est son but, qui en fait partie, quelles sont les actions proposées, etc.

12 Les jeunes relèvent la tête

Décrivez la photo ci-desssus. A votre avis, quand cette scène a-t-elle eu lieu ? S'agit-il d'une manifestation spontanée ? D' après vous, à quoi sert une telle manifestation ?

Le Pen est arrivé au deuxième tour des élections présidentielles de 2002 : une douche froide pour les jeunes, dont beaucoup n'étaient pas allés voter.

Clément, 16 ans, élève en 1ère à Besançon (Doubs) :
La politique m'intéressait un peu. Je suivais l'actualité à la télé, dans les journaux, mais sans être vraiment connaisseur. A table, dans ma famille, nous en parlions peu. Le dimanche 21 avril, à 20 heures, j'ai été surpris de voir la photo de Jean-Marie Le Pen à côté de celle de Jacques Chirac. Comme tout le monde, je m'attendais à un second tour avec

Lionel Jospin. En découvrant ce drame, j'ai ressenti révolte et colère. Comment, en France, pays dans lequel le sang a coulé pour imposer[1] la démocratie, avait-on pu laisser ainsi passer un parti extrémiste ? J'ai trouvé scandaleux qu'il obtienne tant de voix, qu'il y ait tant d'abstentions, 40 % chez les plus jeunes électeurs. En arrivant au lycée, le lendemain matin, j'ai eu une autre surprise, agréable cette fois, en observant la réaction des élèves. Même s'ils n'avaient pas le droit de vote, ils étaient capables de se rassembler[2] ! Cette manifestation du lundi à Besançon a été la plus belle parce qu'elle était spontanée, pacifique[3]. (1)

Caroline, 24 ans, aide-éducatrice[4] dans une école maternelle de Nantes :
En décembre dernier, mes parents m'ont dit plusieurs fois d'aller m'inscrire. Je voulais le faire et je ne l'ai pas fait. Aujourd'hui, je me sens coupable[5]. Avant, cela ne m'embêtait pas de ne pas voter. Au contraire, c'était un peu une façon de dire que je n'étais pas d'accord avec tout cela. Maintenant, je pense que c'est en votant que l'on affirme son mécontentement[6]. J'espère que ceux qui se sont inscrits et se sont abstenus[7] iront voter. (2)

Virginie, 23 ans, étudiante en lettres[8] classiques à la Sorbonne, à Paris :
Le premier tour a été un gros réveil[9] pour moi. La jeunesse s'était endormie[10] en se reposant sur nos parents qui, eux, ont l'habitude de voter, comme si on avait pensé que les valeurs de la démocratie n'étaient plus à défendre. C'est sûr que ce qui se passe peut me conduire[11] à un engagement. Dans un syndicat ou peut-être en politique, mais là je sais pas trop bien comment. (3)

Céline, 25 ans, étudiante en psychologie sociale à l'université Bordeaux-II :
Je fais partie d'une génération pour laquelle la démocratie a toujours été quelque chose d'acquis[12]. Je suis allée voter comme à chaque occasion depuis mes 18 ans, et je n'arrive pas à comprendre pourquoi tant de jeunes se sont abstenus. Je suis tout aussi dépassée[13] par les 20 % d'électeurs qui ont voté pour Jean-Marie Le Pen et Bruno Mégret, aux discours flatteurs[14], populistes et simplistes. Mes deux grands-mères âgées de plus de 80 ans, étaient, elles, affolées[15] : elles considèrent que voter pour l'extrême droite c'est de la régression[16] et de l'amnésie[17] politique. Mais il ne faut pas insulter ceux qui ont voté FN ou MNR, et je peux comprendre que des gens se sentent largués[18]. Ces électeurs-là ont besoin de repères simples, alors que la politique est complexe.
Je souhaite que les abstentionnistes tirent des leçons de cette catastrophe, notamment les jeunes. Il est temps qu'ils comprennent que les élections, ce n'est pas un jeu de l'Oie[19] ni un Monopoly. (4)

Propos recueillis par Jean-Pierre Tenoux (1), Dominique Luneau (2), Sophie Landrin / Luc Bronner (3) et Claudia Courtois (4) pour *Le Monde*, 2 mai 2002 (textes abrégés).

Résultats du second tour des élections présidentielles de 2002 :

Jacques Chirac (RPR) :	82,16 %
Jean-Marie Le Pen (FN) :	17,84 %

Autour des textes

1 Pour chacun des quatre jeunes qui s'expriment dans ce texte, dites
  a) si il ou elle a voté au premier tour des élections présidentielles de 2002 ou pas ;
  b) quel est son sentiment dominant face au succès de Le Pen au premier tour ;
  c) si il ou elle ira voter au second tour et pourquoi (pas).
2 a) Quelle est, pour Virginie, mais aussi pour Céline, la raison principale de l'abstention des jeunes ?
  b) Pourquoi le succès de Le Pen vient-il brusquement changer l'attitude des jeunes ?
3 En quoi consiste l'« amnésie politique » citée par Céline (L. 56) ?
4 Que pensez-vous de l'attitude de Céline face aux *électeurs* du FN ?

- Discussion – Dans certains pays, comme par exemple en Belgique, la loi oblige les citoyens à aller voter sous peine de sanctions. A votre avis, faudrait-il introduire une obligation de vote dans tous les pays européens ? Pesez le pour et le contre puis prenez position.

---

1 **imposer** auferlegen – 2 **se rassembler** se regrouper – 3 **pacifique** → la paix – 4 **une aide-éducatrice** Kinderpflegerin – 5 **coupable** ≠ innocent – 6 **le mécontentement** → content – 7 **s'abstenir** → l'abstention – 8 **les lettres** *ici:* la littérature – 9 **le réveil** → se réveiller – 10 **s'endormir** → dormir – 11 **conduire** *ici:* mener, pousser – 12 **(un) acquis** (qc) qu'on a définitivement – 13 **être dépassé par** *ici:* ne rien comprendre à – 14 **flatteur, -euse** schmeichelhaft; *ici:* reißerisch – 15 **affolé,e**, très inquiet (→ fou, folle) – 16 **une régression** ≠ un progrès – 17 **l'amnésie** *f* le fait d'avoir tout oublié – 18 **largué,e** *fam.* abandonné – 19 **le jeu de l'Oie** ein Kinderspiel

13 Militants du troisième type

1 Connaissez-vous des gens qui sont très engagés en dehors du domaine politique ? Pour quel genre de cause se passionnent ces personnes ?
2 Y a-t-il des causes pour lesquelles vous seriez vous-même prêts à vous engager ? Lesquelles ?

La politique ? Ils en font à leur manière. Loin des partis, ils se sont choisi des causes, concrètes ou utopiques, mais toujours morales. Voyage au cœur d'une France citoyenne.

Partout en France, des citoyens militent. Les uns se battent pour que les nitrates ne polluent plus leur eau potable[1], les autres pour que la publicité n'envahisse plus leur vie. Certains font la grève de la faim pour obtenir que des enfants trisomiques[2] puissent aller à l'école, d'autres se démènent[3] pour que les jeunes des quartiers difficiles ne tombent pas dans la délinquance. D'autres encore militent pour que les consommateurs français achètent leur café venu du Chiapas[4] à un prix qui ne lèse[5] pas les paysans mexicains. Bref, ceux-là font de la politique à leur manière, sur des enjeux[6] très précis. Généralement déçus par les partis politiques traditionnels - ce qui ne veut pas dire qu'ils ne votent pas -, ils préfèrent « un engagement concret, local », selon le sociologue Jean-Louis Laville.

Aarrg !!, c'est leur nom et ça veut dire Apprentis[7] Agitateurs[8] pour un Réseau[9] de Résistance globale. Au départ, une bande de copains qui partagent les mêmes inquiétudes sur l'évolution du monde, la montée des inégalités, de l'exclusion, du discours sécuritaire[10]. Ces jeunes-là sont passionnés de politique, prêts à s'engager mais où ? Comme beaucoup, ils ne se reconnaissent dans aucun parti, aucun discours. Alors ils ont décidé d'agir avec leurs armes, en menant des actions ponctuelles, pour « *pointer*[11] *le doigt où ça fait mal* ». Les petits d'Aarrg!!, déguisés[12] en prisonniers, manifestent devant les restaurants McDo. Ils distribuent aux livreurs[13] de Pizza Hut des autocollants[14] « *Pizza Honte* ». La veille du 24 décembre, ils s'habillent en Pères Noël et vont protester au centre commercial de la Défense : « *Pas de droits, pas de chocolat.*» Et ne leur dites pas que leur démarche[15] est charmante mais un peu utopique : « *Ce qui est utopique, c'est de croire qu'on va rentrer au PS et changer la société.* » (www.aarrg.org)

Le collectif *Souriez, vous êtes filmés* mène la lutte en faveur[16] des libertés individuelles, contre la menace d'une société Big Brother, symbolisée par la vidéosurveillance dans les rues, les transports en commun, les entreprises, les écoles et les lycées... Pour ces militants « anarcho-libertaires », « *nous ne sommes pas de nouveaux moralistes, mais notre devoir consiste à organiser des contre-pouvoirs pour combattre la paranoïsation*[17] *des esprits et contrôler les dérives*[18] *liberticides*[19] *des lois.* » Pas question de finir comme des rats en cage ! (www.svef.free.fr)

Pascal Pistone, 31 ans, professeur de musicologie, est président du Collectif pour la Survie des Rêves. Comment voter pour le rêve? En glissant[20] dans l'urne une feuille de couleur (pour la différencier des bulletins de vote[21] officiels) paraphée[22] d'un « Peter Pan ». « *Plus qu'un happening électoral* », le projet se veut porteur de propositions. Les artistes, intellectuels, enseignants du Collectif partagent l'intime conviction qu'un véritable essor[23] de la politique culturelle pourrait régler bon nombre des problèmes. « *C'est une réalité, les jeunes s'ennuient en banlieue et rien n'est fait pour développer leur créativité* ! se désole[24] Pascal. *Pourtant violence et œuvre d'art naissent souvent d'une même volonté d'exprimer dans un acte hors norme*[25] *une créativité bouillonnante*[26] !» (www.votezpeterpan.net)

Le grand croisé[27] de la révolte antipub, c'est lui. Yvan Gradis se dit « illuminé[28] » depuis le 11 octobre 1981. Ce jour-là, il s'est arrêté net[29] devant une

---

1 **potable** qu'on peut boire – 2 **trisomique** mongolien – 3 **se démener** bouger beaucoup; *ici:* faire de gros efforts – 4 **le Chiapas** une région du Mexique – 5 **léser** benachteiligen – 6 **un enjeu** *ici:* un projet – 7 **un apprenti** Lehrling (→ un apprentissage) – 8 **un agitateur** Unruhestifter – 9 **un réseau** Netz – 10 **sécuritaire** qui donne la priorité à la sécurité – 11 **pointer** *ici:* mettre – 12 **se déguiser** sich verkleiden – 13 **un livreur** Lieferant – 14 **un autocollant** Aufkleber – 15 **une démarche** *ici:* une action – 16 **en faveur de** pour défendre – 17 **la paranoïsation** le fait de tomber dans la *paranoïa* (Verfolgungswahn) – 18 **une dérive** Abdriften – 19 **liberticide** qui « tue » la liberté – 20 **glisser** *ici:* mettre – 21 **un bulletin de vote** Stimmzettel – 22 **parapher** signer – 23 **l'essor** *m* Aufschwung – 24 **se désoler** regretter – 25 **hors norme** *ici:* exceptionnel – 26 **bouillonnant,e** sprudelnd (→ bouillir)

R.A.P.
RESISTANCE
A L'AGRESSION PUBLICITAIRE

publicité du métro londonien : « *J'ai pris conscience du gigantisme*[30] *de l'agression publicitaire. Tout le monde souffre de cette pollution, un jour les gens se réveilleront.* » Il fonde en 1992 le RAP (Résistance à l'Agression publicitaire), qui compte aujourd'hui près de 1000 adhérents[31]. Résister, en renvoyant les prospectus publicitaires, en tentant[32] de faire appliquer à la lettre[33] la loi de 1979 sur l'affichage[34], en barbouillant[34] les panneaux qui détruisent le paysage. « *C'est une goutte*[36] *d'eau dans un océan*, reconnaît Yvan Gradis. *Mais avec une seule bougie*[37] *on éclaire l'obscurité*[38]. » (www.antipub.net/rap/assoce.htm)

Martine Gilson, *Le Nouvel Observateur*, 11 avril 2002 (textes abrégés).

Autour des textes

1 a) Pour quelles causes les différents collectifs mentionnés s'engagent-ils ?
  b) Qu'est-ce qu'ils cherchent à faire comprendre à travers leur action ?
2 a) Pourquoi les membres de ces collectifs ne s'engagent-ils pas plutôt dans un parti politique ?
  b) Qu'est-ce qu'ils répondent ou pourraient répondre aux critiques selon lesquelles leurs idées sont naïves ou utopiques ?
  c) Comment faut-il comprendre la dernière phrase du texte ?
3 Lequel de ces collectifs vous paraît…
  a) le plus sympathique ? b) le plus inutile ? c) le plus efficace ? Justifiez vos choix.

Au-delà des textes

- Internet – En petits groupes, visitez un des sites des collectifs mentionnés dans le texte. Rassemblez les informations que vous y trouverez sur les motivations de ses membres, leurs activités et leurs méthodes d'action. Présentez vos résultats aux autres groupes.
- Créativité – Imaginez une discussion entre un membre du collectif anti-pub et un passant qui le surprend dans la rue en train de barbouiller une affiche publicitaire. Qu'est-ce qu'ils peuvent se dire ? Rédigez un dialogue (puis jouez-le !).

---

27 **un croisé** Kreuzritter (→ la croix) – 28 **illuminé,e** *ici:* erleuchtet – 29 **(s'arrêter) net** brusquement – 30 **le gigantisme** la dimension énorme – 31 **un adhérent** un membre (→ adhérer) – 32 **tenter** essayer – 33 **à la lettre** mot pour mot – 34 **l'affichage** *m* le fait de coller des affiches – 35 **barbouiller** beschmieren – 36 **une goutte** Tropfen – 37 **une bougie** Kerze – 38 **l'obscurité** *f* le noir, la nuit

Chapitre 4 LA FRANCE, L'ALLEMAGNE, L'EUROPE

1 Eux et nous

Décrivez ce que vous voyez sur les photos ci-dessus. Quels clichés sur la France et l'Allemagne ou sur les Français et les Allemands ces photos illustrent-elles ?

2 Regards croisés

A l'aide d'un dictionnaire unilingue, définissez les mots *cliché, préjugé, stéréotype* et *idée fixe* puis dites en quoi ces mots se distinguent.

1. Allemands, que pensez-vous des Français ?

Katjia Stobbe, 37 ans, Bochum
« La France est un très beau pays et j'aime bien y manger. J'aime beaucoup la langue française. Malheureusement, elle n'est plus vraiment à la mode comme autrefois. Je crois aussi que la relation entre nos deux pays n'est plus vraiment particulière, contrairement à ce que j'entends. La France est devenue un voisin comme un autre. »

Ares Michaelides, 36 ans, Berlin
« Malgré leur réticence[1] à parler des langues étrangères, j'aime beaucoup les Français, leur cuisine et leurs vins. »

Lara Sigwart, 24 ans, Francfort-sur-le-Main
« La France ? Absolument génial ! Pour moi, fromage et pétanque[2] symbolisent ce pays. Les Français savent discuter, apprécier les choses. Mais si leur cuisine est excellente, les portions sont trop petites. Et ils pourraient être plus attentifs à l'environnement. »

Karina Forster, 43 ans, Berlin
« J'adore la France mais j'ai toujours un problème avec les élites. Ils voient tout d'un œil parisien. Pour eux, Paris, c'est le nombril[3] du monde, ils ont du mal à accepter d'autres points de vue quand ils ne correspondent pas à leur concept de la vie. Souvent, il est impossible de discuter. »

Benjamin Siebert, 23 ans, Berlin
« J'ai effectué plusieurs échanges scolaires en France et j'y passe mes vacances. Les Français sont des gens émotionnels, pas aussi matérialistes que les Allemands. On peut parler de sentiments avec eux. En revanche, sur l'énergie nucléaire, c'est plus difficile. »

Cités dans *Aujourd'hui en France*, 22 janvier 2003 (textes abrégés).

2. Français, que pensez-vous des Allemands?

Albert Pruvost, 63 ans, Beaurains
« Ce sont des gens comme nous, mais plus rigoureux. Cela dit, s'ils restent toujours performants, ils ne sont plus superdominants. On ne devrait plus avoir peur d'eux et travailler avec eux main dans la main. »

Nicolas Péchon, 32 ans, Gournay
« Ils sont rigoureux, sympathiques, efficaces. Ils sont plus disciplinés que nous : un piéton ne traversera jamais quand le feu est vert. En fait, nous sommes complémentaires : ils nous apportent la rigueur[4], on leur transmet[5] la fantaisie. »

Charlotte Serres, 22 ans, Paris
« Les Allemands sont bien organisés. J'ai très envie d'aller à Berlin pour le côté artistique, car j'adore leur avant-gardisme : ces gens-là sont capables de lancer[6] de formidables mouvements nouveaux. Leur jeunesse est plus moderne que la nôtre. »

Daniel Silva, 33 ans, Paris
« Ce sont nos voisins, mais on les connaît mal. Pour ma part, je vois l'Allemagne comme un pays extrêmement moderne et très industrialisé, avec des citoyens hyper soucieux[7] de leur environnement. Ils savent aussi régler les questions sociales d'une manière plus intelligente que nous. Enfin, je les crois plus ouverts que nous et, surtout, beaucoup moins chauvins[8]. »

Claudette Dedieu, 67 ans, Le Grau-du-Roi
« J'ai connu la guerre. Les Allemands ont aujourd'hui une meilleure image : ce ne sont plus les fous furieux d'autrefois. Je déplore[9] seulement qu'ils soient aussi mal gouvernés : il faut qu'ils relèvent leur économie. Sinon, c'est toute l'Europe qui en souffrira. Mais j'ai confiance : ensemble, on peut tenir tête aux Américains. »

---

1 **une réticence** Vorbehalt – 2 **la pétanque** un jeu de boules – 3 **le nombril** Bauchnabel ; *ici:* le centre – 4 **la rigueur** Strenge, Gründlichkeit – 5 **transmettre (qc à qn)** donner, passer – 6 **lancer** *ici:* initier – 7 **être soucieux, -euse de** faire très attention à (→ un souci) – 8 **chauvin,e** très fier de son pays (→ le chauvinisme) – 9 **déplorer** regretter

Autour des textes

1 a) Quels sont les sujets abordés par les Allemands et par les Français ? Dressez pour chaque nationalité une liste détaillée des aspects (plutôt) positifs et une liste des aspects (plutôt) négatifs.
   b) Expliquez et commentez les différences principales entre les deux nationalités.
2 Parmi tous les commentaires, regroupez ceux a) qui correspondent bien à la réalité ; b) qui ne sont pas vraiment faux, mais qui vous semblent exagérés ; c) que vous trouvez tout à fait faux. Justifiez vos choix.
3 Avez-vous déjà vécu des situations concrètes qui confirment ou qui remettent en question les traits caractéristiques prêtés aux Français ou aux Allemands ?
4 Comment comprenez-vous la phrase d'Albert Pruvost « *On ne devrait plus avoir peur d'eux* » ?

- Ecriture – Ecrivez une lettre (fictive) à l'un des Français ou des Françaises de ce texte pour lui dire ce que vous pensez de l'opinion qu'il ou elle y exprime sur les Allemands.

3 La perception du voisin chez les jeunes

Réalisée pour l'OFAJ (Office franco-allemand pour la jeunesse) à l'occasion de son 40ème anniversaire, notre étude analyse les perceptions réciproques[2] qu'entretiennent[3] les jeunes Français et les jeunes Allemands sur leur pays voisin respectif[4]. Voici quelques extraits de cette enquête.

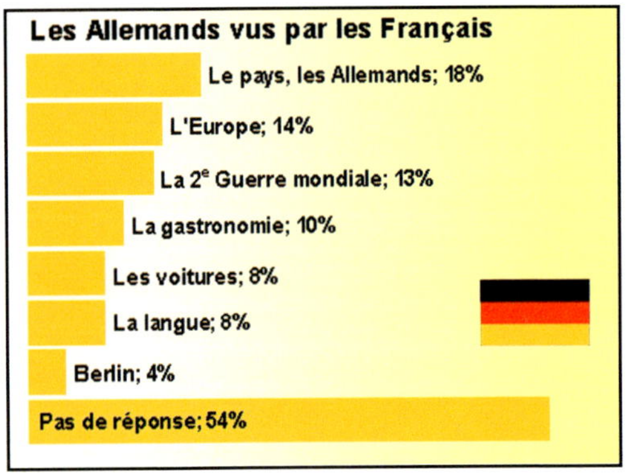

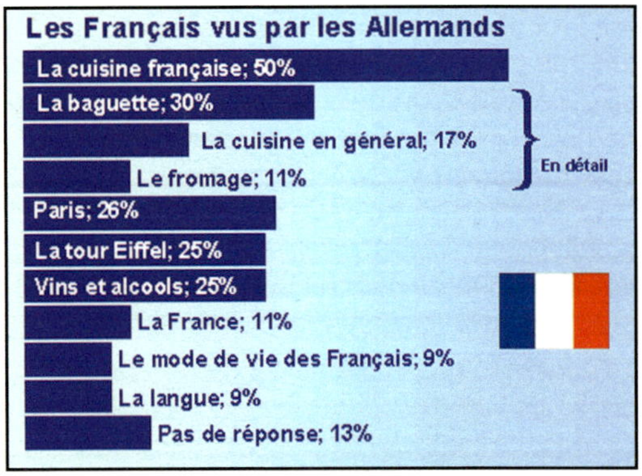

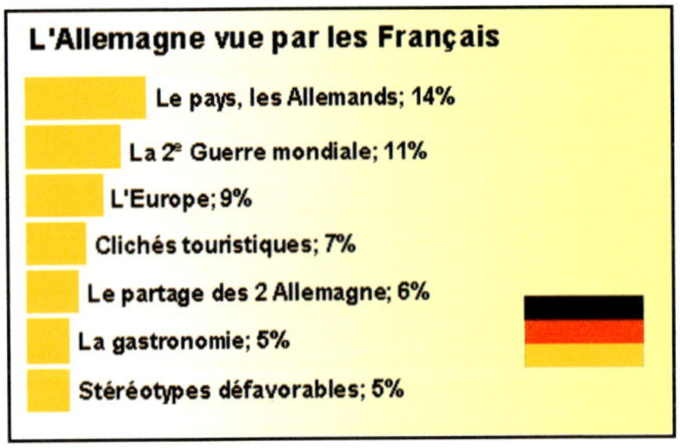

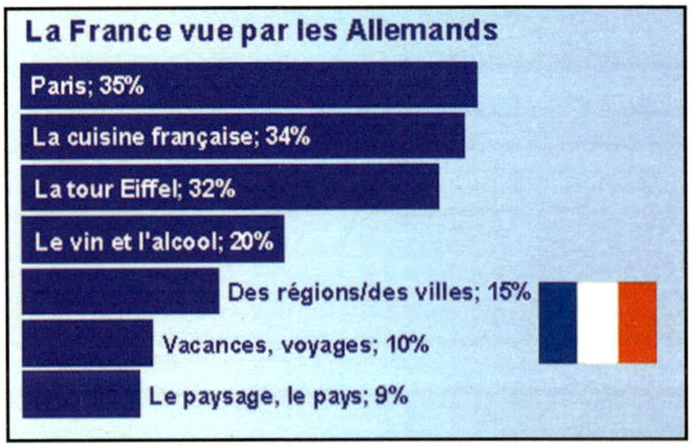

Sondage TNS Sofres réalisé pour l'OFAJ en 2002 auprès de 1011 jeunes Français et Allemands.

1 **une perception** Wahrnehmung – 2 **réciproque** gegenseitig – 3 **entretenir** pflegen – 4 **respectif, -ive** jeweilig

Autour des graphiques

1 Regardez les résultats de l'enquête. Y a-t-il des résultats qui vous surprennent ?
2 a) Comment réagissent la plupart des jeunes Français quand on leur demande ce qui leur vient à l'esprit lorsqu'ils pensent aux Allemands ?
b) Comparez cette réaction des Français à celle des jeunes Allemands quand on leur pose la question correspondante sur les Français. Y a-t-il une différence ?
3 Regardez de plus près les réponses données par les Français au sujet de l'image des Allemands et de l'Allemagne. Qu'est-ce qui leur semble « typique » ?
4 Examinez les réponses données par les Allemands pour qualifier la France et les Français. A quels domaines principaux appartiennent la plupart des réponses données ?
5 D'après vous, à partir de quels éléments ou de quelles expériences les jeunes construisent-ils leur propre image de l'autre pays et de l'autre nationalité ?

Au-delà des graphiques

- Discussion – Les clichés sont souvent considérés comme quelque chose de négatif, de nuisible *(schädlich)*. Peuvent-ils aussi avoir une fonction constructive ? Si possible, illustrez vos propos par des exemples concrets.
- Internet – Informez-vous sur l'origine et les activités de l'Office franco-allemand pour la jeunesse (OFAJ) *(→ stratégies, p. 144)*.
- Créativité – Préparez une campagne d'information dont le but est d'inviter les jeunes Français à faire un voyage en Allemagne : Choisissez un slogan, réalisez une ou plusieurs affiches (avec un texte bref, des photos, des dessins), rédigez un petit texte pour une publicité radio, créez un script pour une publicité télé, etc.

4 Douze siècles de conflits

1 Quels grands conflits y a-t-il eus entre la France et l'Allemagne depuis le Moyen-Age ? Quels noms de personnages associez-vous à ces conflits ?
2 Connaissez-vous des personnages qui, dans le passé, ont eu une influence bénéfique pour l'Europe ? Concrètement, quel rôle ces personnages ont-ils joué ?

Paris, 9 mai 1950. Dure journée pour Robert Schumann, le ministre des Affaires étrangères, qui est venu présenter devant l'Assemblée nationale la nouvelle politique du gouvernement français. La séance est mouvementée[1] et les députés déchaînés[2] traitent Schumann de tous les noms. Qu'a donc proposé ce petit homme d'habitude si discret pour provoquer une telle vague de colère et de haine ? Rien de moins que de coopérer avec l'ennemi héréditaire[3], et de commencer par mettre en commun la production de charbon et d'acier des deux pays.
Six ans après la fin de la Seconde Guerre mondiale, tous les Français ne sont pas encore prêts à pardonner aux Allemands les millions de victimes du dernier conflit. Mais Robert Schuman, le premier grand défenseur de la politique de réconciliation, réussit son tour de force et convainc l'Assemblée de poser les bases d'une véritable coopération entre la France et l'Allemagne dans le cadre d'une nouvelle Europe. Ainsi voit le jour la CECA (Communauté Economique du Charbon et de l'Acier). Les vieilles rivalités franco-allemandes semblent vouloir prendre fin, la hache[4] de guerre est enfin enterrée !
Les rivalités franco-allemandes ne datent pas d'hier. Il y a environ 1200 ans, Charlemagne régnait sans partage[5] sur un immense territoire qui allait du Nord de l'Allemagne au sud de l'Italie et de la Bretagne à l'actuelle Autriche, et qui correspondait déjà, en gros, à l'Europe d'aujourd'hui. Notre ancêtre[6] commun aurait pu être à l'origine d'une grande histoire fraternelle et pacifique. Mais ses trois petits-fils n'ont pas su ou pas voulu préserver cette union, se partageant en 843 l'héritage du grand empereur.
Suivent alors des siècles de guerres, de conquêtes, de traités, de reconquêtes…

1 **mouvementé,e** stürmisch – 2 **déchaîné,e** entfesselt – 3 **héréditaire** Erb-… – 4 **une hache** Beil – 5 **sans partage** seul – 6 **un ancêtre** Vorfahr, Ahne

Napoléon à Berlin en 1806 (tableau de Charles Meynier).

600 ans après Charlemagne, c'est l'Empire napoléonien qui s'étend[7] de l'Espagne à l'actuelle Pologne. Mais les Etats allemands se révoltent, mettant fin à une « union » décidée trop unilatéralement[8]. Le passage français a cependant laissé quelques traces visibles en Allemagne, dont les systèmes juridique et administratif sont encore basés sur le Code civil[9] napoléonien.
La révolution de 1848 n'est véritablement un succès ni en France, ni en Allemagne, qui par ailleurs[10] n'arrive à régler le problème de l'unité nationale que vingt ans plus tard, « par le fer et par le sang », selon les propres mots de Bismarck. On connaît la suite : 1870 voit le début d'une tragique série de grands conflits armés, qui mèneront au désastre de 1939-45 en passant par la boucherie de 1914-18.
En 1870, la France est vaincue en six mois et perd l'Alsace et la Lorraine, on compte un demi-million de morts du côté français. Partagée entre l'humiliation[11] et la haine du Prussien au casque à pointe[12], la France rêve de revanche.
Elle pense pouvoir la prendre en 1914. Mais elle ne fait pas le poids face à l'Allemagne, avec ses 60 millions d'habitants (la France en a moins de 40) et son industrie, la plus puissante d'Europe. La guerre des tranchées va décimer les deux pays et fera 1 400 000 morts en France, plus de 2 millions en Allemagne.

L'horreur semble avoir atteint son comble[13]. Et pourtant… En Allemagne, la « République de Weimar » a mal commencé, sur fond de crise économique, d'inflation galopante et de dépression généralisée. Les manifestations nazies, les discriminations racistes et les discours hystériques de Hitler commencent à inquiéter l'Europe. Deux hommes, le Français Aristide Briand et l'Allemand Gustav Stresemann cherchent in extremis à éviter le pire[14] et à réconcilier leurs deux pays. En vain : Hitler veut la guerre. Elle est déclarée en 1939. Cette fois, il ne s'agit plus d'une « simple » guerre, mais d'un véritable génocide[15], d'une folie meurtrière froidement mise en œuvre. Un exemple de barbarie dont on ne retrouve aucun précédent dans la longue histoire de l'Europe. A la fin de la Seconde Guerre mondiale, cette Europe n'est plus qu'un vaste champ de ruines. L'Allemagne vaincue sort du conflit épuisée[16], dévastée[17].
La France, elle, a perdu ses richesses et même, diront certains, son honneur : la « parenthèse » de Vichy n'a pas été oubliée, malgré un véritable culte voué[18] après guerre à la Résistance et au général de Gaulle. Malgré les blessures, une aspiration[19] est commune aux populations des deux côtés du Rhin : Plus jamais ça ! Les deux pays ont prouvé qu'ils savaient faire la guerre, il leur reste maintenant à apprendre à faire la paix. C'est le début d'une nouvelle ère, celle d'une Europe unie dans la paix.

Hitler à Paris en 1940.

Nathalie Lévesque, 2003

Autour du texte

1 Relevez les événements historiques dont il est question dans ce texte et présentez-les sous forme de tableau chronologique.
2 a) Que reconnaissez-vous sur le tableau et la photo qui illustrent cette page ? A quels passages du texte ces illustrations se rapportent-elles ?
b) En quoi les événements représentés sont-ils « particuliers » ?

7 **s'étendre** liegen – 8 **unilatéral,e** (fait / décidé) d'un seul côté – 9 **le Code civil** un ensemble de lois créées par Napoléon – 10 **par ailleurs** außerdem – 11 **l'humiliation** *f* Demütigung, Erniedrigung – 12 **un casque à pointe** Pickelhaube – 13 **le comble** le maximum, le sommet – 14 **le pire** das Schlimmste – 15 **un génocide** Völkermord – 16 **épuisé,e** erschöpft – 17 **dévasté,e** détruit, en ruines – 18 **vouer (qc à qn)** widmen – 19 **une aspiration** *ici:* un grand espoir

3 A quoi pense l'auteur en écrivant que la Seconde Guerre mondiale n'est plus une « simple » guerre (L. 78) ?
4 Qu'est-ce qu'une parenthèse ? Dites en quoi consiste la « parenthèse de Vichy » (L. 93–94).
5 Dans quelle situation se trouvent la France et l'Allemagne à la fin de la Seconde Guerre mondiale ?
6 Dans quelle mesure peut-on dire que Robert Schumann a permis à la France et à l'Allemagne d'« apprendre à faire la paix » ?

- Projet – En 1964, Georges Brassens a écrit une chanson sur les Français pendant la Seconde Guerre mondiale : « *Les deux oncles* ». Recherchez le texte de cette chanson sur Internet et présentez-le à vos camarades. Commentez les paroles et formulez le « message » de la chanson.

5 L'ennemi

Récapitulez ce que vous savez de l'époque de l'occupation allemande en France, pendant la Seconde Guerre mondiale.

Un jour, un soldat allemand vint à la pharmacie se faire panser[1] sa main brûlée. Nous étions seuls tous deux dans la pharmacie. Je lui pansais sa main comme on m'avait appris, dans la haine. L'ennemi remercia.

Il revint. Mon père était là et me demanda de m'en occuper.

Je pansais sa main une nouvelle fois en présence de mon père. Je ne levais pas les yeux sur lui, comme on m'avait appris.

Cependant, le soir de ce jour, une lassitude[2] particulière me vint de la guerre. Je le dis à mon père. Il ne me répondit pas.

Je jouai du piano. Puis nous avons éteint. Il m'a demandé de fermer des volets[3].

Sur la place, un jeune Allemand à la main pansée était adossé à un arbre. Je le reconnus dans le noir à cause de la tache[4] blanche que faisait sa main dans l'ombre. Ce fut mon père qui referma la fenêtre. Je sus qu'un homme m'avait écouté jouer du piano pour la première fois de ma vie.

Cet homme revint le lendemain. Alors je vis son visage. Comment m'en empêcher[5] encore ? Mon père vint vers nous. Il m'écarta[6] et annonça à cet ennemi que sa main ne nécessitait[7] plus aucun soin[8].

Le lendemain de ce jour était un dimanche. Il pleuvait. J'allais à la ferme de Ezy. Je m'arrêtai, comme d'habitude, sous un peuplier[9], le long de la rivière. L'ennemi arriva peu après moi sous ce même peuplier. Il était également à bicyclette. Sa main était guérie[10].

Il ne partait pas. La pluie tombait, drue[11]. Puis le soleil arriva, dans la pluie. Il cessa de me regarder, il sourit, et il m'a demandé de remarquer comment parfois le soleil et la pluie pouvaient être ensemble, l'été.

Je n'ai rien dit. Quand même j'ai regardé la pluie. Il m'a dit alors qu'il m'avait suivie jusque-là. Qu'il ne partirait pas. Je suis repartie. Il m'a suivie.

Un mois durant[12], il m'a suivie. Je ne me suis plus arrêtée le long de la rivière. Jamais. Mais il y était posté[13] là, chaque dimanche. Comment ignorer qu'il était là pour moi.

Je n'en dis rien à mon père.

Je me mis à rêver à un ennemi, la nuit, le jour. Et dans mes rêves l'immoralité et la morale se mélangèrent de façon telle que l'une ne fut bientôt plus discernable[14] de l'autre. J'eus vingt ans.

Un soir, faubourg[15] St-..., alors que je tournais une rue, quelqu'un me saisit par les épaules. Je ne l'avais pas vu arriver. C'était la nuit, huit heures et demie du soir, en juillet. C'était l'ennemi.

On s'est rencontrés dans les bois. Dans les granges[16]. Dans les ruines. Et puis, dans des chambres. Un jour, une lettre anonyme arrivait à mon père. La débâcle[17] commençait. Nous étions en juillet 1944. J'ai nié[18].

C'est encore sous les peupliers qui bordent la rivière qu'il m'a annoncé son départ. Il partait le lendemain matin pour Paris, en camion. Il était heureux parce que c'était la fin de la guerre. Il me parla de la Bavière où je devais le retrouver. Où nous devions nous marier.

---

1 **panser** verbinden – 2 **la lassitude** une grande fatigue – 3 **un volet** Fensterladen – 4 **une tache** Fleck – 5 **empêcher** (ver)hindern – 6 **écarter** repousser, éloigner – 7 **nécessiter** rendre nécessaire – 8 **le soin** → soigner – 9 **un peuplier** Pappel – 10 **guéri,e** geheilt – 11 **dru,e** dicht; *ici*: fortement – 12 **durant** pendant – 13 **se poster** se placer – 14 **discernable** qu'on peut distinguer – 15 **le faubourg** Vorstadt – 16 **une grange** Scheune – 17 **une débâcle** une défaite totale – 18 **nier qc** dire que qc n'est pas vrai

J'avais laissé un mot à mon père. Je lui disais que la lettre anonyme avait dit vrai : que j'aimais un soldat allemand depuis six mois. Que je voulais le suivre en Allemagne.
Déjà, à Nevers, la Résistance côtoyait[19] l'ennemi. Il n'y avait plus de police. Ma mère revint.
Il partait le lendemain. Il était entendu[20] qu'il me prendrait dans son camion, sous des bâches[21] de camouflage[22]. Nous nous imaginions que nous pourrions ne plus nous quitter jamais.
Nous devions nous retrouver à midi, sur le quai de la Loire. Lorsque je suis arrivée, à midi, sur le quai de la Loire, il n'était pas encore tout à fait mort. On avait tiré[23] d'un jardin du quai.

Marguerite Duras, *Hiroshima mon amour*, Editions Gallimard, Paris 1960

Autour du texte

1 a) Faites le résumé du texte *(→ stratégies, p. 139)*.
  b) Relevez dans ce passage tout ce qui permet d'identifier le contexte historique du récit.
2 Comment naît et se développe l'amour entre les deux jeunes gens ? Montrez que ce développement est aussi visible sur le plan de la langue.
3 Quelle est la fonction du père dans cette histoire ? Qui ou qu'est-ce qu'il y représente ?
4 Peut-on trahir sa patrie par amour pour quelqu'un ? Dites ce qui pour vous aurait la priorité : la patrie ou l'amour de l'autre ? Justifiez votre réponse.
5 Juste après la Libération, beaucoup de Françaises ayant eu des contacts avec les Allemands ont eu la tête rasée par la population. Comment peut-on expliquer ce geste ? Personnellement, qu'en pensez-vous ?
6 Ecrivez une autre fin à cette histoire. Commencez à la ligne 76 : « *Lorsque je suis arrivée sur le quai, …* ».

6 Vichy et la Résistance : enfin la vérité !

1 La petite ville de Vichy, dans le centre de la France, est bien connue pour deux raisons : lesquelles ?
2 a) Que savez-vous de la Résistance ? Avez-vous déjà lu un livre ou vu un film qui parle de cette époque ?
  b) A votre avis, les Résistants étaient-ils nombreux parmi les Français de l'époque ?

Longtemps, nous avons vécu dans l'à-peu-près. Le silence des historiens laissait le champ libre aux mythologies : la France tout entière avait résisté, disaient les uns. Elle s'est laissé aller dans la collaboration, répondaient les autres. Le temps des héros et le temps des salauds[1]. Puis, à la fin des années 70, les archives ont été ouvertes, les historiens ont pu travailler et la vérité historique a fait son chemin. Loin des passions et des légendes, la voici, présentée par l'historien Jean-Pierre Azéma.

Le Nouvel Observateur. – Pourquoi les historiens français ont-ils si longtemps évité de parler de Vichy et de l'Occupation ?
Jean-Pierre Azéma. – Jusque dans les années 70, c'est un fait que la société française n'a pas vraiment voulu regarder en face toutes les réalités de l'Occupation. La France est le seul pays à avoir entre 1940 et 1944 un gouvernement autonome qui a collaboré avec l'Allemagne. Vichy est un phénomène unique en Europe. Ce passé douloureux, honteux, a été refoulé[2]. Il a fallu des décennies[3] pour qu'une vérité objective, finalement, se fasse jour[4].
– Sommes-nous au clair sur le rôle de la Résistance ?
– Pendant vingt ans, il y a eu le temps des héros. On a pour ainsi dire canonisé[5] les résistants, dont les survivants ont fourni[6] une partie des cadres politiques de l'après-guerre. Puis, dans les années 70, il y a eu une relecture, à partir de témoignages[7] ou bien de thèses réalisées sur tel ou tel mouvement. On a mieux compris l'activité des réseaux (qui organisaient le sabotage ou le renseignement[8]) et des mouvements (qui avaient une activité politique).

19 **côtoyer qn** être en contact avec qn – 20 **entendu,e** *ici:* convenu (abgemacht) – 21 **une bâche** Plane – 22 **le camouflage** Tarnung – 23 **tirer** schießen

1 **un salaud** *fam.* Dreckskerl – 2 **refouler** verdrängen – 3 **une décennie** une période de dix ans – 4 **se faire jour** apparaître – 5 **canoniser qn** jdn heilig sprechen – 6 **fournir** *ici*: hervorbringen – 7 **un témoignage** le récit d'un *témoin* (Zeuge) – 8 **le renseignement** *ici*: Aufklärung

– *On dit souvent que la Résistance n'a joué aucun rôle militaire...*

– Son rôle a été inférieur à ce qu'elle a affirmé elle-même. En fait, la contribution la plus grande s'est développée dans le domaine du renseignement. En grande partie grâce à la Résistance, les Alliés en savaient beaucoup sur le dispositif[9] allemand en France. Ils ont débarqué avec en poche un plan très précis du Mur de l'Atlantique.

– *Vous semblez dire que la Résistance n'a pas servi à grand-chose en dehors du renseignement...*

– Pas du tout. Elle a eu un rôle politique décisif[10]. Elle a donné sa légitimité à la France libre. Sans la Résistance, de Gaulle aurait eu beaucoup plus de mal à s'imposer à la Libération.

– *Les résistants n'étaient pas nombreux. Doit-on en déduire[11] que les Français ont massivement collaboré ?*

– Non. Jusque dans les années 70, on a accrédité[12] la légende du peuple résistant. On a mis Vichy entre parenthèses, on en a fait une poignée[13] d'hommes perdus prenant le pouvoir par surprise et gouvernant la France contre sa volonté. Puis est venu le temps de la révision, les années 70 et la « mode rétro » en histoire. Les Français avaient tous collaboré, et la Résistance était marginale.

– *Qu'en est-il aujourd'hui ?*

– A la fin 1941, le Français moyen déteste la collaboration. Montoire[14] a porté un coup très sévère au prestige du Maréchal. Ensuite, au début de 1944, par exemple, c'est la peur qui domine. Peur des représailles, peur des bombardements, que Vichy utilise à fond[15]. Au total, c'est une sorte d'accommodement[16] sceptique avec Vichy et un rejet[17] de la collaboration. Les Français n'ont été ni des salauds ni des héros.

Hitler et Pétain à Montoire en 1940.

– *Certains Vichystes ont longtemps soutenu[18] que le Maréchal jouait double jeu, qu'il cherchait à protéger le pays pour rejoindre les Alliés à la première occasion.*

– C'est une fable. Pétain n'aimait pas les nazis. Mais c'est lui qui demande à établir une collaboration politique avec les Allemands et non l'inverse. Il pense y gagner une certaine autonomie qui lui permettra de réformer le pays selon ses idées réactionnaires. Hitler y gagne énormément : l'ordre est maintenu par les Français, les Allemands pillent[19] l'économie française. Pétain est persuadé[20] que l'Allemagne va gagner. Il cherche à se ménager[21] sa place dans l'Europe nouvelle.

– *Le gouvernement de Vichy a-t-il été complice du génocide des juifs ?*

– Le régime de Vichy avait commencé de lui-même à persécuter[22] les juifs, dans l'indifférence de la population, qui se souciait des prisonniers, mais pas des juifs, qui apparaissaient comme des victimes parmi d'autres. Le véritable tournant, ce sont les rafles[23] de l'été 1942. Vichy livre les juifs sans états d'âme[24], d'abord les juifs étrangers, au nom de la xénophobie[25], puis, surtout à partir de 1944, des juifs français. Les politiques qui en décident et les fonctionnaires[26] qui exécutent[27] ne savent pas forcément qu'on les envoie à la mort. On pouvait ignorer à ce moment-là l'existence des chambres à gaz. Mais personne ne pouvait croire que les camps de concentration étaient des endroits où l'on respectait le droit des gens. Ces rafles ont choqué l'opinion. Alors se développe une sorte de résistance civile. On cache des juifs, on s'arrange pour qu'ils puissent s'échapper. Au total, des Français anonymes ont sauvé la majeure partie de la communauté juive. Sur 350 000 juifs français et étrangers présents en 1939, 76 000 sont partis, avec la complicité de Vichy. Les trois quarts ont échappé, souvent avec l'aide de la population. Je vous l'ai dit: dans leur masse, les Français n'étaient ni des héros ni des salauds.

Propos recueillis par Laurent Joffrin, *Le Nouvel Observateur*, 2 novembre 2000.

9 **un dispositif** un ensemble de moyens – 10 **décisif, -ive** très important – 11 **déduire** ableiten – 12 **accréditer qc** rendre qc plausible – 13 **une poignée** eine Hand voll – 14 **Montoire** le village où Pétain a rencontré Hitler – 15 **à fond** au maximum – 16 **un accommodement** un arrangement – 17 **un rejet** ≠ une acceptation – 18 **soutenir** *ici:* affirmer – 19 **piller** ausplündern – 20 **persuadé,e** sûr, certain – 21 **se ménager** se réserver – 22 **persécuter** verfolgen – 23 **une rafle** Razzia, Massenverhaftung – 24 **des états d'âme** *ici :* Gewissensbisse – 25 **la xénophobie** la haine des étrangers – 26 **un fonctionnaire** Beamter – 27 **exécuter** *ici:* ausführen

Autour du texte

1 a) En quoi Vichy est-il un « phénomène unique » (L. 9–10) ?
   b) Que savez-vous de l'attitude des autres pays européens face à l'Allemagne nazie ?
2 a) Qu'est-ce qui, à partir des années 70, a permis aux historiens et aux autres Français d'avoir une vision plus réaliste de la collaboration et de la Résistance ?
   b) Avant cela, en quoi consistait la version « officielle » de l'Histoire de France concernant cet épisode ?
3 Quel a été le véritable rôle de la Résistance, selon Azéma ?
4 Retrouvez dans le texte les raisons pour lesquelles a) Pétain et b) Hitler ont voulu la collaboration.
5 Collaboration ou Résistance ? Quelle était la position de la majorité des Français pendant l'occupation ?
6 Parlez de l'attitude du régime de Vichy, d'une part, de la population française, de l'autre, face à la persécution des juifs.

Au-delà du texte

- Internet – Retrouvez les discours de Pétain du 17 juin et du 30 octobre 1940 *(→ stratégies, p. 144)*. Dites en quoi consistent les décisions annoncées par Pétain dans ces deux discours et les justifications qu'il fournit. Essayez d'expliquer les conséquences (territoriales, politiques…) qu'ont eues ces décisions.
- Internet – Retrouvez maintenant l' « appel du 18 juin » prononcé à Londres par le Général de Gaulle juste après le premier des deux discours de Pétain. Dites ce que veut de Gaulle et pourquoi ce texte est toujours considéré comme un document historique important.

7 L'amitié franco-allemande ou le salut de l'Europe

Savez-vous qui a signé le « traité de coopération franco-allemand » et, en gros, ce que ce traité contient ?

Cinquante ans après la fin de la Seconde Guerre mondiale, trente-deux ans après le traité de l'Elysée et l'accolade[1] entre de Gaulle et Adenauer, il n'y a pas un Allemand, quelle que soit la génération à laquelle il appartient, qui ne considérerait pas l'amitié franco-allemande comme le plus grand et le plus précieux acquis[2] de l'après-guerre. Ce n'est point pour des raisons sentimentales qu'ils font ce constat[3]. La réconciliation ? Elle était infiniment plus souhaitée avec le peuple russe, auquel on avait fait bien plus de mal en quatre ans de guerre. Pourtant, elle a aussi joué son rôle. Verdun, Oradour-sur-Glane, la Normandie : ce sont des noms qui font vibrer[4] toute une gamme[5] de fibres[6] entre la fierté, la honte et la nostalgie chez l'Allemand de la génération de la guerre. Heureusement que tout cela est fini, et pour de bon[7]. La France, voisin numéro un parmi ceux qui nous entourent. La France, plus ancien ennemi. La France, concurrente sur les marchés mondiaux. Mais la France, amie chèrement acquise.
Cela dit, peut-on être amis entre peuples ? L'amitié est déjà une chose bien difficile entre individus, et lorsqu'on fait le compte au bout d'une vie, il reste bien peu de personnes auxquelles on voudrait attribuer[8] le titre précieux d'ami. Le compte doit être plus sévère encore pour un peuple.
Des générations d'écrivains se sont répandus[9] sur les différences entre Français et Allemands. Elles sont patentes[10] et tenaces[11], et ce n'est pas le baiser d'amitié entre Charles et Konrad qui les a

1 **une accolade** (feierlicher) Kuss – 2 **un acquis** Errungenschaft – 3 **un constat** → constater – 4 **faire vibrer** in Schwingung versetzen – 5 **une gamme** *ici*: une série – 6 **une fibre** Faser; *ici:* une sensibilité – 7 **pour de bon** définitivement – 8 **attribuer** erteilen, beimessen – 9 **se répandre** *ici*: sich auslassen – 10 **patent,e** évident – 11 **tenace** zäh(lebig)

fait disparaître. Mais n'a-t-on pas dit aussi qu'elles sont complémentaires ?

Tâchons de faire le portrait-robot de l'un et de l'autre. Au risque de tomber dans les clichés que l'on s'efforce de combattre[12] depuis trente ans, le Français continue de voir dans l'Allemand un homme un peu lourdaud[13], simpliste[14], bien attaché[15] à son travail, convaincu[16] de l'efficacité du *made in Germany*, empli[17] d'un sentiment de supériorité sur tous ses concurrents, fier de son peuple, bon père de famille, mais trop discipliné pour laisser une place à la créativité, à l'improvisation et au bonheur de vivre, gros mangeur, par-dessus le marché[18], d'une cuisine qui manque totalement de fantaisie.

Il suffit de trouver la contre-valeur des qualités énumérées[19] pour faire le portrait-robot du Français. Léger, pas très sérieux, superficiel, aimable mais avec une pointe[20] de soupçon[21], inventif, créatif, admirable artiste du savoir-vivre, totalement indiscipliné, aimant, avec un goût bizarre pour l'autoparalysie[22], le désordre et la grève, donc pas très fiable[23], travailleur assidu[24] mais toujours rouspétant[25], enfin redoutable amant et fin mangeur. Incompatibilité totale donc, car il est difficile de trouver différence de caractère plus grande entre deux groupes d'hommes. Le jugement n'a point changé en quatre décennies d'échanges intenses, précédées d'épreuves[26] inouïes[27]. Mais une attirance mutuelle[28] est en même temps irréfutable[29]. Demandez à un jeune Allemand d'aujourd'hui vers quel pays il se sent le plus attiré, il vous répondra très vraisemblablement[30] : la France. Il y a fait plusieurs voyages, noué[31] des amitiés, organisé des échanges, peut-être conquis une petite amie, et si l'apprentissage du français à l'école était nul, il a appris suffisamment de mots pour pouvoir baragouiner[32] un bout de conversation.

En serait-il de même chez un Français ? Vu[33] la préférence que la France officielle attribue à tout ce qui est allemand – produits industriels, politique tarifaire, formation continue[34], relations patrons-syndicats, indépendance de la politique monétaire, décentralisation de l'Etat et de l'administration –, on est enclin[35] à répondre par la positive. Il est parfois pénible[36] aux oreilles d'un Allemand d'entendre comparer tout ce qui concerne la vie publique en France avec les performances[37] du voisin. Pénible et flatteur[38]. Autant que[39] cela ne risque pas de produire d'effets pervers pour les relations entre les deux pays, on peut s'en réjouir. Et se poser en douce[40] la question : un Français qui roule en Mercedes manifeste[41]-t-il une inclination[42] pour l'Allemagne ?

Venons-en aux choses sérieuses. La France et l'Allemagne restent les deux pays les plus importants de l'Union européenne. Les deux unis, tout peut réussir. Les deux désunis, tout va échouer[43]. Il reste tout à accomplir[44]. Un énorme travail est devant eux. Le nouveau président doit retrousser ses manches[45] et se mettre au boulot. On ne peut plus se cacher derrière les traînards[46] pour ne pas avancer. Tant pis si les autres doivent attendre quelques années derrière la porte.

La monnaie européenne commune n'est pas tout. Il faut d'urgence une politique étrangère et de défense commune. Là aussi, la France et l'Allemagne doivent assumer[47] le rôle pilote. Comme pour l'économie, la défense et la diplomatie sont devenues trop chères pour être supportées par un seul Etat européen, depuis longtemps. L'euro-défense doit devenir le maître mot[48] dans les discussions entre Européens. Les peuples doivent en faire un terme[49] normal de leur réflexion sur la sécurité. Dans quelques années, nous aurons une armée européenne, capable non seulement de défendre l'espace sécurité européen mais d'intervenir, avec des éléments appropriés[50], là où l'humanité est menacée par un conflit.

La France va être le bon guide car elle dispose d'un énorme capital d'expérience sur le plan des interventions en théâtre extérieur[51]. La France et l'Allemagne – et, si elle le désire, l'Angleterre – doivent ériger[52] l'Europe en partenaire, et non

---

12 **combattre qc** lutter contre qc – 13 **lourdaud,e** schwerfällig – 14 **simpliste** einfach strukturiert – 15 **être attaché,e à qc** aimer qc – 16 **convaincu,e** sûr, certain – 17 **empli,e** plein, rempli – 18 **par-dessus le marché** *fam.* en plus de tout – 19 **énumérer** aufzählen – 20 **une pointe de** un petit peu de – 21 **un soupçon** Verdacht, Misstrauen – 22 **une (auto)paralysie** (Selbst)Lähmung – 23 **fiable** digne de confiance – 24 **assidu,e** fleißig – 25 **rouspéter** *fam.* râler (schimpfen) – 26 **une épreuve** (schwere) Prüfung – 27 **inouï,e** extraordinaire – 28 **mutuel,le** wechselseitig – 29 **irréfutable** qu'on ne peut pas nier – 30 **vraisemblable** probable – 31 **nouer** (an)knüpfen – 32 **baragouiner** parler (mal) – 33 **vu** *ici:* si on tient compte de – 34 **la formation continue** Weiterbildung – 35 **être enclin à** geneigt sein zu – 36 **pénible** difficile ou désagréable – 37 **une performance** Leistung – 38 **flatteur, -euse** schmeichelhaft – 39 **(pour) autant que...** aussi longtemps que – 40 **en douce** discrètement – 41 **manifester** *ici:* montrer – 42 **une inclination** Vorliebe – 43 **échouer** ≠ réussir – 44 **accomplir** faire, réaliser – 45 **retrousser ses manches** die Ärmel aufkrempeln – 46 **(un) traînard** (qn) qui avance lentement – 47 **assumer qc** accepter la responsabilité de qc – 48 **le maître mot** le mot le plus important – 49 **un terme** *ici*: Abschluss – 50 **approprié,e** bien adapté (adäquat) – 51 **en théâtre extérieur** dans un autre pays – 52 **ériger qc en** mettre qc au niveau de

plus en subordonné[53] des Etats-Unis, dans la défense de notre communauté de valeurs. Nous sommes à l'heure de vérité. Vérité de la volonté européenne. Vérité de l'abandon de certaines souverainetés. Vérité de l'adieu au passé. Les Etats sont des monstres froids, disait de Gaulle. Il avait certes[54] raison pour son époque, et il était un enfant du XIXe siècle. Mais peut-on faire l'Europe avec des monstres froids ? Si la monstruosité[55] consiste à faire passer ses propres intérêts avant ceux de tous les autres, certes non. Etre dans une même barque exige[56] un minimum d'abnégation[57] et de solidarité. Mais de Gaulle a dit aussi qu'il faut faire l'Europe des patries. A l'heure où les Allemands ont retrouvé, cinquante ans après la plus terrible défaite de leur histoire, leur vraie patrie, celle de Dresde et de Cologne, de Schwerin et de Munich, ils comprendront mieux la formule gaullienne. Jetons les monstres froids et gardons les patries. Et gardons nos différences. Ce serait mortellement ennuyeux si Français et Allemands mangeaient tous deux la même soupe.

Pierre Prier, *Le Figaro Magazine*, 7 octobre 1995 (texte abrégé).

Les relations franco-allemandes après la Seconde Guerre mondiale

1950 Robert Schuman, Ministre français des Affaires étrangères, propose la création d'une autorité supranationale chargée d'administrer la production de charbon et d'acier des deux pays.
1963 Traité sur la coopération franco-allemande (dit Traité de l'Elysée). Création de l'Office franco-allemand pour la Jeunesse (OFAJ).
1969 Création des premières sections bilingues franco-allemandes dans les écoles allemandes.
1972 Création de lycées franco-allemands et du baccalauréat franco-allemand.
1982 Début de la coopération militaire entre les deux pays.
1984 Le Président Mitterrand et le Chancelier Kohl commémorent[58] ensemble à Verdun le souvenir des soldats français et allemands tombés durant les deux guerres mondiales.
1989 Création de la Brigade franco-allemande, qui prendra le nom d'Eurocorps.
1990 Unification de l'Allemagne.
1992 Lancement de la chaîne de télévision culturelle Arte, créée par la France et l'Allemagne.
1994 200 soldats allemands de l'Eurocorps défilent pour la première fois sur les Champs-Elysées.
2000 Inauguration[59] de l'université franco-allemande de Sarrebrück

Autour du texte

1 Décrivez le dessin de la page 80 et dites ce qu'il illustre *(→ stratégies, p. 134).*
2 Retrouvez le plan du texte de Pierre Prier et formulez pour chaque partie une phrase qui la résume.
3 Relevez dans le texte tous les éléments qui vous permettent de comprendre l'évolution des rapports franco-allemands depuis 1945. Dites ce que vous savez de ces événements.
4 Faites la liste des clichés franco-allemands cités dans le texte. Regroupez-les et dites en quoi ils illustrent a) une *incompatibilité* (L. 56) ou au contraire b) *une attirance mutuelle* (L. 60–61) des deux peuples.
5 Dans quels domaines l'Allemagne est-elle devenue une sorte de modèle pour la France ?
6 Quelles conditions doivent être réunies pour faciliter la construction d'une Europe unie ? Quelle part y tiendrait le couple franco-allemand ?
7 Que pensez-vous des propositions faites dans ce texte en ce qui concerne le futur système de défense européen ?

Au-delà du texte

- Commentaire – Jean Monnet, l'un des « pères » de l'Europe, disait : « *Nous ne coalisons pas des Etats, nous unissons des hommes* ». Expliquez et commentez cette phrase *(→ stratégies, p. 138).*
- Internet – Informez-vous sur les étapes récentes des relations franco-allemandes et complétez la liste ci-dessus (points de départ possibles : http://www.elysee.fr, www.botschaft-frankreich.de).

53 **un subordonné** qn qui est aux ordres d'un autre – 54 **certes** bien sûr – 55 **la monstruosité** → un monstre – 56 **exiger** *ici:* rendre nécessaire – 57 **l'abnégation** *f* ≠ l'égoïsme – 58 **commémorer** fêter (le souvenir de qn ou qc) – 59 **l'inauguration** *f* la cérémonie d'ouverture

8 Cinquante ans d'Europe

Faites un petit sondage dans votre classe et, ensuite, commentez les résultats en groupe.

1 Est-ce que vous vous considérez avant tout… a) comme un citoyen de votre ville ou de votre région ? b) comme un Allemand ? c) comme un Européen ? d) comme un étranger ? Justifiez votre réponse.

2 L'Europe, pour vous, qu'est-ce que ça représente ? (quelque chose de concret ou d'abstrait ?)

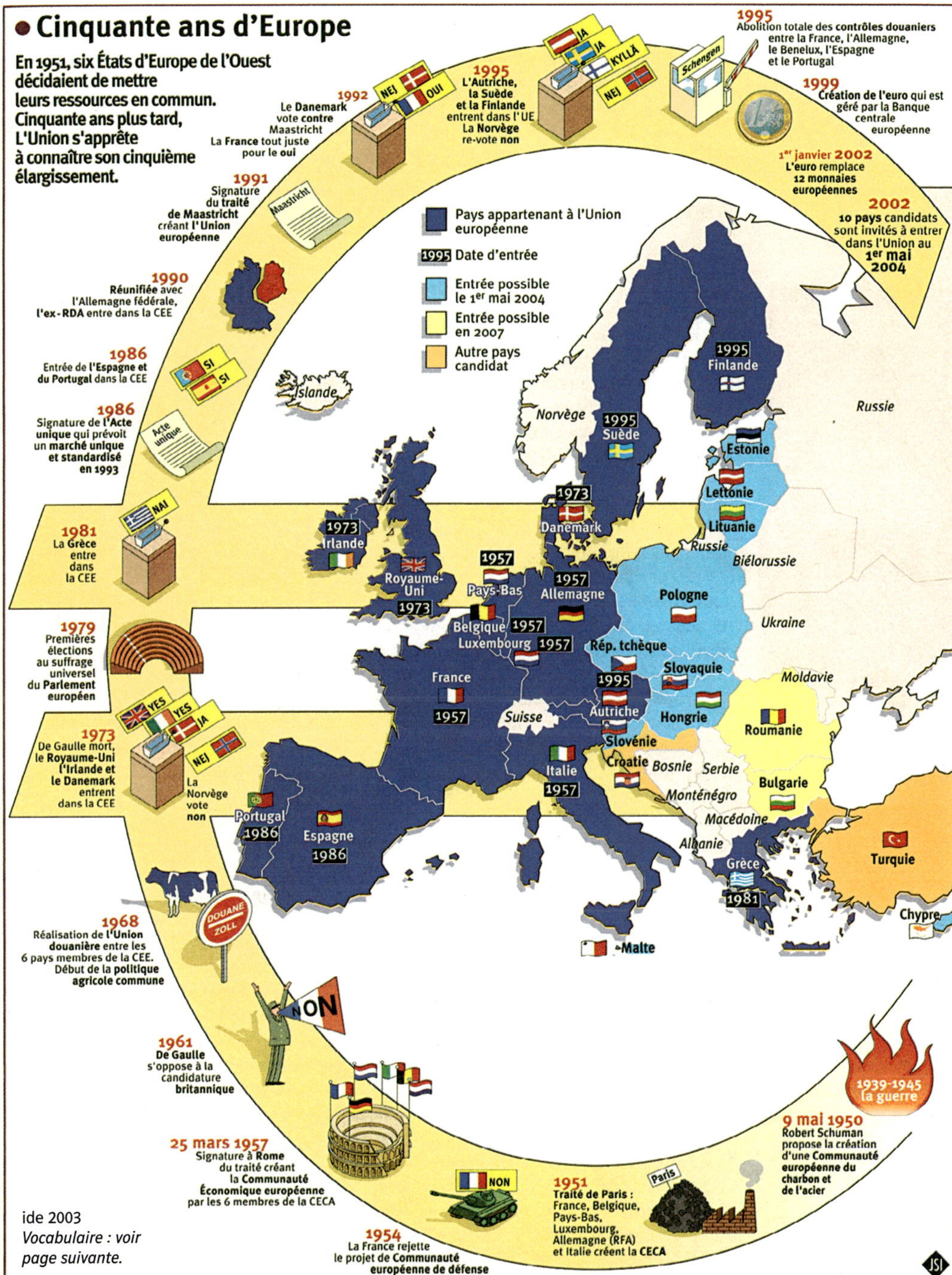

ide 2003
Vocabulaire : voir page suivante.

Les institutions de l'Union Européenne

Trois institutions définissent les politiques et les règlements et prennent les décisions qui s'appliquent dans toute l'UE :
- Le *Parlement européen*, qui représente les citoyens européens et dont les membres sont élus au suffrage direct ;
- Le *Conseil de l'Union européenne*, qui représente les États membres ;
- La *Commission européenne*, qui a pour mission de défendre les intérêts de l'Union dans son ensemble.

En principe, c'est la Commission qui propose de nouveaux actes législatifs européens, mais c'est le Parlement et le Conseil qui les adoptent.

Deux autres institutions importantes :
- La *Cour de justice* veille au respect du droit communautaire.
- La *Cour des comptes* supervise le financement des activités de l'Union.

Autour du graphique

1 A partir du graphique, faites trois petites listes qui contiennent, en suivant la chronologie :
a) les différentes appellations officielles du « groupe » européen ; b) les Etats qui entrent dans ce groupe ;
c) les traités et autres grandes mesures européennes.
2 Y a-t-il des évolutions récentes qu'il faudrait ajouter à ce graphique ? Si oui, lesquelles ?
3 Renseignez-vous sur le traité de Maastricht et dites en quoi consistent les grandes lignes de ce traité.
4 D'après vous, quelle est l'étape la plus importante de l'évolution de l'Union européenne ? Justifiez votre réponse.

- Projet – Informez-vous sur les compétences actuelles de l'Union européenne (sur Internet, par exemple). A votre avis, l'Union devrait-elle avoir plus ou moins de compétences ? Lesquelles ? Pourquoi ?

9 La « Françallemagne » propose, l'Europe dispose

1 Retrouvez le plus de mots possibles construits à partir du verbe *poser*.
2 D'après vous, comment faut-il comprendre le titre ? De quoi sera-t-il question dans ce texte ?

En français et en allemand, on utilise souvent des métaphores lorsqu'on parle des relations entre nos deux pays. On dit : « l'axe franco-allemand » ou « le moteur franco-allemand ». Ces images font référence au vocabulaire de la mécanique. On veut dire par là que la France et l'Allemagne sont les pièces qui font bouger un ensemble plus grand qu'elles. Cet ensemble, bien sûr, c'est l'Europe. Mais on ne dit pas seulement « axe franco-allemand » ou « moteur franco-allemand » ; on parle aussi de « couple franco-allemand ». C'est une image plus sympathique, plus humaine. L'histoire d'un couple, on le sait, est faite d'amour, de querelles[2] et de réconciliations.
En réalité, depuis quarante ans, nous avons connu plusieurs grands couples franco-allemands. Ces hommes étaient unis par des intérêts politiques communs, mais aussi par des liens personnels de confiance et d'amitié. D'abord, il y eut Adenauer et de Gaulle, les pères de la réconciliation. Plus tard, le chancelier Helmut Schmidt et le président Valéry Giscard d'Estaing ont fait avancer la coopération franco-allemande sur le plan de la politique économique. Ensuite, François Mitterrand et Helmut Kohl sont aussi les pères de l'Union européenne dans sa forme actuelle, avec un début d'union politique et d'union économique et monétaire (traité de Maastricht 1991–1992). Le président Jacques Chirac et le chancelier Gerhard Schröder tentent[3] d'être à la hauteur de leurs prédécesseurs[4].
Jusqu'à la chute du mur de Berlin, les relations entre la France et l'Allemagne étaient assez bien définies. Il existait entre les deux pays, depuis le début, une distribution des rôles assez claire. La France offrait aux Allemands vaincus à la guerre

← 1 **s'apprêter** se préparer – 2 **le suffrage universel** allgemeines Wahlrecht – 3 **l'abolition** *f* Abschaffung – 4 **gérer** administrer

 1 **disposer** *ici:* décider – 2 **une querelle** une dispute, un conflit – 3 **tenter** essayer – 4 **un prédécesseur** Vorgänger

et coupables de la barbarie nazie la possibilité de retrouver une place honorable et des véritables partenaires en Europe. En contrepartie, l'Allemagne, première puissance économique du continent, reconnaissait la prééminence[5] politique de la France.

L'économie aux Allemands, la politique aux Français. Ce modèle a plus ou moins bien fonctionné, au moins jusqu'en 1989. Sur la base de ce compromis historique, les relations entre les deux pays et les deux sociétés se sont développées. Sur le plan politique tout d'abord, les consultations[6] régulières entre les deux gouvernements sont devenues un élément indispensable de leur politique étrangère et européenne. Depuis 2001, Chirac et Schröder ont encore accéléré[7] le rythme : ils ont décidé de se rencontrer au moins une fois toutes les six semaines, ce qui est unique pour des dirigeants politiques de ce niveau.

Mais, heureusement, l'amitié franco-allemande ne concerne pas uniquement les hommes politiques. En quarante ans, plus de 6 millions de jeunes Français et Allemands ont pu séjourner[8] dans l'autre pays. Ces échanges sont organisés par l'Office franco-allemand pour la jeunesse, créé en 1963. Plus de 2 000 jumelages entre villes et régions et environ 5 000 partenariats scolaires existent aujourd'hui entre les deux pays. Dans les années 1990, une expérience unique est venue s'ajouter à ces échanges interculturels. Je veux parler de la chaîne de télévision publique Arte, qui diffuse[9] ses émissions dans les deux langues.

Les deux pays sont aussi – et depuis longtemps – les principaux partenaires économiques l'un pour l'autre. C'est vrai pour les importations et les exportations de biens et de services, mais également pour les investissements. De grandes entreprises franco-allemandes sont nées grâce à des fusions réussies, notamment dans le secteur de la haute technologie et de l'industrie chimique. Les deux économies nationales produisent ensemble plus de 50 % des richesses de la zone euro.

Bien sûr, tout n'est pas rose entre la France et l'Allemagne. Nous avons aussi connu des déceptions et des échecs. Par exemple, l'apprentissage des langues. Pour donner vie à l'amitié entre les deux nations, Adenauer et de Gaulle voulaient que les jeunes Allemands apprennent le français et que les jeunes Français apprennent l'allemand. Mais, aujourd'hui, comme tout le monde, les jeunes Français et Allemands apprennent avant tout l'anglais. En fait, malgré l'amitié officielle, malgré tous les échanges, la France et l'Allemagne ne se connaissent toujours pas très bien. Par conséquent, certains clichés ont la vie dure[10]. Les Français ont encore tendance à nier le savoir-vivre allemand et les Allemands, le savoir-faire français.

Sur le plan de la politique européenne aussi, certaines questions divisent régulièrement les deux pays. Je ne citerai que l'exemple de la Politique agricole commune (PAC), qui coûte très cher à l'Europe et à l'Allemagne, et qui profite surtout aux paysans français. Mais, dans l'ensemble, on peut dire que la construction européenne reste l'objectif partagé des deux gouvernements et des deux nations.

Depuis le début et par principe, le gouvernement allemand s'est dit favorable à l'élargissement de l'Union européenne. Car, dans l'Europe élargie, ce pays va se trouver non plus à la périphérie orientale, mais au centre même de l'Union. Une situation favorable pour les échanges économiques, mais peut-être aussi pour contrebalancer la traditionnelle prééminence politique de la France.

Justement, la France : quelle était la position française vis-à-vis des pays candidats d'Europe centrale et orientale ? Bien sûr, la patrie des droits de l'homme ne pouvait pas dire non et fermer la porte de l'Europe aux Hongrois, aux Polonais et aux autres. Elle a donc dit oui, par principe, elle aussi. Mais ce oui français était teinté[11] d'une petite méfiance et d'une petite crainte à l'égard de l'Allemagne.

Ces Français qui avaient peur de l'Allemagne n'avaient rien compris aux nouvelles réalités en Europe centrale. Et cela pour trois raisons. D'abord, en se tournant vers l'Occident, les peuples d'Europe centrale ne se tournaient pas seulement vers leur voisin allemand, mais aussi vers la France et – surtout – vers l'Amérique. Ensuite, l'Allemagne se trouvait – et se trouve encore – très affaiblie sur le plan économique, en raison de sa propre réunification. Enfin, plus personne en Allemagne n'a l'intention de jouer les chefs en Europe. L'Allemagne a compris la leçon de l'Histoire. On le voit aujourd'hui, aussi bien dans le cadre européen que dans la crise irakienne : Berlin ne revient pas sur la scène diplomatique internationale sans un partenariat étroit avec Paris.

Parlons de l'élargissement de l'Europe et de sa

---

5 **la prééminence** le rang supérieur – 6 **une consultation** *ici*: une réunion de travail – 7 **accélérer** rendre plus rapide – 8 **séjourner** sich aufhalten – 9 **diffuser** *ici:* ausstrahlen – 10 **qc a la vie dure** etw. ist hartnäckig – 11 **teinté,e de** nuancé par

conséquence principale, qui est la nécessité de réformer les institutions européennes. Ces institutions ont été inventées pour la petite Europe du début, une Europe qui comptait six, neuf ou douze pays membres. Déjà, aujourd'hui, à quinze, elles fonctionnent plutôt mal. Et, à vingt-cinq, l'Union européenne serait paralysée si elle ne change pas ses propres règles. Jusque-là, tout le monde était à peu près d'accord. Mais, pour imaginer ces institutions et ces règles, les Français ont d'abord regardé, tout naturellement, leurs propres traditions, et les Allemands aussi. Les Allemands ont donc imaginé une Europe fédérale avec un gouvernement élu par le Parlement européen ; les Français, eux, ont imaginé une Europe des nations avec, comme principal représentant, un président. Ces deux projets étaient incompatibles. Jacques Chirac et Gerhard Schröder ont donc négocié[12] un compromis en tête à tête. Ce compromis prévoit deux présidents européens : un président élu par les gouvernements, comme le souhaitait la France, et un autre président, celui de la Commission européenne de Bruxelles, qui serait élu par le Parlement européen, comme le souhaitait l'Allemagne.

La leçon de cette histoire, le président Jacques Chirac l'a tirée lui-même le 20 janvier dernier dans une interview publiée dans le journal « Le Figaro ». Il a déclaré : « *Lorsque l'Allemagne et la France s'entendent, l'Europe progresse ; lorsqu'elles ne s'entendent pas, l'Europe s'arrête. C'est une constatation. Ce n'est pas l'affirmation d'une volonté hégémonique*[13]. » Dans ces trois phrases, le président Chirac donne en fait une définition assez exacte du fameux « axe franco-allemand ». Il ne s'agit pas de volonté hégémonique, il ne s'agit pas de marginaliser les autres pays européens, mais bien au contraire d'une volonté de faire progresser l'Europe dans son ensemble. Progresser vers quoi ? Vers « une certaine idée de l'Europe », comme aurait pu le dire le général de Gaulle.

Marco Schütz, *Courrier international*, 20 février 2003 (texte abrégé).

Autour du texte

1 Retrouvez les différentes parties du texte et donnez un titre à chaque partie, puis faites le résumé du texte *(→ stratégies, p. 139)*.
2 Que pensez-vous des images utilisées dans ce texte pour parler des relations franco-allemandes ?
3 En quoi les différents « *grands couples franco-allemands* » ont-ils contribué à faire avancer l'Europe ?
4 Expliquez en quoi consistait la « distribution des rôles » entre la France et l'Allemagne jusqu'en 1989.
5 Dites ce que les relations franco-allemandes ont apporté de positif dans les domaines a) de la politique, b) de l'économie et c) des échanges humains.
6 Dites quels sont les problèmes qui existent encore aujourd'hui et quelle est la cause de ces problèmes.
7 En quoi et pourquoi l'attitude des deux pays face à l'élargissement de l'Union est-elle différente ?
8 Exprimez avec vos propres mots ce que dit Jacques Chirac à la fin du texte. Quel rapport voyez-vous avec le titre du texte ?

Au-delà du texte

- Discussion – Il reste encore beaucoup de gens qui sont contre l'Union européenne. Rassemblez les arguments qu'ils donnent le plus souvent puis prenez position pour ou contre ces différents arguments.
- Projet – Quels sont, au moment où vous lisez ces lignes, les sujets « européens » qui préoccupent la France et l'Allemagne ? (Consultez la presse allemande et française, via Internet, entre autres.) Dites en quoi les points de vue sur ces sujets sont identiques ou bien différents de ce côté-ci du Rhin et de l'autre.

12 **négocier** aushandeln – 13 **hégémonique** qui a tendance à dominer

10 Europe : les bienfaits de l'élargissement

Faites le plus *rapidement* possible la liste a) des pays qui étaient dans l'Union européenne avant 2004, b) des pays qui y sont entrés en 2004 et c) des autres Etats qui ont demandé à entrer dans l'Union.

L'Union européenne s'élargira à 10 nouveaux membres en 2004, portant à 25 les Etats qui la composent. Les pays qui entreront dans l'Union européenne sont la Pologne, la Hongrie, la Lituanie, la Lettonie, l'Estonie, la République tchèque, la Slovaquie, la Slovénie, Malte et Chypre.
L'arrivée de ces nouveaux pays va faire de l'Union européenne un ensemble de 453 millions d'habitants, soit le troisième pôle démographique mondial. Elle devient aussi le premier marché économique du monde, devant les Etats-Unis. A terme[1], avec l'adhésion[2] probable de la Roumanie et de la Bulgarie vers 2007, 31 millions d'habitants viendront s'y ajouter.
L'événement a une grande portée[3] économique et une signification politique et historique tout aussi importante. L'élargissement clôt[4] la parenthèse de la guerre froide, qui avait vu la division en deux de l'Europe. Il marque véritablement la réunification de l'Europe et répond à un vieux rêve de ses pères fondateurs. Dès 1959, Robert Schuman déclarait : « *Nous devons être en mesure d'accueillir les peuples de l'Est le jour où ils nous le demanderont* ». La réunification signifie aussi l'extension[5] du champ de la démocratie occidentale aux pays de l'Est.
L'élargissement de l'Union semble donc une victoire du droit autant que de la démocratie. Il est également un facteur de stabilisation et de paix. Après la Pologne, la République tchèque et la Hongrie en 1999, les nouveaux Etats vont entrer dans l'OTAN[6] et s'insérer[7] dans le système de sécurité collective occidental.
L'élargissement laisse toutefois plusieurs questions en suspens[8].
Son coût a été fixé dans un rapport adopté par la Commission européenne le 9 octobre dernier. L'intégration des nouveaux Etats ne devrait coûter que 40 milliards d'euros de 2004 à 2006. Par comparaison, l'intégration des Länder de l'Est à l'Allemagne a coûté en dix ans plus de 600 milliards d'euros. On peut donc se demander si le coût n'a pas été minoré[9] et s'il ne devrait pas s'accroître[10] fortement avec la hausse du niveau de vie de ces Etats.
La deuxième question porte sur le fonctionnement de l'Union. A 25 Etats, il sera très difficile de s'accorder dès que les questions porteront sur des sujets sensibles comme la défense européenne ou la politique étrangère. La construction politique de l'Europe risque alors de se gripper[11].
Enfin se pose la question des limites de l'Europe. Le cas de la Turquie, reconnue Etat candidat depuis 1999, impose une définition des contours géographiques de l'Europe et de son identité.
La réponse à ces trois questions cruciales[12] a manifestement été reportée[13] sine die[14]. Mais l'Union européenne ne pourra pas s'y dérober[15], sauf à voir[16] le projet s'étioler[17] et perdre son sens.

Edouard Pflimlin, *Le Monde*, 26 novembre 2002.

Autour du texte

1 Décrivez les effets de l'élargissement de l'Europe sur le plan démographique et économique.
2 D'après Pflimlin, quelle est la signification politique et historique de cet élargissement ?
3 a) Quels sont les grands problèmes que pose l'élargissement ?
b) Expliquez pourquoi le cas de la Turquie pose un problème d' « identité » à l'Europe (L. 54).

Au-delà du texte

- Commentaire – *Au choix* :
  a) Commentez l'attitude de certains, qui disent que « *l'élargissement de l'Europe n'est un bienfait que pour les pays qui y entrent. Pour les autres, c'est un poids supplémentaire à porter.* »
  b) L'élargissement de l'Europe est-il plutôt un avantage ou plutôt un inconvénient en ce qui concerne la criminalité, le terrorisme et les trafics en tout genre ? Ecrivez un texte dans lequel vous prenez position (→ *stratégies, p. 138*).

---

1 **à terme** auf Dauer gesehen – 2 **une adhésion** Beitritt – 3 **une portée** Bedeutung – 4 **clore** fermer – 5 **l'extension** *f* → s'étendre – 6 **l'OTAN** NATO – 7 **s'insérer** s'intégrer – 8 **en suspens** sans réponse – 9 **minorer** évaluer au-dessous de sa valeur réelle – 10 **s'accroître** augmenter – 11 **se gripper** *pour un moteur* : mal fonctionner – 12 **crucial,e** de grande importance – 13 **reporter** remettre à plus tard – 14 **sine die** *lat.* sans fixer de date – 15 **se dérober à qc** fuir qc – 16 **sauf à voir...** es sei denn, man lässt ... – 17 **s'étioler** verkümmern

- Projet – En petits groupes, renseignez-vous sur l'un des derniers candidats à l'entrée dans l'Union européenne (entre autres, sur Internet) et regroupez les informations qui vous semblent les plus importantes, notamment sur l'économie et sur le régime politique de ce pays. Puis présentez vos résultats au reste de la classe.

11 Une incapacité à poser les vraies questions

1 En règle générale, à quoi sert une Constitution ? Qu'est-ce qu'elle contient ?
2 Pensez-vous que l'Union européenne a besoin d'une Constitution ? Si oui, quels grands principes ou quel genre de règles faudrait-il inscrire dans un tel texte ?

Le sommet européen de Bruxelles, en décembre 2003, s'était fixé pour but de donner à l'Europe une Constitution et de redéfinir les règles du jeu d'une Union élargie. L'opposition de la Pologne et de l'Espagne avait, provisoirement, bloqué ce projet. Jean-Louis Bourlanges, député au Parlement Européen, considère cependant que l'échec du sommet de Bruxelles est dû à des maux plus profonds.

L'Express. – Comment en est-on arrivé à cet échec?
J.-L. Bourlanges. – La rupture[1] de Bruxelles, c'est d'abord l'aboutissement[2] de toutes les questions fondamentales que les Européens refusaient d'aborder depuis dix ans. Depuis le Conseil européen de Copenhague, en 1993, qui a décidé de l'élargissement, les dirigeants européens se sont obstinément[3] refusés à lever les équivoques[4]. Que ce soit sur l'identité européenne, sur les compétences ou sur les institutions. Sur ces trois questions fondamentales, les Quinze ont continuellement esquivé[5] le débat. Du coup, l'Union européenne est devenue un club incapable de définir son objet social, d'arrêter[6] ses statuts et de préciser les conditions d'adhésion. Et on a fait entrer des Etats ayant des attentes extrêmement différentes, sans qu'ils aient éclairci[7] le degré d'intégration qu'ils étaient prêts à accepter. Ce n'est pas la taille de l'Europe qui fait problème. C'est cette inconsistance[8] première des Douze puis des Quinze.
– Une inconsistance qui masquait et masque toujours des différences de conception...
– Il y a, en effet, des différences de conception, entre fédéralistes et intergouvernementalistes, entre partisans d'une Europe économique et ceux qui veulent une Europe à la fois économique et politique. Différences aussi entre ceux qui souhaitent une Europe qui puisse demain s'élargir à la Turquie et ceux qui veulent une Europe réduite à ce que Helmut Kohl appelait le « club chrétien ». Aujourd'hui, on découvre que les Polonais, les Tchèques ou les Hongrois n'ont pas les mêmes attentes que d'autres à l'égard de l'Union européenne. Mais, à l'origine de tout cela, il y a eu une incapacité des Douze à dire ce qu'ils étaient, ce qu'ils voulaient et comment ils voulaient être. Le vrai problème, c'est qu'aucune de ces questions n'a été débattue.
– Jacques Chirac suggérait[9], samedi, à Bruxelles, la création d'un « groupe pionnier » pour relancer[10] l'Europe. Peut-on envisager qu'émerge[11] une sorte de noyau[12] dur politique, composé des pays qui souhaiteraient plus d'intégration ?
– Une telle démarche[13] d'harmonisation des politiques ne serait pas en contradiction avec l'existence de l'Union européenne. Mais il reste à savoir quels sont les pays qui auraient vocation[14] à en être. Je crois, pour ma part, qu'il serait impossible d'exclure qui que ce soit a priori. Dans ce cas-là, tout le monde voudra rentrer, ne serait-ce que pour ne pas laisser la France et l'Allemagne seules. Il n'y aura alors que deux possibilités : limiter le cercle en pratiquant une politique d'exclusion qui introduirait une fracture[15] au sein[16] de l'Union – et les exclus, se sentant rejetés, n'en seront que plus solidaires des Etats-Unis ; ou accepter tout le monde, pour se retrouver de nouveau dans une Europe large mais sans cohésion[17]. C'est-à-dire à la case départ[18].

Propos recueillis par Dominique Lagarde, *L'Express*, 18 décembre 2003 (texte abrégé).

1 **une rupture** Bruch – 2 **un aboutissement** une conséquence – 3 **obstiné,e** stur, hartnäckig – 4 **une équivoque** un malentendu (Missverständnis) – 5 **esquiver** éviter – 6 **arrêter** *ici*: fixer – 7 **éclaircir** rendre plus clair – 8 **une inconsistance** une faiblesse – 9 **suggérer** proposer – 10 **relancer** donner une nouvelle impulsion à – 11 **émerger** se former – 12 **un noyau** Kern – 13 **une démarche** Schritt – 14 **une vocation** Neigung, Berufung – 15 **une fracture** Bruch – 16 **au sein de** à l'intérieur de – 17 **une cohésion** Zusammenhalt – 18 **la case départ** Startfeld (eines Spiels)

Autour du texte

1 a) Quelle est, d'après Bourlanges, la raison de l'échec du sommet de Bruxelles ?
b) Quelles sont pour lui les « vraies » questions que l'Europe devrait se poser ?
2 Les pays membres ont des conceptions différentes de ce que devrait être l'Europe : Dites lesquelles et dans quelle mesure ces conceptions s'opposent.
3 Pour Bourlanges, l'idée de Jacques Chirac de créer « un groupe pionnier pour relancer l'Europe » pose problème. Expliquez son raisonnement.

Au-delà du texte

- Internet – Renseignez-vous sur la nouvelle Constitution européenne. Quels sont, selon vous, les articles les plus importants ? Est-ce que tous les Etats membres ont signé cette Constitution ?

- Projet – Bâtissez votre propre Europe !
En groupes, élaborez une « mini-Constitution » pour une Europe que vous considéreriez comme idéale.
1) Définissez ce que pourrait être l' « identité européenne » : sur quelles « valeurs » devrait-elle se baser ? A partir de ces valeurs, formulez votre *devise* européenne.
2) Choisissez un ou plusieurs *symboles* représentant les valeurs et la devise de votre Europe (dessinez-les !) Si vous voulez changer de *drapeau* : dessinez des alternatives au drapeau européen actuel.
3) Les premiers articles de votre Constitution devraient fixer les « grands principes » de votre Europe et les conditions à remplir pour en faire partie.
4) Rédigez quelques articles pour définir les principales institutions, leurs compétences et leurs règles de fonctionnement. Rédigez d'autres articles qui vous semblent nécessaires ou utiles *(→ stratégies, p. 137)*.
5) Présentez votre Constitution sous forme d'affiche, que vous pourrez illustrer avec des dessins ou des photos.

Chapitre 5 LA FRANCOPHONIE

1 Vague, le français...

Qui n'a pas rêvé de *vaguer*
à la rencontre d'une vahinée[1]
quand il *avait les bleus* ?
Aller avec son *asso* ou sa *doudou*
découvrir un petit coin de paradis
en *faisant du pouce*
ou en chevauchant[2] son *vélo poum-poum* !
Quitter l'*avalasse*,
Enfiler[3] son *costume de bain*,
et chausser[4] ses *en-attendants*,
pour aller déguster un *bonbon-glace*,
et *javer* au son de *la musique à bras*...

Autour du texte

1 Les personnes qui sont représentées sur cette page viennent de pays où une des langues utilisées est le français. A votre avis, de quels pays pourrait-il s'agir?

2 Les mots imprimés en italiques dans le « poème » ci-dessus appartiennent à différents français parlés hors de France. Retrouvez leur « traduction » parmi les mots et expressions de la liste suivante. (Attention ! Il y a plus de mots que de solutions ! Utilisez un dictionnaire unilingue pour comprendre les mots que vous ne connaissez pas encore.)
un glaçon, un associé, une parka, une petite chérie, un ami, un violon, un poney, un peignoir, un accordéon, un bâton glacé, le trafic intense, un vélomoteur, le stress, la pluie, des pantoufles, un maillot de bain, des sandales en plastique ; pousser les autres, être blessé, avoir le cafard, surfer sur les vagues, faire de l'autostop, manger en vitesse, danser, aller à l'aventure.

3 Voici plusieurs autres séries de mots qui appartiennent au français parlé hors de France. Pouvez-vous retrouver leur sens et deviner de quel pays ou de quelle partie du monde ils proviennent ?
a) cadeauter, une essencerie, une boyesse ;
b) huitante, poutser, un cornet ;
c) octante, une carte-vue, une femme à journée ;
d) une tabagie, un char, magasiner, peinturer.

1 **une vahinée** une femme de Tahiti – 2 **chevaucher qc** reiten auf etw. (→ des chevaux) – 3 **enfiler** *ici:* mettre – 4 **chausser** → une chaussure

2 Un enjeu de civilisation

Il existe plusieurs définitions possibles du mot « francophonie ». Laquelle ou lesquelles connaissez-vous ?

Le terme de francophonie est apparu pour la première fois en 1880 sous la plume[1] du géographe français Onésime Reclus. En opposition à la mentalité coloniale des années 1880, il prenait pour critère de classement, non la position de domination ou de dépendance, mais la langue parlée dans le quotidien. La francophonie désigne[2] ainsi, dès l'origine, l'ensemble des espaces où se voit parlée la langue française.
Toutefois[3], la réalité de la francophonie est bien plus récente[4] et accompagne[5] le mouvement de décolonisation des années 1960.
On doit à Léopold Sédar Senghor[6] d'avoir réintroduit cette notion et d'avoir mis l'accent sur le « merveilleux outil[7] » que constitue la langue française, commune à plusieurs dizaines de peuples dispersés[8] sur les cinq continents.

« Le français est une langue à vocation[9] universelle, une langue « de gentillesse et d'honnêteté. » (Léopold Sédar Senghor, président de la République du Sénégal de 1960 à 1980)

A sa suite, plusieurs hommes politiques s'emparèrent[10] du terme et travaillèrent à la constitution d'une communauté francophone.
La véritable institutionnalisation de la francophonie appartient néanmoins[11] aux années 1980, avec la première conférence des chefs d'Etat et de gouvernement des pays ayant en commun l'usage du français, qui réunit à Paris, au mois de février 1986, les représentants d'une quarantaine de peuples.
Le mouvement est alors véritablement lancé[12], qui tend[13] à construire une « communauté solidaire » de peuples divers, différents par leurs situations politiques et économiques, et par leurs références culturelles, mais qui tous reconnaissent la pratique de la langue française, à la fois une et plurielle, et émancipée de son centre d'origine.
La francophonie ne saurait en conséquence apparaître comme une entreprise déguisée[14] de domination culturelle. Elle est au contraire un espace ouvert d'échanges et de discussion où pays du Sud et pays du Nord peuvent dialoguer et construire un avenir ouvert. La francophonie est aujourd'hui devenue un enjeu[15] de civilisation. (1)

La francophonie regroupe toutes les portions de la planète où le français est utilisé soit comme langue maternelle, soit comme langue familière[16]. La francophonie cesse là où le français est considéré comme une langue étrangère ordinaire, sinon il conviendrait d'y inclure[17] les millions de « parlant français » qui existent en Union soviétique, aux Etats-Unis, en Amérique du Sud, en Europe latine ou anglo-saxonne, etc.
Au sein[18] même de la francophonie stricto sensu[19], en dehors de la France, chaque pays ou presque maîtrise ou met en concurrence d'autres langues, les uns ayant vocation néanmoins à généraliser l'emploi du français (Afrique noire), d'autres s'en satisfaisant comme idiome[20] de travail (Maghreb), d'identité (Liban) ou d'élite (Egypte). (2)

Si le français est en baisse ou bien stagne dans un certain nombre de pays, il gagne du terrain[21] dans d'autres, notamment quand les dirigeants de certains Etats, pour des raisons politiques, ne souhaitent pas voir l'anglo-américain contribuer à l'extension exclusive[22] de la puissance politique, économique, commerciale des Etats-Unis. Sans avoir aujourd'hui le statut de première langue diplomatique qu'il eut autrefois, le français demeure[23] une langue internationale de culture et de communication de tout premier plan[24], toujours porteur, aux yeux de nombreux habitants de la planète, de connotations de démocratie et de liberté. (3)

1 *La francophonie de A à Z,* Ministère de la Francophonie, Paris 1990 ;
2 Jean-Pierre Péroncel-Hugoz, *Le Monde, Dossiers et documents*, septembre 1987 ;
3 *Le Monde, Dossiers et documents*, mars 2003 (textes abrégés).

1 **une plume** Feder – 2 **désigner** bezeichnen – 3 **toutefois** cependant – 4 **récent,e** ≠ vieux, ancien – 5 **accompagner** aller avec – 6 **L.S. Senghor** (1906–2001) poète et Président du Sénégal – 7 **un outil** Werkzeug – 8 **disperser** verstreuen – 9 **une vocation** Berufung, Bestimmung – 10 **s'emparer de qc** prendre qc (à qn) – 11 **néanmoins** cependant – 12 **lancer** mettre en marche (ankurbeln) – 13 **tendre à qc** avoir qc pour but – 14 **déguisé,e** qui a mis les vêtements de qn d'autre – 15 **un enjeu** Einsatz (beim Spiel) – 16 **familier, -ère** *ici:* couramment utilisé – 17 **inclure** einschließen (≠ exclure) – 18 **au sein de** au milieu de – 19 **stricto sensu** *lat.* au sens *étroit* (eng) – 20 **un idiome** une langue – 21 **gagner du terrain** avancer, progresser – 22 **exclusif, -ive** ausschließlich – 23 **demeurer** rester – 24 **de premier plan** de grande importance

Les « francophones »

On estime à 120-130 millions (2 % de la population mondiale) le nombre de francophones *réels*, c'est-à-dire les personnes qui ont le français comme langue maternelle et l'utilisent couramment. Les pays les plus « francophones » se trouvent en Europe (France, Belgique, Suisse), au Maghreb (Algérie, Maroc, Tunisie), en Afrique Noire (Côte d'Ivoire, Cameroun, Congo, etc.) et en Amérique du Nord (Canada).

Il existe aussi 60 millions de francophones *occasionnels*, dont l'usage du français est limité « par les circonstances[25] ou les capacités d'expression ».

En dehors de l' « espace francophone », il existe encore 100 millions de *francisants* (« parlant français ») qui n'utilisent le français que pour correspondre avec les francophones réels ou occasionnels[26].

(chiffres cités dans *Le Monde, Dossiers et documents*, mars 2003).

25 **une circonstance** Umstand – 26 **occasionnel,le** ≠ habituel.

Autour des textes

1 a) Comment la francophonie est-elle définie (L. 1–44) ? Qu'est-ce qui fait l'originalité de cette notion ?
b) Mettez en évidence les différentes « étapes » de la francophonie.

2 Quelles fonctions la langue française peut-elle avoir dans les différents pays de la francophonie ?

3 a) Expliquez pourquoi le français est « *porteur de connotations de démocratie et de liberté* » (L. 71–73).
b) Dans quelle mesure la francophonie est-elle « *un enjeu de civilisation* » (L. 44) pour les pays concernés ?

4 a) Pourquoi certains hommes d'Etats favorisent-ils le français par rapport à l'anglais ?
b) Que pensez-vous de cette attitude ?

- Internet – Retrouvez un ou plusieurs sites consacrés à la francophonie et recherchez-y tous les pays qui en font officiellement partie. Faites une liste par continent puis situez ces pays sur une carte du monde *(→ stratégies, p. 144)*.

3 Les Français et l'Afrique

a) Notez spontanément ce que les mots « Afrique » et « africain » évoquent pour vous. Faites une liste.
b) Mettez vos listes en commun puis essayez d'identifier l'origine de vos impressions sur l'Afrique.

En 2003, une enquête a été réalisée auprès des Français pour *Le Pèlerin Magazine* afin de savoir ce qu'ils pensaient de l'Afrique noire. Voici des extraits de cette enquête.

Parmi les qualificatifs suivants, quels sont ceux qui, selon vous, s'appliquent[1] le mieux à l'Afrique noire aujourd'hui ?	
Pauvre	76 %
Instable	52 %
Corrompue	39 %
Violente	32 %
Jeune	16 %
Diversifiée[2]	11 %
Solidaire	6 %
Dynamique	3 %
Sans opinion	4 %

Quels sont, selon vous, les principaux atouts[3] de l'Afrique noire aujourd'hui ?	
Ses matières premières[4]	42 %
La jeunesse de sa population	41 %
Son potentiel touristique	31 %
Ses traditions	31 %
L'émergence[5] d'une nouvelle élite intellectuelle et économique	12 %
Les organisations africaines internationales	11 %
Ses productions agricoles	11 %
Les nouvelles technologies (Internet, téléphonie mobile…)	4 %
Sans opinion	14 %

Que faudrait-il faire en priorité pour favoriser le développement de l'Afrique noire ?	
Favoriser l'éducation et la formation	63 %
Imposer une réelle politique de lutte contre le sida	50 %
Favoriser les régimes démocratiques	34 %
Accorder[6] une place plus importante aux femmes	32 %
Mettre en place un meilleur contrôle des naissances	32 %
Annuler[7] la dette[8] des pays africains	27 %
Prendre en charge le financement d'infrastructures (routes, hôpitaux…)	25 %
Inciter[9] à la création d'entreprises	25 %
Favoriser le financement de projets locaux	24 %
L'aider à maintenir[10] son identité	18 %
Stopper la fuite[11] des cerveaux[12]	13 %
Promouvoir les échanges culturels avec le Nord	10 %
Sans opinion	5 %

Le Pèlerin Magazine, mars 2003. Enquête réalisée auprès de 1000 personnes de 18 ans et plus à l'aide de listes de réponses possibles. Le total des pourcentages est supérieur à 100 en raison des réponses multiples.

Autour du texte

1 a) Quelle « image » de l'Afrique se dégage des réponses aux deux premières questions du sondage ?
b) Est-ce que ces réponses vous surprennent ou est-ce qu'elles correspondent à l'image que vous avez vous-même de ce continent ? Comment s'expliquent ces réponses ?

2 Parmi les propositions données en réponse à la troisième question du sondage, laquelle vous paraît, personnellement, la plus importante ? Dites pourquoi.

3 En petits groupes, choisissez une de ces propositions puis essayez de lui donner un contenu aussi concret que possible : Qui devrait prendre quelles mesures pour mettre en œuvre cette proposition ? Quels seraient les effets possibles de chacune de ces mesures (pour ceux qui en profitent et pour ceux qui la prennent) ?

---

1 **s'appliquer à** *ici:* correspondre à – 2 **diversifié,e** varié (→ divers) – 3 **un atout** Trumpf – 4 **les matières premières** Rohstoffe – 5 **l'émergence** *f.* l'apparition – 6 **accorder (qc à qn)** gewähren – 7 **annuler** *ici:* löschen (→ nul) – 8 **une dette** Schulden – 9 **inciter** encourager – 10 **maintenir** garder (behalten) – 11 **une fuite** → fuir, s'enfuir – 12 **un cerveau** Gehirn; *ici:* l'élite scientifique

4 Une œuvre missionnaire

1 Que savez-vous de la colonisation de l'Afrique ? Faites un « remue-méninges »…
2 a) Décrivez précisément l'illustration ci-dessous, parue en 1911 dans le *Petit Journal*.
Qui ou que représente le personnage central ?
b) En tenant compte du contexte historique, dites en quoi consiste le « message » du dessinateur.

L'ignorance des Français

Jean-Marie Teno, réalisateur[1] camerounais :
« *J'ai été surpris par le degré[2] d'ignorance du public français concernant tout un versant[3] de son histoire et souvent choqué par ce qui restait de la période coloniale dans l'esprit d'un trop grand nombre de personnes : une œuvre missionnaire pour sauver de l'obscurantisme[4] une partie de l'humanité. Ainsi, le discours[5] officiel de l'époque coloniale avait traversé les années sans prendre de rides[6] et surtout*

sans être mis à distance par un discours et une réflexion critiques. Des idées qui avaient cours[7] *aux XIX*e *et XX*e *siècles sur la hiérarchie des races et des cultures, celles-là mêmes qui justifiaient la domination coloniale par un devoir de « civiliser » l'autre, n'avaient donc pas disparu des esprits malgré toutes les déclarations de bonnes intentions et les manifestations*[8] *– parfois condescendantes*[9] *– de solidarité, qui s'expriment par ailleurs*[10]. » (1)

Prenez l'Afrique !

Victor Hugo, écrivain et homme politique français du XIXe siècle : « *La Méditerranée est un lac de civilisation ; ce n'est certes*[11] *pas pour rien que la Méditerranée a sur l'un de ses bords le vieil univers et sur l'autre l'univers ignoré*[12], *c'est-à-dire d'un côté toute la civilisation et de l'autre toute la barbarie. Le moment est venu de dire à ce groupe illustre*[13] *de nations : Unissez*[14]*-vous ! allez au Sud. Il est là, devant vous, ce bloc de sable et de cendre, ce monceau*[15] *inerte*[16] *et passif qui depuis six mille ans fait obstacle*[17] *à la marche universelle.*
Dieu offre l'Afrique à l'Europe. Prenez-la. Prenez-la, non pour le canon, mais pour la charrue[18] *; non pour le sabre*[19], *mais pour le commerce ; non pour la bataille, mais pour l'industrie ; non pour la conquête, mais pour la fraternité. Versez*[20] *votre trop-plein dans cette Afrique, et du même coup résolvez vos questions sociales, changez vos prolétaires en propriétaires. Allez, faites ! faites des routes, faites des ports, faites des villes ; croissez*[21], *cultivez, colonisez, multipliez.* » (2)

La traite[22] des Noirs

Le nombre total de captifs[23] envoyés de l'autre côté de l'Océan jusqu'à la suppression[24] de l'esclavage au XIXe siècle est toujours contesté[25]. On a parlé de 100 millions d'individus. Certains historiens ont estimé ce chiffre trop fort. Pour eux celui de 30 ou 40 millions est plus près de la vérité.
On a raconté maintes fois[26] le calvaire[27] qui fut celui des esclaves depuis le moment où ils étaient brutalement soustraits[28] à leur vie normale jusqu'à leur mort, violente ou non, après des années de travail écrasant[29] et de mauvais traitement.
Les Portugais et plus tard les autres esclavagistes ne se sont jamais « sali les mains ». Ils se contentaient de passer commande à leurs « fournisseurs[30] » africains qui devaient ensuite coûte que coûte[31] se procurer le quota indiqué. Si les Portugais s'étaient aperçus que la traite humaine était infiniment plus lucrative que les plantations de canne à sucre[32] ou de poivriers[33], plus intéressante même que le commerce, qu'ils avaient jusque-là entretenu avec les indigènes[34], les Africains, malheureusement, avaient vite fait le même calcul.
Jusque-là, les esclaves-captifs ne représentaient qu'une conséquence des conflits tribaux[35] qui éclataient. Désormais[36] ces conflits furent provoqués dans le but de se procurer des esclaves. Pour des hommes entraînés dès[37] l'enfance à affronter[38] la mort et à faire preuve de courage physique, la prise de captifs semblait un moyen facile de gagner sa vie, plus facile que travailler la terre, chasser l'éléphant ou chercher de l'or. Des populations jusque-là pacifiques[39] et vouées[40] à l'agriculture préférèrent délaisser[41] leurs champs pour traquer[42] leurs voisins ou même leurs frères. Ce « bétail[43] » rapportait gros[44], puisque l'on n'avait même pas besoin de le nourrir longtemps.
S'indigner[45] de ce raisonnement serait absurde : pour un Africain, l'esclavage n'avait rien de forcément bien terrible. Qui pouvait dire ce qui arriverait à ceux que l'on vendait aux Européens ? Personne ne revenait au village pour dire ce que devenait le « bois d'ébène[46] ». (3)

1 cité sur le site Internet des *Films du Raphia*, Issy-les-Moulineaux; 2 Discours prononcé le 18 mai 1879 pour commémorer l'abolition de l'esclavage ; 3 *Le Sénégal – Guide Nouvelles Frontières*, Editions du Jaguar, Paris 1989.

---

1 **un réalisateur** qn qui fait des films – 2 **un degré** *ici:* un niveau – 3 **un versant** *ici:* une grande partie – 4 l'**obscurantisme** *m.* ≠ Aufklärung – 5 **un discours** *ici:* des paroles – 6 **une ride** Falte; **ne pas prendre une ride** ne pas vieillir; *ici:* rester actuel – 7 **avoir cours** exister – 8 **une manifestation** *ici:* Bekundung – 9 **condescendant,e** herablassend (→ descendre) – 10 **par ailleurs** *ici:* dans d'autres occasions – 11 **certes** bien sûr – 12 **ignorer** *ici:* ≠ connaître – 13 **illustre** célèbre; *ici:* erlaucht – 14 **s'unir** *ici:* s'associer – 15 **un monceau** un *tas* (Haufen) – 16 **inerte** qui ne bouge pas – 17 **un obstacle** Hindernis – 18 **une charrue** Pflug – 19 **un sabre** Säbel – 20 **verser** *ici:* donner – 21 **croître** grandir, se développer (→ la croissance) – 22 **la traite** *ici:* le commerce des *esclaves* (Sklaven) – 23 **un captif** un prisonnier (Gefangener) – 24 **la suppression** le fait de *supprimer* (abschaffen) qc – 25 **contester** *ici:* mettre en doute – 26 **maintes fois** litt. souvent – 27 **le calvaire** *ici:* le fait de beaucoup souffrir – 28 **soustraire** (qn à qc) *ici:* entziehen – 29 **écrasant,e** *ici:* très dur – 30 **un fournisseur** Lieferant – 31 **coûte que coûte** absolument – 32 **la canne à sucre** Zuckerrohr – 33 **un poivrier** *ici:* Pfefferstrauch (→ le poivre) – 34 **un,e indigène** Eingeborene(r) – 35 **tribal,e** → une *tribu* (Stamm) – 36 **désormais** à partir de ce moment – 37 **dès** depuis – 38 **affronter qn/qc** faire face à qn/qc – 39 **pacifique** → la paix – 40 **se vouer à qc** sich etw. verschreiben – 41 **délaisser** abandonner – 42 **traquer** *ici:* chasser – 43 **le bétail** Vieh – 44 **rapporter gros** viel einbringen – 45 **s'indigner de** être scandalisé par – 46 **un ébène** un arbre au bois noir; **le bois d'ébène** *fam.* les esclaves noirs

Autour des textes

1 a) Globalement, qu'est-ce que le Camerounais Jean-Marie Teno reproche aux Français ?
   b) D'après lui, quel genre d'idées est encore trop présent dans la France (et l'Europe) d'aujourd'hui ?
2 a) Relevez les mots et expressions utilisés par Victor Hugo pour parler de l'Afrique. Que constatez-vous ? *(→ stratégies, p. 141).*
   b) D'après Victor Hugo, quelles relations l'Europe doit-elle établir avec l'Afrique? Par quels arguments justifie-t-il sa position ?
   c) En quoi ce texte est-il « typique » de l'esprit de l'époque ? Mettez le texte en rapport avec l'illustration de la p. 94, parue 32 ans plus tard.
3 a) A quoi servait principalement la traite des Noirs ?
   b) Quel y était le « rôle » des Africains ? Comment celui-ci s'est-il développé ?
   c) A la lumière de ce texte, que faut-il penser de l'image du « bon Noir » victime du « méchant Blanc » ?

- Internet – A l'aide d'un moteur de recherche français, consultez des sites qui parlent de la traite des Noirs.
   a) Retrouvez-y des informations sur l'histoire de ce phénomène, sur son fonctionnement et sur les principales régions africaines concernées *(→ stratégies, p. 144).*
   b) Présentez les informations que vous aurez trouvées sur les conséquences de la traite des Noirs (sur les plans démographique et économique, par exemple *(→ stratégies, p. 145).*

5 Les Français y a pas contents

1 Est-ce que vous êtes déjà allé en France ? Si oui, quelles réactions avez-vous pu observer de la part des Français face aux Allemands ou autres étrangers qui ne parlent pas parfaitement le français ?
2 Mettez le titre du texte en « bon » français. A votre avis, qui utilise un tel français ?

Dans un roman écrit alors que son pays était encore une colonie française, l'écrivain ivoirien Bernard Dadié se moque d'une certaine forme d'arrogance bien française.

Les inspecteurs, au cours de leurs multiples visites dans les écoles, ont souvent constaté les attitudes par trop[1] cavalières[2] des élèves à l'égard[3] de la langue de Vaugelas[4]. Rien n'est aussi douloureux que d'entendre mal parler une langue maternelle, une langue qu'on entend, qu'on apprend dès le berceau[5], une langue supérieure à toutes les autres, une langue qui est un peu soi-même, une langue toute chargée d'histoire.
A l'école, dans les rues, dans les casernes, dans les magasins, c'est le même massacre de la langue française. Il faut donc prendre le mal à son origine. Les nombreux rapports d'inspection avaient déjà souligné les déficiences[6] de l'enseignement du français dans les écoles primaires, les élèves ayant la fâcheuse[7] tendance de toujours se parler en dialecte, plutôt qu'en français.
Partout l'on entend « baragouiner[8] » une langue aussi subtile. Tout au long des relations avec des indigènes qui s'échelonnent[9] du boy à l'interprète, en passant par le cuisinier, l'ouvrier, le paysan, l'on n'entend que des énormités de ce genre :
« Moi y a dis, lui y a pas content. »
« Ma commandant, mon femme, ma fils. »
Quelle sanction prendre contre des individus qui jouent si légèrement avec une langue aussi riche, coulante[10] et diplomatique que la langue française ? Contre des individus qui s'entêtent[11] à ne jamais conjuguer les verbes au temps voulu, et refusent d'employer le genre consacré[13] ? Il fallait d'urgence trouver un remède[14], car nombreux étaient les Européens qui avaient fini par avoir les nerfs à fleur de peau[15], près, si près de la peau que les mains et les pieds, trop souvent, partaient[16]

---

1 **par trop** *litt.* vraiment trop – 2 **cavalier, -ière** sans respect – 3 **à l'égard de** face à, en ce qui concerne – 4 **Vaugelas** (1585–1650) grammairien français – 5 **un berceau** Wiege – 6 **une déficience** Schwäche – 7 **fâcheux, -euse** désagréable – 8 **baragouiner** *fam.* parler mal – 9 **s'échelonner de... à...** aller de... à... – 10 **une énormité** une faute énorme – 11 **coulant,e** fließend (→ couler) – 12 **s'entêter** beharren – 13 **consacré,e** *ici:* fixé par le bon usage – 14 **un remède** un médicament – 15 **avoir les nerfs à fleur de peau** être très nerveux – 16 **partir** *ici:* losgehen – 17 **le cafard** trübe Stimmung – 18 **la solitude** le fait d'être seul 19 **une précaution** une mesure de prudence – 20 **reculer** faire un pas en arrière – 21 **un bon augure** gutes Vorzeichen – 22 **en vouloir à qn** être fâché avec qn – 23 **hurler** crier très fort – 24 **la rancœur** Groll – 25 **proscrire qc** interdire qc

d'eux-mêmes. On mettait ces colères sur le compte du soleil, du cafard[17], de la solitude[18], du milieu. Mais que le responsable soit l'un ou l'autre, les coups allaient tellement vite que les gens en face de l'Européen ne se sentaient plus en sécurité. Aussi prenaient-ils la précaution[19] de reculer[20] à chaque avance du Blanc, l'avance d'un Européen vers un indigène, à cette époque héroïque des relations, n'étant pas toujours de bon augure[21]. Si l'Européen parlait bien sa langue, le Nègre ne comprenait pas. Le Nègre parlait mal un français que l'Européen ne comprenait pas. L'Européen essayait donc de baragouiner, à sa façon, son doux français que le Nègre encore ne comprenait pas. Alors énervé, s'en voulant[22] presque à lui-même d'avoir descendu sa langue du socle où l'ont mise les autres nations, il hurlait[23] : « Alors, vous ne comprendrez jamais le français ? »
Cette pénible situation ne pouvait vraiment pas durer. Elle n'amenait que des rancœurs[24] de part et d'autre. Aussi décida-t-on de proscrire[25] l'usage des dialectes dans les écoles primaires.

Bernard Dadié, *Climbié*, Ed. Seghers, Paris 1956 (texte abrégé).

Autour du texte

1 a) De quels « dialectes » est-il question aux lignes 16 et 56 ?
  b) En quoi l'usage de ce mot est-il typique d'un certain esprit colonisateur ?
2 Comment la langue française est-elle caractérisée dans ce texte ? Relevez tous les adjectifs et expressions qui la qualifient.
3 a) Relevez dans ce texte plusieurs passages ironiques.
  b) Formulez les critiques qui se cachent derrière cette ironie et dites à qui ces critiques s'adressent.
4 Décrivez le dessin ci-contre. Mettez-le en rapport avec le texte de Dadié puis dites en quoi consiste l'absurdité de la situation.

5 Que pensez-vous de la solution trouvée à la fin du texte sur le plan 1) de la *légitimité* et 2) de *l'efficacité* ?
6 Dans une quinzaine d'Etats africains, le français est encore langue officielle et langue d'enseignement, ce qui rappelle l'époque des colonies. D'après vous, comment s'explique que cette situation dure toujours ?

6 Sénégal : la famille d'abord

1 a) Dans les sociétés traditionnelles, quelles sont ou étaient les fonctions principales de la famille ?
  b) Pour vous, à quoi « sert » aujourd'hui la famille dans la société occidentale ?
2 Que savez-vous du Sénégal ? Faites un « remue-méninges ».

En Afrique, on se rend vite compte qu'il existe un équilibre. C'est un monde où chacun a un but et est fier de tenir sa place, de manière quasiment religieuse, pour assurer la cohésion de l'univers. Bien au-dessus des lois, la société africaine est régie[1] par une série de principes qui obligent chacun à tenir le rôle qui est le sien dans l'univers. Règle d'or : la communauté africaine est organisée pour éviter la solitude à l'individu.
L'Africain n'appartient pas vraiment à un pays mais à une ethnie[2] et surtout à un village. Toutes les grandes décisions sont prises par le chef de village ou le conseil des anciens[3] dont on respecte le savoir et la sagesse[4] liés à leur grand âge.

1 **régir** régler –2 **une ethnie** une communauté culturelle – 3 **le conseil des anciens** Ältestenrat – 4 **la sagesse** le bon sens

Chaque individu n'est que le maillon[5] d'une chaîne qui compose le village. Il n'est pas concevable[6] qu'il s'oppose à la décision du groupe. S'il le fait, il devient une branche[7] morte.

La grande famille est l'unité de base : elle regroupe les habitants d'une concession, c'est-à-dire de plusieurs petits bâtiments groupés autour d'une cour, comprenant une cuisine, une pièce[8] d'eau, des greniers[9], des autels[10] familiaux, l'abri des bêtes. Le chef de famille est le souverain[11] absolu. Il gère[12] le patrimoine[13], arbitre[14] les disputes familiales. Pour les cas extraordinaires, il réunit le conseil de famille qui, souvent, se contente d'entériner[15] ses décisions. L'homme le plus âgé de la maison, son frère cadet[16] ou son fils aîné[17], lui succédera[18] à sa mort. (1)

Comme sur le reste du continent, la famille reste le noyau[19] de la société sénégalaise. C'est grâce à cette famille que la population « tient le coup[20] » malgré la crise chronique que connaît le pays. Mais c'est aussi parfois à cause de ce lien pesant[21] que le pays éprouve[22] certaines difficultés.

Le problème saute tout de suite aux yeux de l'étranger. Les Sénégalais en ont conscience et tentent[23] petit à petit de le résoudre[24] : le travail, rare et presque introuvable en milieu urbain, est systématiquement donné aux parents[25] plus ou moins proches de la personne chargée de recruter[26]. Le problème est multiple : d'une part, le parent employé n'aura pas forcément[27] les qualités requises[28] pour cet emploi. S'ensuit[29] donc une multitude[30] d'erreurs commises par ces personnes non qualifiées. D'autre part, les études ne peuvent qu'être dévalorisées[31] par ce genre de recrutement familial : *« Pourquoi étudier puisque mes relations familiales ne me permettront pas d'avoir un emploi correspondant à ma qualification ? »* Et inversement[32] : « *Pourquoi étudier puisque de toute façon mon oncle bien placé dans l'entreprise X me fournira[33] un emploi ?* ». Le résultat de cette préférence familiale fait que les familles riches ont tendance à s'enrichir grâce à la multiplicité des emplois et que les plus pauvres stagnent dans leur misère. On se souviendra de cette annonce nécrologique[34] sur une radio nationale concernant un cadre d'Air Afrique : « *Mme Fatou X, sa tante, gestionnaire[35] à Air Afrique, Mr Hassan X, son frère, contrôleur aérien[36] à Air Afrique, Mr Mamadou X, son frère, agent d'entretien[37] à Air Afrique, etc... ont la douleur[38] de vous annoncer etc...* ». On comprend désormais mieux la faillite[39] de cette compagnie aérienne bananière où le recrutement familial était la règle et où la moitié des passagers voyageaient avec les billets gratuits réservés au personnel et à leurs familles.

En milieu rural, tout le monde est agriculteur et personne ne chôme vraiment. La solidarité familiale se manifeste également en cas de problème. Jamais un Sénégalais ne sera démuni[40] face à une perte d'emploi ou au décès[41] d'un proche[42]. Il y aura toujours un lit, toujours une assiette pour un frère, un neveu, un grand-père ou un arrière-petit-cousin dans l'embarras[43]. C'est même un devoir d'aider cette personne, au risque, si on ne le fait pas, de passer dans le village pour une famille indigne[44]. La majorité des Sénégalais étant dans « l'embarras » on comprend mieux pourquoi une personne qui travaille en peut en avoir vingt autres à sa charge[45] ! Ce besoin de « bien paraître » aide également à comprendre pourquoi lorsqu'un membre de la famille fait un acte condamnable[46] par les traditions, c'est sur tous les parents que rejaillissent[47] la honte et l'opprobre[48], sur plusieurs générations. (2)

1 Pierre Josse et al, *Le guide du routard – Afrique Noire*, Hachette 1994 (texte abrégé) ;
2 Christian Costeaux, Senegalaisement.com, 2003.

5 **un maillon (de chaîne)** Glied einer Kette – 6 **concevable** pensable – 7 **une branche** Ast – 8 **une pièce** *ici:* une réserve – 9 **un grenier** Getreidespeicher – 10 **un autel** Altar – 11 **un souverain** Herrscher – 12 **gérer** administrer – 13 **le patrimoine** (Familien)Erbe – 14 **arbitrer** schlichten – 15 **entériner** approuver – 16 **cadet,te** plus jeune – 17 **aîné,e** le plus vieux – 18 **succéder** nachfolgen – 19 **le noyau** Kern; *ici:* le centre – 20 **tenir le coup** durchhalten – 21 **pesant,e** lourd – 22 **éprouver** *ici:* avoir – 23 **tenter** essayer – 24 **résoudre qc** trouver la solution de qc – 25 **les parents** *m, ici:* Verwandten – 26 **recruter** einstellen (→ le recrutement) – 27 **forcément** automatiquement – 28 **requis,e** demandé – 29 **(il) s'ensuit...** cela a pour résultat – 30 **une multitude** un grand nombre – 31 **être dévalorisé,e** perdre sa valeur – 32 **inversement** umgekehrt – 33 **fournir** *ici:* donner – 34 **une annonce nécrologique** Todesanzeige – 35 **un,e gestionnaire** un,e administrateur – 36 **un contrôleur aérien** Fluglotse – 37 **un agent d'entretien** Reinigungskraft – 38 **la douleur** → douloureux – 39 **la faillite** Konkurs – 40 **démuni,e** *ici:* seul et sans aide – 41 **le décès** la mort – 42 **un proche** *ici:* qn de la famille – 43 **dans l'embarras** *(m)* dans une situation difficile – 44 **indigne** ≠ respectable – 45 **avoir qn à sa charge** für jdn sorgen müssen – 46 **condamnable** verwerflich (→ condamner) – 47 **rejaillir** *ici:* retomber – 48 **l'opprobre** *m* Schmach, Schande

République du Sénégal

196 722 km², environ 11 millions d'habitants
Indépendante depuis 1960. Capitale : Dakar
Langue officielle : le français.
Autres langues : surtout le Wolof (parlé par 80 % des Sénégalais)
Taux d'alphabétisation des adultes : 37,3 %
Religion : musulmans (84 %), chrétiens (6 %), religions tribales (7 %)
PNB *(Bruttosozialprodukt)* : 520 USD par habitant.
Ressources : agriculture, huile, pêche, phosphate, produits pétroliers

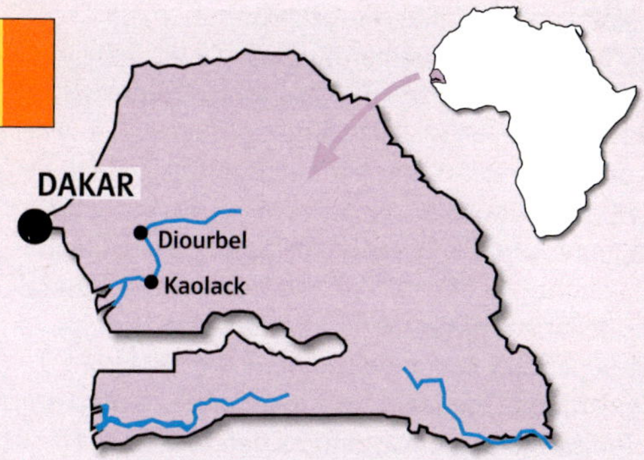

Autour du texte

1 a) Retrouvez, dans la première partie du texte (L. 1–30), les principes de base de la société africaine (formulez-les aussi simplement que possible).
b) Reconstituez la « hiérarchie sociale » de la société africaine. Qui sont les « décideurs » ?
2 a) D'après vous, comment se définit une ethnie ?
b) Expliquez pourquoi l'Africain *« n'appartient pas vraiment à un pays »* (L. 10).
3 Comment la famille africaine est-elle définie dans l'espace ?
4 Pourquoi peut-on dire que la famille est, au Sénégal, une sorte de système de protection sociale ? (Voir en particulier les indications données sur le milieu rural, L. 70–fin.)
5 a) En milieu urbain (L. 37–69), ce système a cependant des effets pervers : dites lesquels et expliquez pourquoi ils sont dangereux pour l'économie du pays.
b) En quoi l'exemple d'Air Afrique (L. 60–69) illustre-t-il bien cette perversion du système ?

• Internet – Choisissez un des pays européens qui ont à peu près la même superficie que le Sénégal et recherchez sur Internet des indications sur sa population, ses ressources, son PNB, etc. Comparez ces informations à celles qui sont données sur le Sénégal, dans la case-info, et dites en quoi consistent les différences principales *(→ stratégies, p. 144).*

7 Magique France...

1 Si vous pouviez ramener de France un objet de votre choix (et un seul !), qu'est-ce que vous prendriez ? En une seule phrase, justifiez votre choix.
2 A votre avis, qu'est-ce qui, pour un Africain, pourrait être « magique » en France ?

L'homme de Barbès, arrivé la veille au soir, avait attendu le milieu de l'après-midi pour défaire[1] ses valises. D'une de ses malles[2] magiques il avait sorti cet appareil étonnant, devant les yeux ronds de ses quatre épouses flanquées[3] de bambins[4] qu'il ne connaissait que de nom. La nouvelle se répandit[5] comme une traînée de poudre[6] et les enfants ne furent pas les derniers à accourir[7]. Pour la première fois de leur vie, la majorité des habitants pouvait expérimenter cette chose étrange dont ils avaient déjà entendu parler : voir les Blancs parler, chanter, danser, manger, s'embrasser, s'engueuler[8], bref, voir des Blancs vivre pour de vrai, là, dans la boîte, juste derrière la vitre. Le spectacle se prolongea[9] jusque tard dans la soirée. Quel ne fut pas[10] leur étonnement lorsqu'ils virent un de leurs compatriotes[11] donner des nouvelles du pays et de l'étranger avec des images à l'appui[12] ! Ainsi, les Noirs aussi savaient se servir de la magie des Blancs ! La seule déception[13], car il y en avait une,

---

1 **défaire** *ici:* ouvrir – 2 **une malle** une grosse valise – 3 **flanqué,e de** *ici:* accompagné par – 4 **un bambin** *fam.* un bébé – 5 **se répandre** sich verbreiten – 6 **comme une traînée de poudre** in Windeseile – 7 **accourir** arriver en courant – 8 **s'engueuler** *fam.* se disputer – 9 **se prolonger** durer (→ long) – 10 **quel,le ne fut pas . . . !** wie war dann . . . ! – 11 **un,e compatriote** Landsmann – 12 **avec (qc) à l'appui** *(m)* mit Hilfe von – 13 **une déception** Enttäuschung

c'était l'impossibilité de comprendre, malgré son jeu de mains, ce que baragouinait le journaliste. Des regards interrogateurs se tournèrent vers Ndogou ; renvoyée du collège pour redoublements[14] fréquents, elle était revenue au village et ne travaillait pas encore au télécentre, inexistant à l'époque. Alors elle faisait la traductrice : « L'avion présidentiel a décollé[15] de l'aéroport international de Dakar, ce matin à 8 heures. En effet, le Père-de-la-nation[16], accompagné de notre aimable ministre de l'Equipement[17], inaugure[18] aujourd'hui, à Tambacounda, une pompe à eau offerte par nos amis les Japonais. En fin de journée, Son Excellence, monsieur le Premier ministre, s'est rendu au port autonome de Dakar pour réceptionner[19] un cargo[20] de riz offert par la France, afin de secourir les populations de l'intérieur du pays touchées par la sécheresse. La France, un grand pays ami de longue date, fait savoir, par la voix de son ministre des Affaires étrangères, qu'elle s'apprête[21] à reconsidérer prochainement la dette du Sénégal. Santé maintenant : notre ministre de la Santé note une nette[22] recrudescence[23] du paludisme[24] avec l'arrivée des premières pluies. Des équipes de médecins stagiaires[25], appelés familièrement médecins de brousse[26], seront envoyées prochainement dans les zones rurales. Enfin, pour terminer ce journal, sachez que nos braves Sénefs (Sportifs nationaux évoluant en France) s'illustrent[27] de plus en plus dans le tournoi[28] des clubs français, comme le démontrent ces quelques images de nos confrères[29] de France 2. Selon le ministre de la Jeunesse et des Sports, ils devraient bientôt revenir au pays pour s'entraîner avec les autres joueurs de l'équipe nationale, en vue de la Coupe d'Afrique des Nations. Mesdames, mesdemoiselles, messieurs, bonsoir. »
L'interprète n'eut pas besoin de traduire cette dernière phrase : tout le monde se fendit[30] d'un ample[31] « Bonsoir », une vieille dame fit même un signe de la main au journaliste, dont l'image resta un instant déformée et tremblotante[32].
Au bout de quelques semaines, chacun s'était fait une idée des programmes télévisuels et venait en fonction de ses centres d'intérêt. [...]
Petit à petit, la fièvre du foot avait saisi[33] tous les adolescents du village. Selon les affinités, ils constituèrent des équipes auxquelles ils restèrent fidèles durant toute leur jeunesse. Celles-ci portaient des noms de clubs français, chaque enfant s'y faisait appeler du nom de son héros favori[34]. Sur les terrains sableux, délimités par quatre bouts[35] de bois ramassés à la hâte[36] pour faire des buts, on pouvait donc voir le Paris-Saint-Germain affronter[37] Marseille, ou Nantes écraser[38] Lens, quand Sochaux ne peinait[39] pas contre Strasbourg. Pourtant, la télévision montrait aussi d'autres grands clubs occidentaux. Mais rien à faire. Après la colonisation historiquement reconnue, règne[40] maintenant une sorte de colonisation mentale : les jeunes joueurs vénéraient[41] et vénèrent encore la France. A leurs yeux, tout ce qui est enviable vient de France.
Tenez, par exemple, la seule télévision qui leur permet de voir les matchs, elle vient de France. Son propriétaire, devenu un notable[42] au village, a vécu en France. L'instituteur, très savant[43], a fait une partie de ses études en France. Tous ceux qui occupent des postes importants au pays ont étudié en France. Les femmes de nos présidents successifs[44] sont toutes françaises. Pour gagner les élections, le Père-de-la-nation gagne[45] d'abord la France. Les quelques joueurs sénégalais riches et célèbres jouent en France. Pour entraîner l'équipe nationale, on a toujours été chercher un Français. Même notre ex-président, pour vivre plus longtemps, s'était octroyé[46] une retraite[47] française. Alors, sur l'île, même si on ne sait pas distinguer[48], sur une carte, la France du Pérou, on sait en revanche qu'elle rime franchement[49] avec chance.

Fatou Diome, *Le ventre de l'Atlantique*, Editions Anne Carrière, Paris 2003.

14 **un redoublement** → *redoubler* (sitzen bleiben) – 15 **décoller** s'envoler – 16 **le Père-de-la-Nation** le Président L. S. Senghor – 17 **l'équipement** *m* *ici:* l'industrie – 18 **inaugurer** einweihen – 19 **réceptionner** recevoir – 20 **un cargo** Frachter – 21 **s'apprêter** se préparer – 22 **net,te** *ici:* fort – 23 **une recrudescence** Verschlimmerung – 24 **le paludisme** la malaria – 25 **(un) stagiaire** (qn) qui fait un *stage* (Praktikum) – 26 **la brousse** Busch – 27 **s'illustrer** sich auszeichnen – 28 **un tournoi** un championnat – 29 **un confrère** un collègue – 30 **se fendre de qc** *fam.* etw. herausrücken – 31 **ample** très large – 32 **tremblotant,e** zitterig (→ trembler) – 33 **saisir** erfassen – 34 **favori, -ite** préféré – 35 **un bout** *ici:* un morceau – 36 **à la hâte** rapidement – 37 **affronter** *ici:* jouer contre – 38 **écraser qn** *ici:* gagner largement contre qn – 39 **peiner** avoir des difficultés – 40 **régner** herrschen – 41 **vénérer** adorer – 42 **un notable** une personne « importante » – 43 **savant,e** ≠ ignorant – 44 **successifs, -ives** qui se suivent (→ succéder) – 45 **gagner (un endroit)** y aller – 46 **s'octroyer qc** sich etwas bewilligen – 47 **une retraite** 1. Rente 2. Unterschlupf – 48 **distinguer X de Y** faire une différence entre X et Y – 49 **franchement** *ici:* vraiment

Autour du texte

1 Dites aussi précisément que possible où et à quelle époque se passe l'histoire racontée par Fatou Diome.
2 a) Pourquoi le propriétaire de la télévision est-il appelé « l'homme de Barbès ». *(Voir la fin du texte 3, p. 7.)*
b) Qu'apprend-on sur sa situation familiale ? Qu'est-ce que cela implique ?
c) A votre avis, pour quelles raisons est-il « devenu un notable » (L. 86) ?
3 Pourquoi la télé fascine-t-elle tant les gens du village ? Quel genre d'émissions y voit-on ?
4 a) Pourquoi les villageois ne comprennent-ils pas ce que dit le journaliste de la télé (L. 20–22) ?
b) Comment s'explique que Ndogou, qui était une « mauvaise élève », est la seule à pouvoir traduire ?
5 Relisez le début de la traduction de Ndogou (jusqu'à la ligne 47).
a) Dites en quoi consistent les « bonnes nouvelles » du pays et ce qu'elles ont en commun.
b) Qu'est-ce qui permet de penser que la télévision sénégalaise n'est pas toujours neutre et objective ?
6 a) En quoi consiste la nouvelle « colonisation mentale » du pays, d'après l'auteur (L. 80) ?
b) Dites dans quelle mesure les exemples donnés aux L. 84–97 permettent aux villageois de croire que *« France rime avec chance »*.
7 Résumez ce texte *(→ stratégies, p. 139)*.

pour 1000 habitants	Sénégal	France
postes de télévision	45	600
postes de radio	140	950

(Encarta 2001)

8 Cameroun : une mixité réussie

a) Qu'est-ce que les mots « mixte » et « mixité » évoquent pour vous ?
b) D'après vous, de quoi va-t-il être question dans ce texte ?

Situé au carrefour des mondes bantous et islamisés, le Cameroun présente une mosaïque ethnique et culturelle impressionnante. Les 212 ethnies qui composent une population dépassant aujourd'hui les 10 millions d'habitants continuent à véhiculer[1] leur langue, leurs coutumes[2] et croyances[3] traditionnelles. (1)

« *Je vais me marier avec une fille du Sud.* » Daouda, chauffeur de la compagnie Limousine et originaire du Nord, a immédiatement plu à la secrétaire du Directeur, une matrone du Sud. Ce grand garçon souriant, gentil, ne buvant ni ne fumant, avait tout pour plaire à sa petite nièce. La marieuse[4] n'a pas hésité, tout comme Daouda, ému[5] par le visage de sa promise[6] découvert sur une photographie. Il devra toutefois patienter[7] : La famille de la future épouse pense que tous les gens du Nord sont riches et qu'il suffira aux parents de leur futur gendre[8] de vendre quelques têtes de bétail pour payer la dot[9] exagérée qu'ils réclament. De longues négociations[10] vont s'engager[11] …
Au Cameroun le mariage mixte est une réalité bien ancrée[12] et la religion ne pose aucun problème, « *chacun continue à pratiquer la sienne* », explique Daouda, inconscient des questionnements que les mêmes situations provoquent en Europe. Ici, la mixité est tranquille, fruit[13] d'une tolérance dont la population n'a même pas le sentiment de faire preuve[14].
Au Cameroun, les différences culturelles sont devenues une richesse, non une source[15] de dispute. Comment d'ailleurs un petit pays comme le Cameroun aurait-il pu accoucher[16] d'une équipe de football mythique[17], s'il avait, comme tant d'autres, fondé sa sélection sur des considérations politico-éthniques plus que sur le talent éprouvé[18] ? Les Lions Indomptables[19] ne sont pas des déclencheurs[20] d'unité nationale, ils sont le fruit de cette unité, une récompense.
La population camerounaise est le véritable avenir du pays. C'est elle qui a su surmonter[21] les diffi-

1 **véhiculer** transporter; *ici:* pratiquer – 2 **une coutume** une tradition – 3 **une croyance** →croire – 4 **une marieuse** une femme qui arrange des mariages – 5 **ému,e** bewegt; *ici:* angetan – 6 **la promise** la future mariée (→ promettre) – 7 **patienter** attendre – 8 **le gendre (de qn)** le mari de sa fille – 9 **la dot** Mitgift – 10 **une négociation** Verhandlung – 11 **s'engager** *ici:* commencer – 12 **bien ancré,e** *ici:* qui a une longue tradition – 13 **le fruit (de qc)** *ici:* le résultat – 14 **faire preuve de qc** montrer qc – 15 **une source** Quelle; *ici:* une cause – 16 **accoucher de** mettre au monde, *ici:* créer – 17 **mythique** extraordinaire – 18 **éprouvé,e** → prouver – 19 **indomptable** unzähmbar – 20 **un déclencheur** Auslöser – 21 **surmonter** überwinden

cultés économiques en se mettant au travail. Elle a appris tout ce qui est nécessaire pour réussir, notamment la vente où ses nationaux sont passés maîtres[22]. Elle a retenu de ses ethnies les plus douées[23] à l'origine, le sens de l'épargne[24], et des ethnies les plus aventureuses, le goût du risque. Demain, nul doute[25] que le pays s'adonnera[26] au tourisme, fort[27] de son bilinguisme et de ses richesses culturelles. Le gouvernement cible[28] 500 000 touristes à l'horizon 2010, un objectif[29] largement à la portée[30] d'un pays qui offre aussi bien du tourisme animalier que balnéaire[31], de l'écotourisme, du tourisme culturel jusqu'au tourisme de montagne ! Et qui en matière[32] de confort et de qualité de vie vaut incontestablement[33] bien des pays subsahariens[34] plus visités.
L'avenir du Cameroun est incontestablement riche de promesses. (2)

1 *Le guide du routard – Afrique Noire*, Hachette 1994 (texte abrégé) ; 2 © 2002 Cabinet Civil – PRC

République du Cameroun

475 442 km², environ 18 millions d'habitants
Indépendante depuis 1960.
Capitale : Yaoundé (capitale économique : Douala)
Langues officielles : français (80 %) et anglais
Autres langues : plus de 200 langues locales
Taux d'alphabétisation des adultes : 76%
Religion : chrétiens (selon les sources : 35 à 50 %), musulmans (20 %), religions tribales
PNB : 610 USD par habitant.
Ressources : agriculture, élevage, pêche, caoutchouc, bois, pétrole, gaz, minerais divers

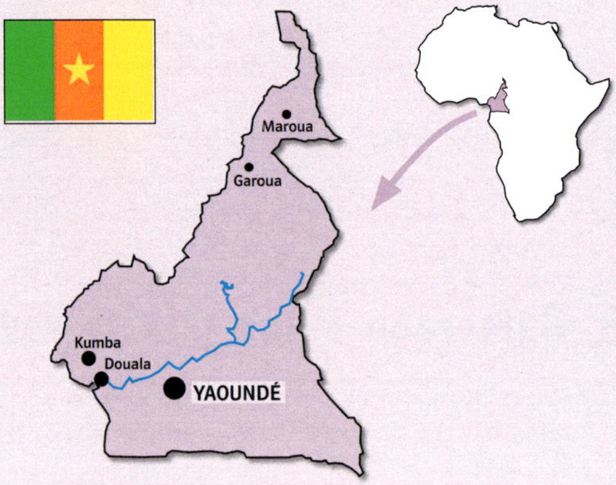

Autour du texte

1 A partir de l'exemple de Daouda, expliquez comment se décident les mariages au Cameroun (et dans beaucoup d'autres pays africains).
2 a) A votre avis, pourquoi la religion ne semble-t-elle pas poser de problème au Cameroun ?
b) Concrètement, à quoi le texte fait-il allusion aux lignes 18–19 ?
3 a) D'après ce texte, d'où vient la richesse principale du Cameroun ? Dans quelle mesure une « mixité réussie » est-elle un avantage pour le développement du pays ?
b) En quoi l'équipe de football du Cameroun illustre-t-elle bien cet avantage ?
4 Quel intérêt un Etat tel que le Cameroun a-t-il à garder comme langues nationales celles des anciens pays colonisateurs ?
5 a) Etes-vous tout à fait convaincu par la dernière phrase du texte ? Dites pourquoi ou pourquoi pas.
b) A votre avis, quelle est la fonction principale de ce texte sur le Cameroun ? Qu'est-ce qui permet de le constater ? (Donnez des exemples).

Au-delà du texte

- Internet – Recherchez sur Internet quelques sites qui parlent de l'histoire du Cameroun, entre autres de la période coloniale allemande *(→ stratégies, p. 144)*. Présentez le résultat de vos recherches sous forme de tableau.
- Internet – A l'aide d'Internet, d'une encyclopédie ou d'un atlas historique, faites la liste de tous les Etats africains (avec leur nom actuel) qui, dans le passé, ont fait partie des colonies françaises d'Afrique.
- Discussion – Le tourisme est-il vraiment une chance ou peut-il aussi être un danger pour les pays en voie de développement tels que le Cameroun ? Organisez un débat autour de cette question.

22 **passer maître** devenir excellent – 23 **doué,e** begabt – 24 **l'épargne** *f* le fait de faire des économies (≠ le gaspillage) – 25 **nul doute que** il est certain que – 26 **s'adonner à qc** sich etw. widmen – 27 **fort de qc** avec qc comme avantage – 28 **cibler qc** (se) fixer qc comme but – 29 **un objectif** un but – 30 **à la portée** in Reichweite – 31 **balnéaire** qui concerne la mer et les plages – 32 **en matière de** en ce qui concerne –33 **incontestable** certain (→ contester) – 34 **subsaharien,ne** au sud du Sahara

9 Culture et camembert

En petits groupes, retrouvez le plus d'*objets* possibles qui, à vos yeux, symbolisent ou représentent…
a) la culture allemande ; b) la culture française ; c) les cultures africaines. (Faites trois listes.)

La scène suivante se passe à Yaoundé, au Cameroun. Les Atangana sont un couple « moderne », dont la femme, Colette, pratique un mode de vie « à la française ». Leur fils Jean-Pierre, 10 ans, parle d'ailleurs comme « un vrai petit Parisien »…

Colette. C'est vrai que tu refuses de manger ton camembert, chéri ?

Jean-Pierre. J'aime pas le camembert !

Colette. La question n'est pas là ! Il ne s'agit pas d'aimer le camembert : il s'agit de le manger comme un bon petit garçon ! *(L'entraînant*[1] *de force vers la table)* Viens !

Jean-Pierre, *qui commence à pleurer.* J'aime pas le camembert !

Colette, *tendre*[2] *mais ferme*[3]*, le faisant asseoir.* Il faut le manger, chéri ! Apprends à manger le camembert pendant que tu es encore jeune ! C'est comme cela qu'on acquiert[4] du goût !… Onambelé !

Onambelé, *se précipitant.* Madame ?

Colette. Apporte-nous un couvert[5] ! Apporte aussi la bouteille de Châteauneuf-du-Pape[6] que nous avons entamée[7] ! (*Onambelé obéit.*)

Jean-Pierre, *pleurant toujours.* J'veux pas manger de camembert !

Colette, *toujours tendre et ferme.* Il faut vouloir le manger, chéri ! C'est la culture !

Jean-Pierre, *têtu*[8]. J'veux pas manger de culture ! (*Tous les grands éclatent de rire. Puis Colette dit, pensive*)

Colette. Dis donc, Charlotte ! Pourquoi est-ce qu'il n'a pas de goût, cet enfant ? Dieu sait pourtant que je fais de mon mieux pour lui apprendre à vivre ! Le chauffeur va le déposer à l'école urbaine chaque matin pour éviter que les autres enfants ne lui parlent en langue vernaculaire[9]. J'ai déjà renvoyé trois ou quatre maîtres d'hôtel[10] parce qu'ils lui servaient des mangues[11], des ananas et d'autres fruits du pays au lieu de ne lui donner que des produits importés d'Europe, ou, à la rigueur[12], des fruits africains mis en conserve en Europe, et réimportés. Je ne l'autorise presque jamais à aller rendre visite à la famille de son père, parce que les gens de la brousse ne boivent que de l'eau non filtrée. D'ailleurs, j'ai horreur des moustiques. Enfin, je fais tout ce qu'une Africaine moderne devrait faire pour éduquer son enfant, et il refuse de manger du camembert ! (*un soupir.*) Écoute, mon chéri ! Tu vas manger ton camembert !

Jean-Pierre, *criant.* Mais puisque je te dis que j'aime pas le camembert !

Colette, *doucement.* Je te répète qu'on ne te demande pas de l'aimer ! On te demande de le manger !… Comme ceci, regarde ! (*Elle prend un peu de camembert et de pain, et commence à le manger.*) Je le mange ! Je le… (*Elle s'étrangle*[13] *un peu, et dit.)* Zut !… Donne-moi un verre de vin, Onambelé ! (*Onambelé se hâte*[14] *d'obéir. Colette boit le vin et dit, après avoir un peu toussé*[15]*.*) Tu as vu ? (*Une autre gorgée*[16] *de vin, et elle ajoute.*) Tu crois que j'aime le camembert, moi ?

Jean-Pierre, *ingénument*[17]. Pourquoi tu le manges alors ?

Guillaume Oyono-Mbia, *Notre fille ne se mariera pas*, Editions Clé, Yaoundé 1971.

Autour du texte

1 Formulez en quelques phrases le contenu de cette scène.
2 Quelle est « l'importance » du camembert dans ce texte ?
3 En quoi la fin de la scène est-elle amusante ? Répondez à la question posée par Jean-Pierre à la fin du texte.
4 a) Relevez tous les détails qui montrent que l'auteur se moque du personnage de Colette.
  b) A votre avis, l'auteur Oyono-Mbia est-il contre le progrès ou contre la culture française ? Qui ou qu'est-ce qu'il critique, à travers ce texte ? *(→ stratégies, p. 142).*
5 Imposer sa (ou une) culture aux autres : Par quels arguments (bons ou mauvais) peut-on justifier ou condamner cet acte ? (Pensez aussi aux familles d'immigrés qui vivent en France ou en Allemagne.)

---

1 **entraîner** *ici:* tirer – 2 **tendre** zärtlich – 3 **ferme** décidé – 4 **acquérir** erwerben – 5 **un couvert** Gedeck – 6 **le Châteauneuf-du-Pape** un vin rouge – 7 **entamer** commencer (à boire) – 8 **têtu,e** störrisch – 9 **une langue vernaculaire** un dialecte – 10 **un maître d'hôtel** *ici:* Hausdiener – 11 **une mangue** Mango – 12 **à la rigueur** à la limite – 13 **s'étrangler** *ici:* sich verschlucken – 14 **se hâter** se dépêcher – 15 **tousser** husten – 16 **une gorgée** Schluck – 17 **ingénu,e** innocent (treuherzig)

10 Une parodie de modernité

1 Faites un « remue-méninges » : Quels objets, notions ou comportements sont, pour vous, « modernes » ?
2 Essayez de définir le concept de « modernité ».

Le Camerounais Jean-Marie Teno est considéré comme l'un des meilleurs réalisateurs du continent africain. Dans l'un de ses derniers films, un documentaire intitulé *Vacances au pays* (2001), il veut montrer que la « modernité » n'a rien apporté à l'Afrique, sinon[1] le désordre.

En 1998, le réalisateur camerounais Jean-Marie Teno revient dans son pays. A Yaoundé, il revoit son lycée qu'il a intégré[2] dans les années soixante, à 11 ans, débarqué[3] d'un petit village de l'Ouest du Cameroun. Le lycée Général-Leclerc est alors l'établissement scolaire le plus prestigieux[4] du pays et dispense[5] un enseignement de choix[6] : un enseignement français, donc universel, donc moderne. Le ton du documentaire est donné : ironique, voire[7] cynique.
Que reste-t-il du lycée Leclerc aujourd'hui ? Des ruines. Que reste-t-il de la modernité promise ? C'est la réponse à cette question qu'est venu chercher le réalisateur. « *Yaoundé a changé et moi aussi* », dit-il en voix off. « *Dans les années soixante, vivre dans le béton était le comble*[8] *de la modernité mais aujourd'hui, Yaoundé ne ressemble toujours pas à Manhattan* », constate-t-il. De Yaoundé, il refait le voyage qui le menait jadis[9] dans son village afin d'y passer les grandes vacances. En chemin, le constat est partout le même : la quête[10] de la modernité n'a fait que dénaturer[11] la société camerounaise. « *L'eau courante et la santé pour tous en l'an 2000 devient l'eau courante et la santé pour tous en l'an 3000.* » Symptomatique de ce que Teno appelle la « modernité tropicale » : la ville d'Ebebda. Depuis qu'un pont la dessert[12], Ebebda se voit comme une ville « futuriste » dont « *l'emplacement*[13] *géostratégique n'est plus à démontrer*[14] », affirme le préfet en place, obligé d'admettre que sa ville n'a pas l'eau courante...
Teno dénonce la vanité[15] des uns et l'aveuglement[16] des autres, tout en captant[17] avec tendresse et mélancolie les voix des anciens et leur égarement[18] au sein de cette modernité inadaptée[19]. « *L'école nous a appris à mépriser*[20] *les symboles de notre culture, à mépriser la parole de nos grands-parents* », regrette-t-il. Sur fond d'enseignes[21] Coca-Cola (« *La publicité, déesse*[22] *des temps modernes* ») et sur quelques notes de jazz, Jean-Marie Teno nous emmène au cœur de son Cameroun, les yeux grand ouverts et la caméra qui veille[23]. (1)

JEAN-MARIE TENO : *Vacances au pays* est une lecture de mon histoire et une lecture de l'Histoire. Disons qu'avec le temps on s'aperçoit que les choses ne changent pas. On a encore l'impression que le modèle occidental est perçu[24] comme la modernité même et que tout ce qui relève[25] du local, de la localité, n'est qu'archaïsme. Cette impression est plus flagrante[26] encore dans le rapport, en Afrique, entre village et ville. La ville est le lieu de la modernité, aussi décadente soit-

1 **sinon** außer – 2 **intégrer qc** *ici:* entrer dans qc – 3 **débarquer** *ici:* arriver – 4 **prestigieux, -euse** renommé (→ le prestige) – 5 **dispenser** *ici:* donner – 6 **de choix** excellent – 7 **voire** ou même – 8 **le comble** le maximum, le mieux – 9 **jadis** autrefois – 10 **la quête** la recherche – 11 **dénaturer qc** lui faire perdre sa nature – 12 **desservir...** *ici:* zu ... hinführen – 13 **un emplacement** Lage (→ une place) – 14 **démontrer** prouver – 15 **la vanité** Eitelkeit – 16 **l'aveuglement** *m* Blindheit – 17 **capter** *ici:* aufnehmen – 18 **l'égarement** *m* Entfremdung (→ s'égarer) – 19 **inadapté,e** inadäquat – 20 **mépriser** ≠ respecter – 21 **une enseigne** (Werbe)Schild – 22 **une déesse** Göttin – 23 **veiller** ≠ dormir; *ici:* faire attention – 24 **percevoir** wahrnehmen – 25 **relever de** faire partie du domaine de – 26 **flagrant,e** évident

elle ; le village, celui d'un monde ancien, progressivement[27] détruit, et à détruire. Certains, au Cameroun, détournent[28] les valeurs et les choses fortes de notre culture. C'est dommage.
Depuis un certain temps, on nous parle de développement et de pays en voie de développement. Mais aucun pays africain ne s'est véritablement[29] développé. Ce concept du développement est illusoire[30]. C'est une nouvelle forme de dépendance. Vis-à-vis de ceux qui sont censés[31] nous aider à n'être justement[32] plus dépendants. La réalité est toute autre. Il s'agit désormais de lutter contre la pauvreté. Et la devise « pour le développement » s'est finalement transformée en une autre formule : « contre la pauvreté ». Car il s'agit aujourd'hui de ne pas mourir de faim. Car, je vous le demande, de quoi profitent les gens sur place ? Les populations ne voient pas leur vie s'améliorer, à la différence de celle des politiques. Peut-être que certains se voilent la face[33] et essaient de se donner bonne conscience[34] en disant que la situation s'améliore, que les choses évoluent.
Mais les choses ne changent pas. Ou si peu que cela est ridicule. Il y a comme une inertie[35] dont la population pâtit[36]. Il y a en effet un niveau d'irresponsabilité des autorités dans ce pays qui est incroyable. Au point[37] que l'on se demande à quoi elles pensent. Le comportement des politiques du pays, aujourd'hui, ressemble à la politique des coloniaux d'hier. L'Afrique doit adapter la modernité à son rythme. L'Afrique ne se sauvera elle-même qu'à cette condition. Mais il faut aussi, impérativement[38], que le monde s'organise autrement. Le monde doit changer. Ce n'est pas simpliste[39] de dire que ceux qui ont le capital dominent les échanges. Pas du tout simpliste, c'est la réalité. On doit exiger que les rapports soient autres. Et exiger une reconnaissance[40]. Oui, nous avons besoin d'une reconnaissance. Qu'on reconnaisse notre histoire et la mémoire de notre histoire. (2)

1 Olivia Marsaud, © Afrik.com
2 Propos recueillis par Anthony Dufraisse (extraits), 3 octobre 2001.

Autour du texte

1 A deux reprises, Jean-Marie Teno dit qu'au Cameroun, « les choses ne changent pas (ou peu) ». Relevez dans le texte ce qu'il a vu ou vécu et qui lui permet d'affirmer cela.
2 a) D'après Teno, en quoi consiste la « modernité » pour beaucoup de Camerounais (et d'autres Africains) ?
b) En quoi la recherche de la modernité s'oppose-t-elle aux « valeurs » de la culture africaine ? Donnez des exemples pris dans le texte.
3 Pour Teno, la recherche de la modernité passe à côté des vrais besoins de la population.
a) Quels sont, aujourd'hui encore, les besoins les plus urgents de la population camerounaise ?
b) En quoi l'exemple d'Ebebda (L. 27–31) est-il une bonne illustration de cette critique de Teno ?
4 a) Qui sont, pour Teno, les principaux responsables de la triste situation du Cameroun ?
b) Quels sont les différents reproches qu'il leur fait ?
5 a) Qu'est-ce que Teno demande au « monde » ? Concrètement, qu'est-ce que cela pourrait signifier ?
b) Quelle chance lui donnez-vous d'être entendu ? Justifiez votre point de vue.

Au-delà du texte

- Ecriture – « *J'accuse !* » Ecrivez un pamphlet contre un ou plusieurs des politiciens corrompus et incapables qui gouvernent un pays fictif d'Afrique. (Vous pouvez vous baser sur le texte de Teno.)
- Discussion – *« Si l'aide au développement de l'Afrique ne mène finalement qu'à une nouvelle dépendance qui freine son économie, il faut la supprimer. »* Prenez position pour ou contre cette affirmation.

27 **progressivement** peu à peu – 28 **détourner** umleiten; *ici:* verfremden – 29 **véritable** vrai – 30 **illusoire** faux, trompeur – 31 **censé,e (faire qc)** von welchem man annimmt, dass (er/sie etw. tut) – 32 **justement** eben, genau – 33 **se voiler la face** refuser de voir la réalité – 34 **la conscience** *ici:* Gewissen – 35 **l'inertie** *f.* la passivité (→ inerte) – 36 **pâtir** büßen, leiden – 37 **au point** tellement – 38 **impératif, -ve** obligatoire – 39 **simpliste** simple et naïf – 40 **la reconnaissance** *ici:* Anerkennung

11 Anglais-français : 7 à 2

Le texte suivant est extrait d'un roman du Québécois François Barcelo.
Après un long séjour en Californie, le Franco-Canadien Benjamin rentre au Québec. Il est accompagné de sa « blonde[1] » Soutinelle et du frère de celle-ci, qui y mettent les pieds pour la première fois…
Les trois voyageurs viennent de passer la frontière en voiture. Soutinelle feuillette[2] une encyclopédie.

– Maintenant, cherche Québec.

Soutinelle cherche pendant une minute.

– Ça y est pas.

– Q-u-e-b-e-c, épelle Benjamin en évitant de mentionner l'accent aigu parce qu'il a décidé de commencer par apprendre à sa passagère les lettres françaises ordinaires avant de l'initier aux fantaisies[3] typographiques[4].

Soutinelle tourne quelques pages en énonçant[5] à haute voix M-N-O-P-Q...

– Ah, je l'ai trouvé, dit-elle enfin.

– Qu'est-ce que ça dit ?

– 6 812 800 hab.

– Pas la population, la superficie.

– 1 564 680 km avec un petit 2 en haut à côté comme au Texas.

– Tu vois : ça fait deux fois plus que le Texas. Presque trois.

– Montre-moi ça, ordonne Justin.

Soutinelle lui lance l'encyclopédie, qu'il feuillette longuement, sans parvenir à retrouver les pages consacrées[6] au Texas et au Québec.

– Je sais ce que c'est, dit-il en rendant le livre à sa sœur.

Personne ne lui demande de préciser sa pensée, mais cela ne l'empêche[7] pas de l'exposer :

– C'est parce que c'est des kilomètres.

– Qu'est-ce que ça change ? demande Benjamin. Deux fois plus de kilomètres carrés, ça fait aussi deux fois plus de milles[8] carrés. C'est mathématique.

– Pas avec les kilomètres.

– Ah non ?

– Les kilomètres, c'est comme les crevettes[9].

– Les crevettes? Quel est le rapport ?

– Pour les crevettes, plus le chiffre est gros, plus elles sont petites. Si tu as des crevettes 10-15, ça veut dire qu'il y en a entre 10 et 15 dans une livre[10]. Des 30-35, tu en as 30 ou 35. Plus le chiffre est gros, plus c'est petit, les crevettes. C'est comme le calibre des fusils[11] : du 12, c'est plus gros que du 16, tout le monde sait ça.

– Et alors ?

– Les mesures françaises, c'est pareil.

Benjamin jette un coup d'œil au rétroviseur[12]. Le visage de Justin exprime-t-il la mauvaise foi[13], la stupidité ou le chauvinisme ? L'approche d'un virage[14] force[15] le conducteur à reporter son attention sur la route. Mais il a observé Justin assez longtemps pour connaître la réponse à sa question : les trois.

Soutinelle allume alors la radio et entreprend[16] de faire le tour des stations en appuyant sur la touche[17] Scan. Chaque station ne se fait entendre que trois secondes avant de céder[18] sa place à la suivante. Soutinelle se met aussi à compter à voix haute.

– Un à zéro, un à un, deux à un, trois à un, quatre à un…

– Qu'est-ce que tu comptes ? demande Justin.

– Les radios qui parlent anglais et celles qui parlent autre chose.

Tandis que[19] Soutinelle continue son décompte[20], Benjamin remarque lui aussi qu'au moins trois

---

1 **sa blonde** *franco-canadien*: sa « petite amie » – 2 **feuilleter (un livre)** en tourner les pages – 3 **une fantaisie** *ici:* qc qui n'est pas *ordinaire* (gewöhnlich) – 4 **typographique** *ici:* qui concerne les lettres – 5 **énoncer** lire, prononcer – 6 **consacré,e à** *ici:* qui concerne – 7 **empêcher** hindern – 8 **un mille** Meile – 9 **une crevette** Garnele – 10 **une livre** Pfund – 11 **un fusil** [fysi] Gewehr – 12 **le rétroviseur** Rückspiegel – 13 **la mauvaise foi** Unehrlichkeit – 14 **un virage** Kurve – 15 **forcer** obliger – 16 **entreprendre** *ici:* commencer – 17 **une touche** Taste – 18 **céder** laisser – 19 **tandis que** während – 20 **un décompte** → compter

stations de radio sur quatre parlent, chantent ou vendent de la camelote[21] en anglais.

– ... quatre à deux, cinq à deux, six à deux, sept à deux. Je le savais ! triomphe[22] Soutinelle en éteignant la radio après avoir fait le tour des stations.

– Qu'est-ce que tu savais tant ? demande Justin.

– Que Ben se payait notre tête[23] en disant qu'au Québec y a des gens qui parlent seulement le français. Si c'était vrai, la radio serait seulement en français, elle aussi. C'est mathématique, comme il dit si bien.

Benjamin soupire. Va-t-il lui expliquer qu'en cet endroit, pas bien loin de la frontière américaine, on capte[24] encore des stations des États-Unis, que de toute façon le gouvernement du Canada accorde plus de licences[25] de stations de radio aux anglophones qu'ils n'en ont vraiment besoin et qu'en plus, comme si tout ça ne suffisait pas, un nombre étonnant de ses compatriotes préfèrent écouter Céline Dion dans la langue de Shakespeare ? Ce n'est pas la peine. Si Soutinelle préfère croire qu'elle pourra se débrouiller[26] au Québec sans parler français, la réalité se chargera[27] bien assez vite de la corriger. D'autant plus[28] que l'appartement de Benjamin, où ils seront avant la nuit si le Westfalia d'occasion acheté en Californie ne souffre[29] d'aucune panne, est en plein[30] cœur du Plateau Mont-Royal, un quartier où aucun anglophone n'oserait s'établir[31] sans connaître le strict minimum de vocabulaire français pour assurer[32] sa survie[33] — quinze mots, pas un de moins.

François Barcelo, *Route barrée en Montérégie*, Editions Libre Expression, Montréal 2003.

Autour du texte

1 Selon vous, ce texte est-il un original ou une traduction ?
2 Justin ne veut pas croire que le Québec est trois fois plus grand que le Texas. Comment cherche-t-il à montrer que c'est lui qui a raison ? Est-ce que son raisonnement est correct ou pas ?
3 Quel « match » se termine par un 7 à 2 ? Dites qui l'a gagné et comment Benjamin explique ce résultat.
4 A quoi reconnaît-on que Benjamin n'apprécie pas beaucoup la « domination » de l'anglais dans son pays ?

Au-delà du texte

- Créativité – D'après la dernière phrase du texte, il faut un minimum de 15 mots de français pour « assurer sa survie » dans la ville de Québec. En petits groupes, faites la liste de ces 15 mots après avoir discuté de leur relative nécessité. Puis, avec les mots de votre liste (et avec ceux-là *seulement* !) construisez une série de « phrases utiles » dont un Américain non francophone pourrait avoir besoin à Québec. (Attention : Il n'est pas nécessaire que les phrases ainsi formées soient *correctes*, il faut seulement qu'un francophone puisse les comprendre !)
- Ecriture – Inventez une suite à ce texte. Racontez par exemple les « mésaventures » des deux jeunes Américains dans le milieu francophone où ils passent les jours qui suivent.
- Discussion – Certains chanteurs ou chanteuses francophones, comme la Québécoise Céline Dion, préfèrent chanter en anglais pour vendre plus de disques – ce que les Québécois n'apprécient pas tous. Pensez-vous qu'ils ou elles devraient plutôt chanter en français ou pas ? Justifiez votre position.

---

21 **la camelote** des produits de mauvaise qualité – 22 **triompher** *ici:* jubeln – 23 **se payer la tête de qn** se moquer de – 24 **capter** *ici:* pouvoir entendre – 25 **une licence** une autorisation officielle – 26 **se débrouiller** sich zurechtfinden – 27 **se charger de qc** s'occuper de qc – 28 **d'autant plus** umso mehr – 29 **souffrir de qc** unter etw. leiden – 30 **en plein...** Mitten in ... – 31 **s'établir** s'installer – 32 **assurer** garantir – 33 **la survie** überleben (→ vivre)

12 Québec : le français fait de la résistance

Faites un « remue-méninges » pour rassembler tout ce que vous savez sur le Québec.

Province de Québec

1 667 441 km² (trois fois la France)
7,5 millions d'habitants (moins de 1 % d'habitants originaires)
Capitale : Québec (capitale économique : Montréal)
Langue officielle : le français (langue maternelle pour 82 %)
Autres langues : l'anglais (11 %), langues amérindiennes et inuit *(Eskimo)*
Religion : chrétienne (forte majorité catholique)
PNB : 19 500 USD par habitant.
Ressources : hydroélectricité, technologies de l'information, industrie aérospatiale, biotechnologies, produits pharmaceutiques

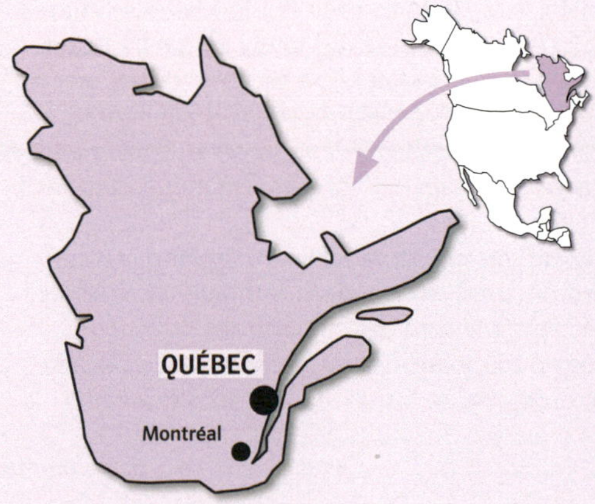

Officiellement, le Canada est un pays bilingue. L'anglais et le français se valent[1], et vous devriez théoriquement pouvoir employer ces deux langues où que vous soyez sur le territoire canadien. Dans la réalité, plus vous vous dirigez vers l'ouest du Canada, moins vous entendrez parler français (seul le Manitoba possède une communauté francophone conséquente[2] sur le plan démographique). En fait, c'est le Québec, à l'est du pays, qui fait office[3] de petit village gaulois résistant encore et toujours à l'envahisseur[4], luttant en l'occurrence[5] contre la domination de la langue anglaise. Comme vous l'imaginez, cela n'a pas toujours été facile.

Depuis la conquête britannique en 1759, les Québécois – c'est-à-dire les habitants de la province de Québec – ainsi que leurs descendants[6], protègent coûte que coûte leur langue maternelle, malgré tous les inconvénients[7] économiques et sociaux qui découlent[8] de cette bataille linguistique. Jusqu'à la fin du XVIIIe siècle, on traitait[9] encore les Québécois francophones avec mépris[10], en leur lançant[11] des « *Speak white, speak English* ! » (parlez blanc, parlez anglais !). Ces humiliations[12] profondes ont laissé sur les Québécois comme sur les francophones des autres provinces une empreinte[13] marquante.

La volonté des Québécois de conserver leur langue et leur culture explique pourquoi le Québec s'est doté[14] d'une loi linguistique considérée comme rigide par beaucoup d'Européens et souvent comme discriminatoire par de nombreux anglophones. La conscience francophone des Québécois va parfois très loin ; ainsi, sur les panneaux de circulation, au lieu de l'anglais *stop* (pourtant aujourd'hui international) trouve-t-on le très français *arrêt*. Et naturellement, dans l'affichage[15] commercial au Québec, le français doit être nettement[16] prédominant[17] (règle du 2 pour 1), l'usage d'une autre langue n'étant cependant pas interdit. Ne vous moquez pas de l'accent québécois ! Cette prononciation remonte[18] à celle de la France d'avant la révolution. Le jacobinisme[19] français, réducteur[20], intolérant et centralisateur, n'est pas de mise[21]. Le Québec est le seul État francophone en dehors de la France à avoir son propre Office de la langue française qui détermine[22] la norme à suivre. Les Québécois sont fiers de leurs particularités[23] et ne vous ont pas attendu pour que vous leur donniez des leçons de grammaire !

---

1 **se valoir** avoir la même valeur – 2 **conséquent,e** *ici*: nennenswert – 3 **faire office de** *ici:* avoir la fonction de – 4 **un envahisseur** Eindringling – 5 **en l'occurrence** dans ce cas – 6 **un descendant** Nachkomme – 7 **un inconvénient** ≠ un avantage – 8 **découler** *ici:* résulter – 9 **traiter** behandeln – 10 **le mépris** Verachtung (→ mépriser) – 11 **lancer** *ici:* dire – 12 **une humiliation** Demütigung – 13 **une empreinte** *ici:* une trace – 14 **se doter de** se donner – 15 **l'affichage** *m. ici:* l'ensemble des affiches – 16 **nettement** clairement (→ net) – 17 **prédominant,e** vorherrschend (dominer) – 18 **remonter à** zurückgehen auf – 19 **le jacobinisme** l'attitude (centralisatrice) des révolutionnaires « jacobins » – 20 **réducteur, -trice** *ici :* qui rend uniforme (→ réduire) – 21 **être de mise** angebracht sein – 22 **déterminer** fixer – 23 **une particularité** Besonderheit (→ particulier)

Au fait[24], pour les Québécois, c'est vous qui parlez pointu[25], avec la bouche en cul de poule[26] ! Les différences entre le français que nous parlons en France (encore faudrait-il se demander de quel français de France on parle : celui des milieux cultivés[27] de Paris ? Le français parlé en Alsace ? Celui du Sud-Ouest ? Le français du Midi ?) et celui parlé au Québec se situent[28] à tous les niveaux de la langue : elles touchent[29] à la prononciation, mais aussi au lexique, à la morphologie[30] et à la syntaxe. Mais pourquoi le français du Québec est-il si différent de ce dont nous avons l'habitude ? Il y a des raisons historiques à cela. La langue française s'est établie en Amérique du Nord au cours du XVIIe siècle lors de la colonisation française. La plus grande partie des colons[31] venaient du nord-ouest ou du centre-ouest de la France, le groupe le plus compact provenant[32] de Normandie. La variété de français qui s'est développée en Nouvelle-France était un mélange entre les dialectes régionaux de l'époque et le français standard qui était en train de prendre forme. Notre français standard tire une bonne partie de ses racines[33] dans la France bourgeoise[34] post-révolutionnaire, c'est-à-dire après que nous avons laissé nos colonies nord-américaines aux mains des Anglais. Tandis qu'en France, sous l'effet de lois uniformisatrices[35] (service militaire obligatoire mélangeant des populations d'origines variées[36] et instituteurs de la République imposant la norme parisienne à tout le pays en éradiquant[37] variétés[38] et langues régionales), notre français prenait graduellement[39] le visage qu'on lui connaît aujourd'hui, le français du Québec, coupé de la mère patrie, a donc poursuivi[40] son évolution seul, au contact d'un environnement anglophone omniprésent[41].

Jean-Charles Beaumont *Le québécois de poche*, Assimil évasion, Chennevières-sur-Marne, 1998.

Autour du texte

1 Quelle est la place du français a) au Canada ? b) dans la province de Québec ?
2 D'où vient l'image du « petit village gaulois » mentionné à la ligne 10 ? En quoi cette image est-elle justifiée quand on parle du Québec ?
3 Quels sont, selon vous, les « inconvénients économiques et sociaux » dont il est question aux lignes 18–19 ?
4 a) Comment s'explique la « rigidité » des Québécois dans tout ce qui concerne leur langue ?
b) Quelles mesures concrètes sont prises au Québec pour défendre le français ?
5 En vous basant sur le texte, expliquez pourquoi le français parlé au Québec est assez différent du français parlé en France.

Au-delà du texte

a) Décrivez le dessin de Boris, ci-dessus : Où et qui sont les deux personnages ?
b) Traduisez les paroles du premier dessin en « français de France ».
c) A votre avis, de qui ou de quoi le dessinateur se moque-t-il ?

---

24 **au fait** d'ailleurs – 25 **pointu,e** *ici:* spitz, scharf – 26 **la bouche en cul de poule** spitzer Mund – 27 **cultivé,e** → la culture – 28 **se situer** être, se trouver – 29 **toucher** *ici:* concerner – 30 **la morphologie** Wortbildung – 31 **un colon** Siedler – 32 **provenir** venir – 33 **une racine** Wurzel – 34 **bourgeois,e** bürgerlich – 35 **uniformisateur, -trice** qui a tendance à rendre *uniforme*, à standardiser – 36 **varié,e** divers – 37 **éradiquer** faire disparaître (ausmerzen) – 38 **une variété** *ici:* un dialecte – 39 **graduel,le** peu à peu – 40 **poursuivre** *ici:* continuer – 41 **omniprésent,e** qui est présent partout

- Internet – Recherchez des informations démographiques et économiques sur l'ensemble du Canada. Comparez-les aux chiffres indiqués pour le Québec et évaluez le « poids » de la province du Québec dans le Canada d'aujourd'hui *(→ stratégies, p. 144)*.
- Projet – La cohabitation de langues et de cultures différentes dans un même pays pose souvent des problèmes, pas seulement au Canada. Donnez des exemples de pays dans lesquels une telle cohabitation a lieu.
  En petits groupes, choisissez ensuite l'un de ces pays. Renseignez-vous sur les conflits qui existent entre les cultures concernées, sur leurs causes, sur les formes qu'ils peuvent prendre, sur les solutions qui sont envisagées, etc. Présentez vos résultats aux autres groupes puis, en conclusion, prenez position par rapport au bilinguisme (ou au multilinguisme) : Est-ce surtout une chance ou plutôt un handicap pour un pays et ses habitants ? *(→ stratégies, p. 145)*.

13 Le français est notre patrie

1 Est-ce que vous pourriez affirmer : « *L'allemand est notre patrie* » ? Dites pourquoi ou pourquoi pas.
2 D'une manière générale, quel genre de rapport avez-vous avec votre langue maternelle ?

Deux fois déjà, aux référendums de 1980 et de 1995, les Québécois, majoritairement francophones, ont dit « non » à l'indépendance de leur région. Au nom de la défense de la langue, les indépendantistes continuent cependant à œuvrer[1] pour la souveraineté du Québec.

Chez nous plus qu'ailleurs, plus que chez aucun autre peuple, la question de la langue est au cœur de l'aventure collective. Si nous cessons d'être authentiquement de langue française, de nous penser[2] comme francophones, nous perdons notre raison d'être[3]. C'est pourquoi le combat pour la langue s'est toujours identifié[4] au combat pour le Québec ; c'est pourquoi, hier comme aujourd'hui, le problème de la langue fut et reste le premier problème politique et celui, finalement, dans lequel se résument tous les autres.
Il n'est[5] sans doute pas de peuple chez qui le rapport à la langue soit aussi intime que chez le peuple québécois. La langue française est notre patrie profonde, elle nous a définis, nous a nommés, elle nous permet le dialogue avec ce qui, dans le monde, est de langue française. Elle nous fait notre identité et notre dignité[6]. Elle nous a fait héritiers[7] d'une longue et somptueuse[8] histoire.
Les langues ont besoin d'une assise[9] solide non seulement pour leur expression mais pour leur maintien[10] : quelle est l'assise possible et nécessaire du français au Québec, aujourd'hui, sinon l'indépendance ? Il n'en est point[11] d'autre.
Il est vrai que la survivance[12] d'une communauté de langue française en Amérique du Nord n'ira jamais de soi[13] ; il n'est pas moins vrai que les mesures qu'appelle[14] cette survivance supposent[15] que le Québec dispose[16] des moyens d'une véritable politique linguistique, ce qui implique[17] naturellement la souveraineté nationale.
Encore faut-il que nous ayons vraiment envie de durer et que nous ayons dès lors[18] le courage de nous en donner les moyens. Le courage, aussi, de récuser[19] tout compromis et de reconnaître dans les concessions[20] en matière de politique linguistique ce qu'elles sont vraiment : l'antichambre[21] de la démission[22].

Jean-Marc Léger, © *Mouvement estrien pour le français*, Québec, 16 septembre 2002 (texte abrégé).

1 **œuvrer** agir, travailler – 2 **penser** *ici:* considérer – 3 **la raison d'être** la légitimité – 4 **s'identifier à** übereinstimmen mit – 5 **il n'est pas** *litt.* il n'y a pas – 6 **la dignité** Würde (→ digne) – 7 **un héritier** Erbe – 8 **somptueux, -euse** magnifique – 9 **une assise** une base – 10 **le maintien** Erhalt (→ maintenir) – 11 **ne... point** *vx.* ne... pas – 12 **la survivance** la survie – 13 **aller de soi** selbstverständlich sein – 14 **appeler** *ici:* nécessiter, demander – 15 **supposer qc** etw. voraussetzen – 16 **disposer de** verfügen über – 17 **impliquer** erfordern, bedeuten – 18 **dès lors** à partir de ce moment – 19 **récuser** refuser – 20 **une concession** Zugeständnis – 21 **une antichambre** Vorzimmer – 22 **la démission** *ici:* le fait d'abandonner qc définitivement

Avant le référendum de 1995

Autour du texte

1 D'après ce texte, pour quelle raison majeure l'indépendance du Québec est-elle « nécessaire » ?
2 a) De quelle « longue et somptueuse histoire » est-il question à la ligne 19 ?
  b) En quoi le drapeau québécois (voir p. 108) illustre-t-il cet attachement à l'histoire ?
3 a) Pour l'auteur du texte, quel rôle la langue française joue-t-elle dans la vie des Québécois ?
  b) Que pourrait-on objecter à quelqu'un qui, comme lui, « se définit » d'abord par sa langue ?
4 L'auteur veut que les francophones aient le « *courage de récuser tout compromis* ».
  Que pensez-vous de cette attitude ?

Au-delà du texte

- Internet – En petits groupes, retrouvez plusieurs des nombreux sites canadiens qui parlent de la « loi 101 ».
  a) Dites quel était le but de cette loi et quelles sont ses grandes lignes.
  b) Mettez en évidence la position de la Cour suprême du Canada face à cette loi et les réactions que cela provoque chez les francophones du Québec.
- Commentaire – Commentez cette citation de Louis de Bonald (philosophe et homme politique français, 1754–1840) en la mettant en rapport avec la situation du Québec : « *Tant qu'un peuple n'est envahi que dans son territoire, il n'est que vaincu ; mais s'il se laisse envahir dans sa langue, il est fini.* » *(→ stratégies, p. 138).*

14 Le cœur de ma vie

a) Ecoutez d'abord la chanson sans lire le texte. Que pensez-vous de la musique ? de l'interprétation ?
b) A votre avis, où vit le personnage qui s'exprime dans cette chanson ?
c) Dites en quelques mots de quoi parle le texte.

1 C'est la langue qui court
Dans les rues de ma ville
Comme une chanson d'amour
Au refrain malhabile[1]
Elle est fière et rebelle
Et se blesse[2] souvent
Sur les murs des gratte-ciel[3]
Contre les tours d'argent[4]

2 Elle n'est pas toujours belle
On la malmène[5] un peu
C'est pas toujours facile
D'être seul au milieu
D'un continent immense
Où ils règlent le jeu
Où ils mènent la danse[6]
Où ils sont si nombreux

3 Elle n'est pas toujours belle
Mais vivante elle se bat
En mémoire fidèle[7]
De nos maux de nos voix
De nos éclats de rire
Et de colère aussi
C'est la langue de mon cœur
Et le cœur de ma vie

4 On la parle tout bas
Aux moments de tendresse
Elle a des mots si doux
Qu'ils se fondent[8] aux caresses[9]
Mais quand il faut crier
Qu'on est là qu'on existe
Elle a le son[10] qui mord[11]
Et les mots qui résistent

5 C'est une langue de France
Aux accents d'Amérique
Elle déjoue[12] le silence
A grands coups de musique
C'est la langue de mon cœur
Et le cœur de ma vie
Que jamais elle ne meure
Que jamais on ne l'oublie …

6 Il faut pour la défendre
La parler de son mieux
Il faut la faire entendre
Faut la secouer[13] un peu
Il faut la faire aimer
A ces gens près de nous
Qui se croient menacés
De nous savoir debout

7 Il faut la faire aimer
A ces gens de partout
Venus trouver chez nous
Un goût de liberté
Elle a les mots qu'il faut
Pour nommer les pays
Pour qu'on parle de lui
Qu'on le chante tout haut

8 C'est une langue de France
Aux accents d'Amérique
Elle déjoue le silence
A grands coups de musique
C'est la langue de mon cœur
Et le cœur de ma vie
Que jamais elle ne meure
Que jamais on ne l'oublie …

Paroles et musique :
Michel Rivard,

Autour du texte

1 De quelle langue s'agit-il dans cette chanson ? Dans quel but Michel Rivard la chante-t-il ?
2 a) Qui se cache derrière le pronom « ils » dans la deuxième strophe, et qui sont « ces gens », dans la sixième strophe ?
b) Que pensez-vous de la « menace » mentionnée dans la sixième strophe ?
3 a) Comment le chanteur caractérise-t-il sa langue ?
b) Expliquez les deux derniers vers de la troisième strophe.
4 Qu'est-ce que le chanteur propose, concrètement, pour défendre sa langue ?
5 Décrivez la forme de cette chanson.
6 Qu'est-ce qui fait l'importance d'une langue, pour ceux qui la parlent ?

- Discussion – Imaginez que le monde entier parle une seule et même langue et pensez aux conséquences que cela aurait dans les domaines les plus divers. Est-ce une vision de rêve ou de cauchemar ?

1 **malhabile** ungeschickt (≠ habile) – 2 **se blesser** se faire mal (→ une blessure) – 3 **un gratte-ciel** un bâtiment très haut – 4 **les tours d'argent** *ici:* les grandes banques – 5 **malmener** maltraiter, brutaliser – 6 **mener la danse** *ici:* commander – 7 **fidèle** treu(herzig) – 8 **se fondre à** verschmelzen mit – 9 **une caresse** → *caresser* (streicheln) – 10 **le son** Klang (→ sonner) – 11 **mordre** beißen – 12 **déjouer** zum Scheitern bringen – 13 **secouer** rütteln, schütteln

Chapitre 6 LES MÉDIAS

1 Ça vide la tête et ça fait causer[1]

1 Décrivez et commentez le dessin ci-dessus. Donnez-lui un titre.
2 a) Avez-vous déjà entendu parler des séries télévisées *Charmed Friends, Buffy*, ou *Ally McBeal* ?
b) Connaissez-vous d'autres séries télévisées du même genre ?

Il faut croire que les journées sont épuisantes[2] au bahut[3] ! Qu'est-ce qu'on aime regarder à la télé ? Des trucs qui ne prennent pas la tête[4]. « *C'est nul mais je regarde.* »

Pas une seule déclaration d'amour à la télé ! Pas un lycéen pour oser nous dire : j'aime la télé ! Et pourtant, vous la regardez bien tous, non ? Alors, comment expliquer ce phénomène ?

Cette question, les chaînes de télé se la sont posée les premières. Inquiètes devant la désaffection[5] des jeunes pour la petite lucarne[6], elles ont sorti l'artillerie lourde : et Loft Story est né. La saison 1 a rassemblé 92 % de 15-24 ans, dont 43 % quotidiennement et 60 % des 15-24 ans ont suivi assidûment[7] la deuxième saison du Loft. Mais combien de temps le « miracle » pourra-t-il durer ?

---

1 **causer** *fam.* parler – 2 **épuiser** fatiguer beaucoup – 3 **le bahut** *fam.* l'école – 4 **prendre la tête** énerver, fatiguer – 5 **la désaffection** *ici:* Desinteresse – 6 **une lucarne** une petite fenêtre; *ici:* la télé – 7 **assidûment** régulièrement

Car pour un grand nombre d'entre vous, la télé, c'est ce qui reste quand il n'y a rien de mieux à faire : la musique, les amis, le ciné, la radio. Alors, quand on est à la maison, on la regarde par habitude, rarement par passion. D'où la petite phrase : « *La télé, c'est nul (mais je regarde)* »... Ou, dit autrement, *« je regarde les trucs où je me prends pas la tête, les séries bêtes comme 7 à la maison, parce que ça détend.* » Pas question de se cultiver, l'essentiel est de se vider la tête. Ça tombe bien : *« La télé n'apporte pas grand-chose, même les reportages ou les émissions soi-disant*[8] *éducatives* », lance Benjamin, un étudiant qui avoue n'avoir « *pas le courage* » de regarder Arte...

La télé offre quand même un énorme avantage. Celui d'alimenter[9] les discussions entre potes. *Un gars, une fille, Charmed Friends, Urgences, Buffy, Ally McBeal*, autant de sujets de conversation pour le lendemain, entre fans. Car même si « *la télé c'est nul (mais je regarde)* », cela n'empêche pas de s'attacher[10] aux héros du petit écran. Comme Sébastien, qui a vécu une passion dévorante[11] pour les séries américaines entre 14 et 17 ans, enregistrant tous les épisodes (40 cassettes d'*Hartley*[12]), achetant tous les magazines sur les séries... parce que « *les héros nous permettaient de croire qu'on avait une vie extraordinaire.* » Ce n'est qu'en IUT[13] qu'il a cessé de se focaliser[14] sur des programmes qu'il ne pouvait plus partager avec ses copains. C'est aussi pour cette raison que Loft Story a si bien marché : il a provoqué d'intenses discussions entre copains pour 85 % des 15-24 ans.

Quelle que soit la télévision que vous regardez, l'essentiel est de pouvoir la partager avec ceux que vous aimez : parler de « sa » série avec les copines, les parents ou les potes, ou délirer[15] à plusieurs devant un talk-show « débile[16] »... C'est comme vous voulez.

Catherine Stern, *Phosphore*, Bayard Presse Jeunesse, septembre 2002 (texte abrégé)

Combien de temps par jour regardez-vous la télévision?

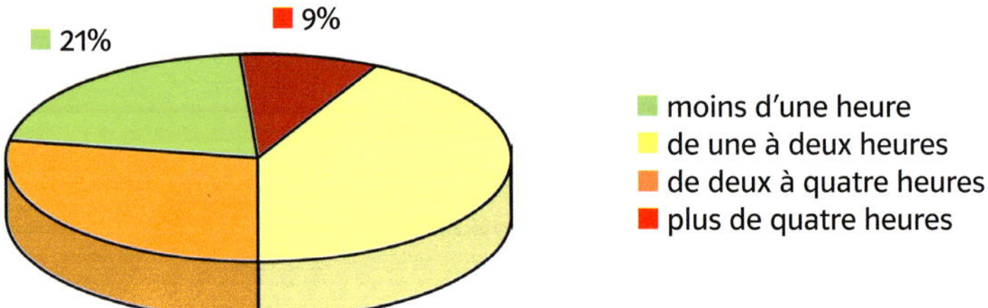

Enquête publiée dans VSD, 7 mars 2002

Parmi les médias suivants, quels sont ceux que vous préférez pour : (1)	La télévision	La radio	La presse quotidienne	La presse hebdomadaire	Internet	Sans réponse
– Avoir des nouvelles, connaître ce qui se passe	71	34	26	6	7	1
– Avoir des explications détaillées sur un événement	52	16	34	12	10	2
– Comprendre un sujet de fond	46	13	32	17	10	4
– Connaître les points de vue différents qui existent sur un même sujet	55	22	28	14	12	4

(1) total des % supérieur à 100, les personnes interrogées ayant pu donner plusieurs réponses. © TNS 2003

8 **soi-disant** angeblich – 9 **alimenter** nähren – 10 **s'attacher à qn** an jdn hängen – 11 **dévorant,e** intense, extrême – 12 **Hartley** une série TV américaine – 13 **un IUT** Institut Universitaire de Technologie – 14 **se focaliser** se concentrer – 15 **délirer** *ici: fam.* herumblödeln – 16 **débile** *fam.* idiot

Autour du texte

1 En quoi consiste le paradoxe exprimé au début du texte ?
2 a) D'après le texte, pour quelles raisons les jeunes regardent-ils surtout la télé ?
 b) Comparez ces raisons au résultat du sondage, ci-dessus. Que constatez-vous ?
 c) Et vous, pourquoi regardez-vous surtout la télé ?
3 Selon vous, pourquoi Benjamin n'a-t-il pas « le courage » de regarder *Arte* ?
4 Expliquez ce que veut dire Sébastien au sujet des héros de séries télévisées (L. 42–43).
5 Etes-vous d'accord avec ce que l'auteur affirme dans le dernier paragraphe ? Ou bien voyez-vous d'autres raisons « essentielles » ? Si oui, lesquelles ?
6 a) A votre avis, pourquoi y a-t-il tant de séries américaines à la télé française ou allemande ? Aimeriez-vous voir plus de séries allemandes ou européennes ?
 b) D'après vous, en quoi les séries américaines et les séries allemandes sont-elles différentes ?

Au-delà du texte

- Ecriture – Rédigez un texte dans lequel vous présentez votre série préférée à quelqu'un qui ne la connaît pas encore. (Si vous ne regardez pas les séries : présentez une autre émission.) Dites pour quelles raisons vous l'aimez *(→ stratégies, p. 137)*.
- Internet – Renseignez-vous sur la chaîne de télévision Arte, entre autres à l'aide d' Internet. Dites ce que signifie le mot *Arte*, comment la chaîne est née, quel type d'émissions elle produit, qui décide des programmes, etc. Montrez qu'Arte est vraiment différente des autres chaînes.
- Projet – Une semaine sans télé.
  a) Préparez cette semaine avec votre classe en rédigeant ensemble un questionnaire à choix multiple sur ce que vous allez faire du temps ainsi libéré, sur les réactions et impressions personnelles que vous aurez peut-être pendant cette semaine, sur celles de votre famille et de vos amis, etc.
  b) Faites tous l'expérience (... sans tricher !).
  c) Après cette semaine, remplissez chacun votre questionnaire puis mettez vos résultats en commun au cours d'une discussion en classe.

2 Faut-il boycotter la télé-réalité ?

1 Décrivez le dessin « A bas la télé-réalité ». Qu'est-ce que ce dessin suggère ?
2 a) Quelles émissions de télé-réalité (françaises, allemandes ou autres) connaissez-vous de nom ?
 b) En avez-vous déjà vues certaines ? Si oui, dites pourquoi vous les avez regardées et si vous les avez appréciées.

Tout cela vient de loin. D'une histoire commencée voilà près de vingt ans. Le 23 octobre 1983, sur Antenne 2, un couple de garagistes déballe[1] sa vie privée : il souffre d'éjaculation précoce[2], elle le trompe[3]. L'émission, produite par Pascale Breugnot, s'appelle « Psy-show ». Elle déclenche[4] aussitôt une formidable polémique. Mais, plus qu'un événement médiatique, cette émission est une date : elle signe l'irruption[5] de la « télévision de l'intimité », qui efface[6] la frontière entre vie privée et espace public. « Psy-show » est une vraie révolution : il ne s'agit plus de confidences[7] plus ou moins provocatrices, de petites exhibitions

1 **déballer** auspacken – 2 **précoce** *ici:* vorzeitig – 3 **tromper** betrügen – 4 **déclencher** provoquer (auslösen) – 5 **l'irruption** *f* l'apparition soudaine – 6 **effacer** verwischen – 7 **une confidence** vertrauliche Mitteilung

personnelles, mais bel et bien[8] d'un spectacle, d'une mise en scène de l'intime.

Le dernier numéro de « Psy-show » est diffusé le 27 novembre 1985. Mais Pascale Breugnot franchit[9] un pas supplémentaire[10] en 1990, en lançant sur TF1 le premier reality-show, « Perdu de vue ». Ici, il ne s'agit plus seulement de rendre compte d'un problème personnel (sexualité, vie de couple…) mais de changer le cours des choses, de provoquer, par le déroulement[11] même de l'émission, la résolution d'un problème, d'un conflit, la solution d'une énigme[12]. On pleure, on s'embrasse, on s'insulte[13], on se réconcilie au fil[14] d'une dramaturgie soigneusement[15] mise en scène, où tout l'art de l'animateur consiste à faire monter et à entretenir le suspense[16].

TF1 met brutalement fin à l'expérience en 1997, les reality-shows commencent à sentir le soufre[17]. Des annonceurs retirent leurs spots de pub pour ne pas compromettre[18] leur image. Mais la « télévision de l'intimité » continue à se propager[19]. C'est l'explosion de « C'est mon choix », sur France 3, où des hommes et des femmes se balancent[20] leur vie privée à la figure, dans une ambiance de corrida[21]. Les vedettes en tout genre (celles qu'on commence à appeler les people) font le succès des émissions trash avec leurs confidences salées[22]. On accepte de confesser[23] à des millions de téléspectateurs ce qu'on n'a jamais dit à ses proches[24]. Pour n'importe quelle émission, ils sont des centaines à vouloir « témoigner[25] ». Exhibitionnisme et Audimat[26] marchent main dans la main. On vit une époque formidable.

Là-dessus, coup de tonnerre[27] : en 2001, M6 lance « Loft Story », déclinaison[28] frenchie d'une émission qui a cartonné[29] un peu partout, « Big Brother ». Après le « Psy-show » et le reality-show, place, donc, à la télé-réalité. Plus question d'alibi psy : on ne va pas régler vos problèmes. Plus question, non plus, de show, au sens de spectacle unique, où l'on met sa vie en jeu : la télé-réalité se vit sur le mode du feuilleton, avec les mêmes personnages suivis sur une longue période. Le principe de la télé-réalité consiste à créer de toutes pièces une fausse vie que l'on fera passer pour la « vraie vie », dans un lieu clos[30] livré[31] nuit et jour à l'indiscrétion d'une batterie de caméras filmant non-stop. De témoins, les volontaires sont devenus des cobayes[32]. Leur vie quotidienne est l'objet d'une expérience, comme des rats de laboratoire. Rien de ce qu'ils disent, de ce qu'ils font ne doit rester caché.

Dès sa première diffusion, « Loft Story » est un énorme succès d'audience. Bien entendu, TF1 sautera à la première occasion dans le train de la télé-réalité. Elle en fera d'abord toutes les déclinaisons possibles et imaginables (importées d'outre-Atlantique) : l'école de chant où on en bave[33] (« Star Academy »), le stage[34] de survie sadomaso (« Koh-Lanta »), l'exploitation[35] du filon[36] sexuel (« L'île de la tentation »). Puis elle reprendra le concept même de « Loft Story », mais avec (nuance !) une « dimension européenne » : ce sera « Nice People », où les participants ont en effet en commun d'être tous européens. Pour le reste, exactement la même sauce, les mêmes ingrédients, le même principe d'élimination.

Il n'est pas impossible que, comme la vague des reality-shows, celle de la télé-réalité finisse par se retirer. Le téléspectateur exige de la chair[37] fraîche. Des sensations nouvelles et excitantes. Oui, il se peut que d'ici à quelques mois, on passe à autre chose. Mais on n'effacera pas les dégâts. De toute façon, nous avons déjà perdu l'essentiel :

8 **bel et bien** vraiment – 9 **franchir** *ici:* faire – 10 **supplémentaire** en plus – 11 **le déroulement** Ablauf – 12 **une énigme** Rätsel – 13 **insulter** beleidigen – 14 **au fil de** pendant – 15 **soigneux, -euse** sorgfältig – 16 **le suspense** Spannung – 17 **sentir le soufre** *ici:* anrüchig sein – 18 **compromettre** gefährden – 19 **se propager** sich verbreiten – 20 **balancer** *fam.* jeter – 21 **une corrida** Stierkampf – 22 **salé,e** *ici:* pikant – 23 **confesser** beichten – 24 **les proches** *m* la famille et les amis – 25 **témoigner** *ici:* parler – 26 **l'audimat** *m, ici* : le nombre de spectateurs – 27 **le tonnerre** Donner – 28 **une déclinaison** *ici:* une variation – 29 **cartonner** *fam.* réussir – 30 **clos,e** fermé – 31 **livré,e à qn/qc** an jdn/etw. ausgeliefert – 32 **un cobaye** Versuchskaninchen – 33 **en baver** *fam.* souffrir – 34 **un stage** *ici:* Training – 35 **l'exploitation** *f* Ausbeutung – 36 **un filon** *ici:* Schiene – 37 **la chair** Fleisch – 38 **l'estime** *f* Achtung – 39 **nos semblables** *m* les autres hommes – 40 **dégradant,e** entwürdigend – 41 **une déesse** → un dieu – 42 **plébisciter** approuver en masse – 43 **le toc** l'imitation du vrai – 44 **le mépris** Verachtung – 45 **abaisser** → bas – 46 **le consentement** l'accord

l'estime[38] de nous-mêmes. Nous avons accepté que notre vie privée devienne un spectacle. Nous trouvons normal (et drôle !) que nos semblables[39] soient filmés jour et nuit dans leur intimité, qu'ils soient l'objet d'expériences idiotes, imbéciles ou dégradantes[40]. Tout cela pour accéder à l'éphémère gloire de la déesse[41] Télé. On ne vit plus pour soi ni pour les autres. On vit pour être vu à la télé. C'est une vision du monde que nous plébiscitons[42]. Le vide, le toc[43], le faux en lieu et place de la vie réelle. Le mépris[44]. La perte du respect. L'individu manipulé, abaissé[45], avec son consentement[46]. On n'a pas fini d'en payer le prix.

Alain Rémond, *Marianne*, 7 juillet 2003 (texte abrégé).

Autour du texte

1 a) Retrouvez les différentes parties du texte et donnez un titre à chaque partie.
  b) Faites le résumé complet du texte *(→ stratégies, p. 139)*.
2 Dites en quoi l'émission Psy-show était une véritable nouveauté. Quel genre de polémiques a-t-elle pu provoquer à l'époque ?
3 a) Relevez le nom des reality-shows et autres émissions de télé-réalité qui ont suivi Psy-show et dites sur quel « principe » elles étaient basées.
  b) Dans quelle mesure peut-on dire que ces émissions constituent une *progression* ?
4 a) Quelle est l'attitude de l'auteur du texte face à cette évolution ? En quoi consiste le « mépris » qu'il mentionne à la ligne 100 ?
  b) Quels sont les « dégâts » dont il parle ?
5 Décrivez le dessin de Raymond Burki, ci-contre, paru dans *24 Heures Lausanne*. Dites dans quelle mesure il illustre le texte *(→ stratégies, p. 134)*.

Au-delà du texte

- Commentaire – Pensez-vous, comme l'auteur du texte, que la télé-réalité montre que « *nous avons déjà perdu l'essentiel : l'estime de nous-mêmes* » ? *(→ stratégies, p. 138)*.
- Discussion – Répondez d'abord à la question posée dans le titre du texte. Regroupez-vous avec ceux qui ont donné la même réponse que vous. En groupe, préparez les arguments avec lesquels vous participerez à un débat qui traitera la question en classe.
- Ecriture – Mettez-vous à la place de quelqu'un qui aimerait participer à une émission de télé-réalité (précisez laquelle). Rédigez une lettre de candidature, dans laquelle vous exposez vos motifs et vos attentes.

3 La télé est-elle coupable ?

De quoi la télévision peut-elle bien être coupable ? Faites une liste des reproches possibles.

Mesdames, messieurs, l'audience[1] publique est ouverte. Accusée Télévision, levez-vous... Coupable ou non coupable? On devrait d'ailleurs préciser « les télévisions » : privée ou publique, hertzienne, câblée ou satellitaire, généraliste ou thématique, gratuite ou payante. Paradoxalement, plus l'offre télévisuelle s'étoffe[2], plus les critiques se multiplient et se radicalisent. Pas besoin de réunir la cour[3] et les jurés[4] pour faire le procès du petit écran ; le verdict[5] tombe tous les jours, dans chaque foyer[6] de France : responsable et coupable, bien sûr. De tout et de rien. Les Français la regardent plus de trois heures par jour en moyenne. Ils savent donc de quoi ils parlent. (1)

1 **l'audience** *f, ici:* Verhandlung – 2 **s'étoffer** *ici:* augmenter – 3 **la cour** *ici:* Gericht – 4 **un juré** Geschworener – 5 **le verdict** Urteil – 6 **un foyer** Haushalt

Coupable ... d'inciter[7] à la violence ?

Le 3 juin dernier, à Saint-Sébastien-sur-Loire, un lycéen de 17 ans poignardait[8] à mort, au cours d'une promenade, l'une de ses camarades de classe. Elle s'appelait Alice. L'adolescent a expliqué aux enquêteurs qu'il avait « décidé de tuer quelqu'un ». Malgré l'horreur du crime, c'est sa mise en scène qui a propulsé[9] ce fait divers[10] à la une[11] des journaux : pour assassiner Alice, le meurtrier avait revêtu[12] le déguisement[13] du tueur sanguinaire[14] du film Scream, qu'il avait visionné la veille. « *La question de l'influence de la télévision sur la violence des jeunes, on se la pose tous les jours,* explique une directrice de la Protection judiciaire de la jeunesse (PJJ) de la banlieue parisienne. *Dans le cas de l'adolescent revêtu du costume de Scream, la télévision n'est pas une explication : le film lui a seulement fourni une idée de mise en scène. Cet enfant était dans un tel état psychologique qu'il aurait tenté[15] de tuer, avec ou sans télé. La réalité,* poursuit la directrice de la PJJ, *c'est qu'on n'arrive pas à expliquer la violence des jeunes. La télévision est une réponse facile, rassurante[16] : elle permet de croire qu'on maîtrise encore les choses.* » (2)

> Une enquête menée pendant 17 ans auprès de 707 familles par une équipe de l'université américaine de Columbia a montré que seulement 5,7 % des adolescents qui passaient moins d'une heure par jour devant la télévision commettaient des actes violents à la fin de l'adolescence et au début de l'âge adulte, contre 28,8 % de ceux qui regardent la télévision plus de trois heures par jour.
> *(D'après le magazine Science No 295, 2002.)*

Coupable... d'abêtir[17] les jeunes ?

A force[18] de vouloir cibler[19] les adolescents, la télévision passe son temps à essayer de les représenter. Résultat : ce ne sont pas les programmes qui risquent d'abêtir les jeunes, mais l'image que la télévision leur renvoie d'eux-mêmes.

En 2000, d'après une étude du Conseil national de la jeunesse, les principaux sujets traités sont la violence et la délinquance juvénile[20]. Viennent ensuite le chômage, les accidents puis les suicides. « *Quarante-neuf pour cent des sujets présentent les jeunes comme des victimes* », résume l'étude, qui précise que les discours développés dans ces émissions sont ceux des adultes donnant leur vision de la jeunesse. *« On fait très peu appel aux jeunes pour ce qui concerne l'analyse du phénomène. Ils sont le phénomène* ». (3)

Coupable... de maltraiter la culture ?

A écouter la plupart des intellectuels, oui, trois fois oui, la télé foule la culture aux pieds[21], notamment sur ces chaînes privées. « *Quand on voit que la plupart des émissions culturelles sont programmées en troisième partie de soirée, oui, on peut dire que la télé a tué la culture* », se désole[22] Philippe Lefait, présentateur des « Mots de minuit » sur France 2. « *Absolument*, ajoute Michel Polac, animateur de « Droit de réponse », *la télé a perdu toute ambition culturelle et le peu qu'elle fait, elle le fait mal...*». Coupable donc, la télé, d'avoir tué la culture ? Peut-être. L'objectivité oblige à dire que, même si l'on peut reprocher aux chaînes publiques de céder[23] aux sirènes[24] de l'Audimat, on ne peut pas totalement exonérer[25] le public de ses propres responsabilités. « *La culture à 20 h 30, c'est un leurre[26]*, avoue Franz-Olivier Giesbert, animateur de « Culture et dépendances » sur France 3. *Il n'y aura jamais assez de gens pour s'y intéresser quand à la même heure, sur une autre chaîne, passent des programmes plus attrayants.* » En effet, quelle audience feraient « Les Perses » d'Eschyle face à « L'île de la Tentation » ? A l'époque où Jean-Pierre Elkabbach présidait France 2 et France 3, il tenta l'expérience de programmer « Bouillon de culture », un soir, à 20 h 45 : Bernard Pivot séduisit[27] exactement le même nombre de téléspectateurs qu'à 22 h 30 ! Voilà pourquoi les émissions littéraires de Guillaume Durand (France 2), de Franz-Olivier Giesbert (France 3) ou de PPDA[28] (TF1), ne commencent jamais, hélas, avant 23 h 20... (4)

1 Laurent Neumann, 2 Bénédicte Charles, 3 Clara Dupont-Monod et 4 Alexis Liebaert dans *Marianne*, 2 septembre 2002 (textes abrégés).

---

7 **inciter** verleiten – 8 **poignarder** frapper avec un couteau – 9 **propulser** *ici:* katapultieren – 10 **un fait divers** (Lokal)Nachricht – 11 **la une** la 1ère page d'un journal – 12 **revêtir** → un vêtement – 13 **un déguisement** Verkleidung – 14 **sanguinaire** blutrünstig (→ le sang) – 15 **tenter** essayer – 16 **rassurant,e** beruhigend (→ sûr) – 17 **abêtir** → bête – 18 **à force de (faire qc)** durch wiederholtes (Tun) – 19 **cibler** *ici:* zielen auf (→ une cible) – 20 **juvénile** qui se rapporte aux jeunes – 21 **fouler qc aux pieds** etw. mit Füßen treten – 22 **se désoler** se plaindre – 23 **céder** ≠ résister – 24 **une sirène** *ici:* Verlockung – 25 **exonérer** *ici:* freisprechen – 26 **un leurre** une illusion – 27 **séduire** verführen – 28 **PPDA** Patrick Poivre d'Arvor (un journaliste)

Sergueï, *Le Monde Télévision*, 3 janvier 2004

Autour du texte

1 Globalement, quelle réponse le texte apporte-t-il à la question posée par le titre ?
2 Les auteurs du texte posent trois grandes questions (voir les sous-titres). Pour chacune de ces questions,
  a) expliquez le plus simplement possible comment le texte y répond ;
  b) dites si vous êtes d'accord avec l'analyse proposée ou pas.

Au-delà du texte

- Discussion – L'étude citée dans le texte affirme que la télévision française donne souvent une image de la jeunesse qui ne correspond pas à celle que les jeunes ont d'eux-mêmes mais plutôt à celle que les adultes ont des jeunes. Pensez-vous que c'est aussi le cas avec la télévision allemande ? Illustrez votre position à l'aide d'exemples concrets.
- Commentaire – La télévision a-t-elle, selon vous, amélioré ou détérioré la qualité de la vie ? Rédigez un commentaire personnel en vous référant à des exemples concrets *(→ stratégies, p. 138).*
- Dessin / Ecriture – Décrivez la scène représentée ci-dessus par Sergueï *(→ stratégies, p. 134).* Quel est le « message » de ce dessin ? A partir de ce message, formulez un nouveau sous-titre : « *La télé est-elle coupable de… ?* » puis rédigez un petit texte qui exprime votre réponse à la question posée.

4 La télévision en couleurs

Que savez-vous des grandes étapes de l'évolution de la télévision ?

Elle n'aurait pas été la première du village à l'avoir, la télévision en couleurs, mais pas la dernière non plus. Elle se trouvait dans le juste milieu et elle aimait ça.

Le monsieur de l'antenne était venu la veille et le livreur était là, le matin, pour installer le poste. Elle avait choisi le grand modèle en couleurs, officiellement parce que sa vue baissait et secrètement parce qu'elle ne voulait pas être en reste[1] avec le charcutier et la charcutière qui en possédaient un semblable[2].

Le livreur brancha[3] l'antenne, régla l'image et lui montra comment elle devait opérer[4] pour mettre la télé en marche, pour doser le son, la luminosité[5] et la couleur.

Elle s'étonna : le monde n'avait donc pas une couleur unique, chacun pouvait à son goût le rougir, le pâlir[6] ou l'assombrir[7]. Elle allait s'en payer[8].« Et voilà ! fit le livreur. Si vous voulez bien signer… » Elle signa, lui glissa une pièce[9] dans la main et le regarda s'en retourner vers son petit camion. Odette Froideveau se retrouva seule avec sa télévision. Au début, ce fut une idylle. Elle regarda tout, jour et soir, s'acheta des magazines, et toutes les têtes qu'elle voyait défiler lui devinrent vite familières[10]. Par jeu, elle fit un temps rougir les hommes politiques, elle assombrit les chanteuses, fit pâlir les speakerines, mais renonça[11] bientôt pour rester confortablement calée[12] dans son grand fauteuil, les jambes croisées sur un tabouret[13], un demi-sourire béat[14] aux lèvres. Elle apprit à manger en regardant et se spécialisa même dans ces bricoles[15] que l'on peut croquer[16] sans détourner les yeux : elle tendait la main

1 **être en reste avec qn** *ici:* hinter jdm zurückbleiben – 2 **semblable** identique – 3 **brancher** *ici:* mettre le contact – 4 **opérer** *ici:* agir – 5 **la luminosité** le degré de lumière – 6 **pâlir** rendre *pâle* (sans couleur) – 7 **assombrir** rendre *sombre* (dunkel) – 8 **s'en payer** *fam.* prendre du plaisir – 9 **une pièce** *ici:* Münze – 10 **familier, -ère** qu'on connaît bien – 11 **renoncer** abandonner – 12 **calé,e** *ici:* assis – 13 **un tabouret** Hocker – 14 **béat,e** content et naïf – 15 **une bricole** une petite chose – 16 **croquer** beißen, knabbern

machinalement vers la boîte posée sur la petite table à gauche du fauteuil et se fourrait[17] dans la bouche les friandises[18].

Elle avait remarqué d'ailleurs que la télévision vantait[19] souvent ces friandises-là, et il lui arrivait parfois de croquer sans le voir un chocolat dont elle pouvait, au même instant, contempler[20] l'image magnifiée[21] sur l'écran.

Pour que ce hasard miraculeux se reproduise le plus souvent possible, elle achetait tout ce dont on parlait à la télé et trouvait tout également fameux.

Elle était bien. Elle aimait la lueur[22] dont le poste baignait son salon, et dans les longues soirées d'hiver il lui semblait même parfois qu'il diffusait de la chaleur.

Elle avait d'abord regardé son poste en égoïste, presque secrètement, puis, dès qu'elle s'était sentie plus solide, dès qu'elle avait eu la certitude de connaître tout le monde, sur toutes les chaînes, elle s'était, elle aussi, mise à discuter avec les gens du village. Chaque matin, chez la charcutière, on commentait l'émission de la veille, on bavardait sur tel ou tel, sur le corsage[23] de la speakerine, sur la cravate du journaliste ... On reprenait les thèmes des débats, on parlait des livres que l'on ne lirait jamais, on savait tout des marées noires[24], des surgénérateurs[25], des psychopathes et des femmes enceintes[26]. Elle s'était même décidée à commander à la buraliste[27], qui n'en revenait[28] pas, un France-Soir pour connaître la volupté[29] des indices d'écoute et le frisson[30] des taux de satisfaction.

Le soir, lorsqu'elle allumait son poste et commençait à croquer ses friandises et avaler ses yaourts aux fruits, Odette pensait que tout le village faisait comme elle, et cela lui donnait chaud au cœur. Elle se calait un peu mieux dans son grand fauteuil, posait les pieds sur le tabouret devant elle, lissait[31] son tablier[32] sur ses cuisses[33], et regardait défiler, avec un demi-sourire de bonheur, les informations.

Un matin, Odette se trouva chez le charcutier en même temps que la grosse Claudine. Les deux femmes se détestaient et semblaient s'être composé pour toujours des itinéraires[34] et des horaires qui leur permettaient de s'éviter. Claudine, pour descendre sur la place, prenait le chemin du haut et faisait ses courses le soir. Odette passait par en bas et s'approvisionnait le matin. La plupart des gens du village avaient perdu mémoire du motif de leur querelle, mais tous la respectaient.

Ce matin-là donc, Claudine avait failli[35] à la règle et était descendue à la charcuterie alors qu'il n'était que dix heures et quart. Odette la vit à travers la devanture[36], mais, puisqu'elle était dans ses heures, elle décida de ne pas reculer et de faire valoir[37] publiquement son bon droit. Elle entra.

Claudine lui tournait le dos et bavardait avec le charcutier.

« En tout cas, disait-elle, je suis bien d'accord avec le barbu[38] : il faut au moins conserver la guillotine pour ceux qui tuent des enfants. »

Odette comprit aussitôt qu'ils étaient en train de parler du débat de la veille[39] sur la peine de mort.

« Cette grosse Claudine a donc la télé ! » pensa-t-elle.

« Enfin, ce que j'en dis, de toute façon, ils savent mieux que nous ce que nous avons à faire.

Donnez-moi donc des cervelles[40] congelées[41]. »

Des cervelles congelées !

Odette avait l'intention d'en prendre, elle aussi, puisqu'ils avaient passé une publicité juste après le journal de la veille. La grosse Claudine regardait donc aussi les publicités.

Odette décida aussitôt d'acheter des côtelettes. A cet instant, Claudine se retourna et la vit.

Prise en faute[42], elle s'empêtra[43] les doigts dans son portemonnaie, bafouilla[44], ce qui n'était pas dans ses habitudes, fourra ses cervelles dans son cabas[45] et sortit.

Le passage était si étroit entre la banque réfrigérée[46] et le mur que, lorsque Claudine croisa[47] Odette, leurs ventres se touchèrent. Elles n'échangèrent même pas un regard.

« Donnez-moi deux côtelettes », fit Odette lorsque le carillon[48] de la porte eut tinté[49].

« Tout de suite, madame Froideveau », répondit gaiement le charcutier, trop content qu'il n'y ait pas eu d'esclandre[50] dans sa boutique.

---

17 **fourrer** *ici:* mettre – 18 **une friandise** Leckerei – 19 **vanter qc** dire beaucoup de bien de qc – 20 **contempler** regarder avec admiration – 21 **magnifier** glorifier – 22 **une lueur** une lumière peu forte – 23 **un corsage** Bluse – 24 **la marée noire** Ölpest – 25 **un surgénérateur** schneller Brüter – 26 **enceinte** qui attend un bébé – 27 **un(e) buraliste** qn qui vend du tabac – 28 **ne pas en revenir** être très surpris – 29 **une volupté** un grand plaisir – 30 **un frisson** Erschauern – 31 **lisser** rendre *lisse* (plat) – 32 **un tablier** Schürze – 33 **une cuisse** Schenkel – 34 **un itinéraire** un chemin à suivre – 35 **faillir à** ne pas respecter – 36 **une devanture** Schaufenster – 37 **valoir** gelten – 38 **un barbu** → une *barbe* (Bart) – 39 **la veille** le jour d'avant – 40 **une cervelle** Hirn – 41 **congelé,e** tiefgefroren – 42 **prendre en faute** erwischen – 43 **s'empêtrer** unbeholfen stochern – 44 **bafouiller** stammeln – 45 **un cabas** un sac (pour faire les courses) – 46 **une banque réfrigérée** Tiefkühltruhe – 47 **croiser qn** passer à côté de qn – 48 **un carillon** Glockenspiel – 49 **tinter** sonner – 50 **un esclandre** une querelle violente

Il prit l'échine de porc[51] et commença à tailler[52] les côtelettes.

« Alors, poursuivit-il, vous avez vu le débat, hier ?

– Comme tout le monde ! » répliqua sèchement Odette. Il n'insista pas.

Au milieu de la place du village, elle s'arrêta pour penser. Il n'était pas question qu'elle parle de la même chose que la grosse Claudine.

En accrochant son imperméable[53] au portemanteau derrière la porte d'entrée, elle ressentit un frisson dans le dos, comme si la fièvre était en train de s'installer en elle, comme si elle couvait[54] quelque chose.

Elle regarda ses côtelettes dorer dans la poêle[55]. Il n'était pas question qu'elle mange la même chose que la grosse Claudine. Pas question.

Si elle se mettait à parler de la même chose que la grosse Claudine et à manger la même chose que la grosse Claudine, elle finirait par devenir la grosse Claudine. Et elle ne voulait à aucun prix être la grosse Claudine, digérer[56] comme la grosse Claudine…

Elle ne prit pas de dessert. Et puis, il n'y avait pas de raison que cela s'arrête à elle : si cela continuait, le village tout entier allait bientôt être la grosse Claudine, et puis le canton, le département, le pays tout entier et puis d'autres pays ensuite…

Un seul homme allait parler dans le poste à une seule grosse Claudine… Le monde entier allait écouter comme Claudine, rire comme Claudine, penser comme Claudine, manger comme Claudine, à la même heure, au même instant…

Elle en oubliait la bouilloire[57] dans laquelle chauffait l'eau pour le café et qui chantait sur la gazinière[58]. Il lui semblait qu'il y avait là une tricherie[59] sur la vérité, une tricherie sur la liberté… Quelque chose de plus grave que les coups de bâton, de plus grave que les violences, de plus inquiétant, de plus injuste.

Un nouveau frisson lui parcourut le dos et elle se leva pour enfiler[60] une petite laine[61].

Ce jour-là, elle ne regarda pas « Aujourd'hui madame ». Son café avalé, elle se mit au lit pour réfléchir. Elle réfléchit effectivement une quinzaine de secondes, puis sombra[62] dans une sieste épaisse[63], suante[64] et agitée[65]. Lorsqu'elle se réveilla sur le coup de cinq heures, sa robe de chambre était entortillée[66] autour de ses jambes, ses cheveux étaient défaits[67], mais elle avait trouvé une solution, sa solution, son antidote[68] à la claudinification du village.

Puisqu'il était établi[69] une bonne fois pour toutes que l'on ne pouvait pas se passer de spectacle, elle allait, seule, offrir un spectacle chaque soir à une seule personne du village pour que, chaque matin, il y ait au moins quelqu'un qui parle d'autre chose que la grosse Claudine. Elle organisait la résistance !

Elle se leva d'un bond[70], retapa[71] son lit hâtivement[72] et se précipita[73] sur sa bibliothèque. Elle n'avait pas une seconde à perdre.

Le premier soir, elle récita une poésie de Victor Hugo à Mme Wasserman, le lendemain elle exécuta la recette du baba[74] au rhum devant Thérèse, l'institutrice, et pour le charcutier qui devait venir le jour suivant, pour ce gros charcutier qui se donnait des airs[75] de poète et ouvrait le col[76] de sa blouse[77] dès le printemps venu, elle allait faire une danse du ventre. Une danse du ventre pour le charcutier !…

Paul Fournel, *Les grosses rêveuses*,

Autour du texte

1 La nouvelle de Paul Fournel suit un certain plan. Retrouvez-en les différentes parties et formulez un titre pour chacune. Ensuite, résumez le texte *(→ stratégies, p. 139).*

2 Quelle est l'origine et la signification de l'expression « la claudinification du village » (L. 177) ?

3 a) Que pensez-vous des activités imaginées par Odette Froideveau pour ses invité(e)s d'un soir ?
b) Qu'est-ce qu'Odette pourrait ensuite imaginer pour distraire le maire, le facteur, le boulanger, etc. ?

- Ecriture – *« Les deux femmes se détestaient. […] La plupart des gens du village avaient perdu mémoire du motif de leur querelle »* (L. 75–83). Ecrivez un petit texte dans lequel vous raconterez comment Odette et Claudine en sont venues à se détester.

51 **l'échine** *(f)* **de porc** Schweinerücken – 52 **tailler qc** couper qc (pour lui donner une forme) – 53 **un imperméable** un vêtement qui protège de la pluie – 54 **couver** ausbrüten – 55 **une poêle** Bratpfanne – 56 **digérer** verdauen – 57 **une bouilloire** Wasserkessel – 58 **une gazinière** Gasherd – 59 **une tricherie** → tricher – 60 **enfiler** mettre (un vêtement) – 61 **une petite laine** *fam.* un vêtement en laine – 62 **sombrer** tomber, se perdre – 63 **épais,se** *ici:* profond – 64 **suer** schwitzen – 65 **agité,e** ≠ calme, tranquille – 66 **entortillé,e** umwickelt – 67 **défait,e** *ici:* en désordre – 68 **un antidote** Gegenmittel – 69 **établir** *ici:* démontrer – 70 **d'un bond** mit einem Satz – 71 **retaper** *ici:* remettre en ordre – 72 **hâtif, -ive** très rapide – 73 **se précipiter sur** aller rapidement vers – 74 **un baba (au rhum)** kleiner Rumnapfkuchen – 75 **se donner des airs de** sich als … geben – 76 **un col** *ici:* Kragen – 77 **une blouse** *ici:* un vêtement de travail

5 La presse écrite

1 Est-ce que vous lisez quelquefois des journaux ou des magazines allemands ou étrangers ? Si oui, lesquels ? Si non, pourquoi pas ?
2 Quelles sont les rubriques de journal ou de magazine que vous préférez ? Quelles sont celles que vous n'aimez pas du tout ? Dites pourquoi.
3 Quels titres de journaux et de magazines français connaissez-vous ?

1 Les fonctions de la presse

Les fonctions sociales de la presse sont multiples et naturellement complémentaires. La première fonction est naturellement l'information, c'est-à-dire la transmission[1], l'explication et le commentaire des nouvelles de l'actualité. Mais le champ d'information de la presse, qui est en principe illimité, est restreint[2] par la curiosité du public, qui ne se porte pas également sur tous les aspects de la vie du monde. Un journal doit donc intéresser son lecteur : « *Un chien mord*[3] *un homme, ce n'est pas une nouvelle ; un homme mord un chien : c'est une nouvelle.* » De plus, il convient[4] d'évoquer[5] les déformations que le journal fait subir[6] aux informations qu'il livre, par le seul fait de leur sélection et de leur mode de présentation. De cette fonction traditionnelle d'information dérive[7] celle de la documentation. La rapidité de l'évolution du monde moderne rend vite dépassés[8] les livres de type encyclopédique ; la presse contemporaine se voit donc de plus en plus confier[9] le rôle de remise à jour des connaissances. Cette fonction de documentation conduit de plus en plus fréquemment la presse à publier des articles ou des documents destinés[10] à être conservés comme référence documentaire.

Le divertissement[11] est la troisième des grandes fonctions de la presse. En soi déjà, la lecture est une activité de divertissement : 90 % des lecteurs considèrent la lecture de leur quotidien comme une occasion de détente[12]. Mais par ses rubriques de jeux, ses feuilletons, bandes dessinées, reportages exotiques mais aussi ses rubriques d'échos[13] ou ses récits de faits divers, la presse cherche à distraire[14] plus directement son lecteur.
La lecture de la presse aide aussi à l'intégration de l'individu dans le corps social. La lecture du journal est une sorte de dialogue avec le monde. Elle brise[15] l'isolement de l'individu. Ainsi, par les différentes fonctions qu'elle remplit, la presse est un véritable service public.

Pierre Albert, *La Presse*, © PUF, coll. « Que sais-je ? » n° 414, 12e éd. 2002 (texte abrégé).

1 **la transmission** le fait de passer qc à qn – 2 **restreindre** limiter – 3 **mordre** beißen – 4 **il convient de** man sollte – 5 **évoquer** *ici:* mentionner – 6 **faire subir qc à qn** jdm etw. antun – 7 **dériver (de qc)** abgeleitet werden – 8 **dépassé,e** *ici:* veraltet – 9 **confier** anvertrauen – 10 **destiné,e à…** dont la fonction est (de)… – 11 **le divertissement** Unterhaltung – 12 **la détente** Entspannung – 13 **les échos** *m, ici:* Klatschspalte – 14 **distraire** divertir – 15 **briser** casser – 16 **le tirage** Auflage – 17 **tirer à…** *ici:* avoir un tirage de…

2 Panorama de la presse grand public

Les quotidiens nationaux et leur tirage[16]

Le Monde (généraliste, centre-gauche)	400 000
Le Figaro (généraliste, centre-droite)	350 000
L'Equipe (sport)	320 000
Libération (généraliste, gauche)	160 000
Aujourd'hui en France (généraliste)	150 000
Les Echos (économie)	120 000
La Croix (généraliste, catholique)	90 000
Paris Turf (sport hippique)	90 000
La Tribune (économie)	80 000
France Soir (généraliste, droite)	70 000
L'Humanité (généraliste, communiste)	50 000

Les hebdomadaires généralistes

Paris Match	720 000
L'Express	550 000
Le Nouvel Observateur	540 000
Le Figaro Magazine	480 000
Le Point	370 000
Le Pèlerin	300 000
Le Journal du Dimanche	290 000
VSD	220 000

Autres titres : *Marianne, Le Canard enchaîné* (journal satirique), *Le Courrier International.*

Les quotidiens régionaux

Avec chaque jour près de 20 millions de lecteurs (près de 40 % de la population) pour plus de 6 millions d'exemplaires diffusés, la presse quotidienne régionale est le premier média d'information des Français. Parmi les 66 titres enregistrés, 10 tirent[17] à 200 000 exemplaires ou plus, tels que *Ouest-France* (800 000) et *Le Parisien* (400 000)

Les magazines spécialisés grand public

Les stars de cette catégorie sont les magazines de programmes de télévision, qui se vendent par millions d'exemplaires.
La presse féminine est aussi en excellente santé, avec une cinquantaine de titres tels que *Version Fémina* (3,5 millions), *Femme actuelle* (1,5 million), *Elle* ou *Marie-Claire*.
Quant à la presse pour les jeunes, les magazines d'information *(Phosphore, Les clés de l'actualité)* arrivent loin derrière les magazines genre « fan-club » tels que *Star Club* (400 000*), Fan 2, Starac Mag* ou *Salut*.

Les « gratuits »

Depuis 2002, cette nouvelle catégorie de quotidiens financés uniquement par la publicité vient concurrencer dans les grandes villes les généralistes nationaux et régionaux.
Les plus importants sont *Métro* (plusieurs centaines de milliers d'exemplaires distribués sur Paris, Lyon et Marseille), *20 Minutes* et *Marseille Plus.*

Les chiffres mentionnés sont ceux, arrondis, de la diffusion payée en 2003, d'après l'OJD.

Autour des textes

1 Quelles sont, selon le texte, les quatre fonctions principales de la presse ? Dites en quelques mots comment la presse remplit ces fonctions. Connaissez-vous d'autres fonctions ?
2 A partir de la citation des lignes 16–18, dites comment une « nouvelle » est définie.
3 Regardez de plus près le panorama de la presse grand public.
   a) Comparez les tirages de la presse nationale et ceux de la presse régionale : Comment pourrait s'expliquer la différence ?
   b) Comparez entre eux les différentes catégories de magazines : Qu'est-ce que vous pouvez constater ?

Au-delà des textes

- Commentaire – Le texte parle de « *déformations que le journal fait subir aux informations qu'il livre* » (L. 19–20). A votre avis, un journal – ou un autre média – peut-il éviter toutes les déformations ? L'objectivité absolue est-elle possible ? *(→ stratégies, p. 138).*
- Internet – En petits groupes, choisissez un quotidien parmi les titres proposés ci-dessus. Retrouvez le site Internet de ce journal et visitez-en quelques pages. Relevez a) les rubriques que ce journal propose et b) les principales nouvelles du jour. Puis comparez vos résultats en classe : Quels points communs retrouvez-vous ? Où sont les différences ? *(→ stratégies, p. 144).*

6 Dérapages en série

Décrivez et commentez le dessin de Siné, ci-contre (les mots que vous ne connaissez pas sont des synonymes du français familier pour « mensonges »). A votre avis, qui ou qu'est-ce que le dessinateur critique ?

1 L'histoire suivante, révélée[2] en octobre 2002 par la presse nationale, se passe dans le département du Nord. A la mort d'une vieille tante, la famille, d'origine juive, rédige un faire-part[3] de décès[4] pour le quotidien *La Voix du Nord*. Le faire-part mentionne entre autres le premier mari de la tante, « *fusillé[5] par la milice du maréchal Pétain* » ainsi que son second compagnon, « *rescapé[6] des camps nazis* ».
Le responsable des annonces refuse de publier le faire-part ainsi rédigé, exigeant que les mots « milice » et « nazis » soient supprimés. C'est ainsi que l'édition du 24 septembre 2002 mentionne simplement le mari « *fusillé en otage[7] à Voiron* » et le second compagnon « *rescapé des camps de concentration* ». Prié de se justifier, le responsable de *La Voix du Nord* explique que le journal « *n'est pas là pour dire que Pétain a fait fusiller des gens* », ajoutant que les lecteurs d'extrême droite auraient pu reprocher au journal les mots utilisés. Avant de conclure, le plus sérieusement du monde : « *Chaque journal fait comme il veut. Nous, on ne veut pas écrire tout et n'importe quoi dans les avis de décès.* »

2 On n'a pas vu leur visage. On ne sait pas qui ils sont. Mais de leur gagne-pain[8] – voler des voitures en terrorisant les conducteurs l'arme au poing, revendre les véhicules volés –, les téléspectateurs du « 20 heures » de France 2 diffusé mardi 10 juin ont appris les moindres[9] détails. Un reportage réalisé par Patrick Fandio et illustrant une enquête sur les vols de voiture, montrait un jeune homme encagoulé[10] expliquant son *modus operandi*[11], exhibant[12] fièrement son pistolet et simulant même, pour la caméra, les gestes qu'il pratique au quotidien avec sa bande.
Fallait-il diffuser de telles images alarmistes ? France 2 n'a-t-elle pas pris le risque de banaliser ces actes criminels ? Le rédacteur en chef du journal de 20 heures n'a pas souhaité s'exprimer sur le sujet. *Le Monde*, 14 juin 2003

3 1991, j'étais correspondant en URSS. La presse du monde entier titrait : « *Famine[13] à Moscou* ». Nous autres journalistes interrogions tous les Moscovites que nous rencontrions sans apercevoir la faim dans la ville. Des pénuries[14], oui. La faim, non. Le correspondant d'une agence de presse internationale reçoit de sa rédaction en chef une commande : « *Envoyer 300 mots sur la famine* ». Le correspondant écrit son papier décrivant la pénurie, pas la famine qu'il n'a pas perçue[15]. Il reçoit ce qu'on appelle une requête[16] : « *Prière[17] refaire le papier en insistant sur la famine.* » Les journaux clients ont besoin de papier sur la famine puisque toute la presse en parle. Le correspondant, la mort dans l'âme, corrige légèrement son texte pour se débarrasser[18] de cette affaire.

Guy Sitbon, *Marianne*, 21 juillet 2003

4 Le 1er décembre, Dieudonné[19] s'était présenté dans l'émission « Spécial ils nous font rire », diffusée en direct, en portant un treillis[20], une cagoule et le chapeau caractéristique des juifs orthodoxes. Dans un sketch parlant de l'humoriste-acteur Jamel Debbouze, il avait invité « *les jeunes qui nous regardent aujourd'hui dans les cités à rejoindre l'axe américano-sioniste* ». A la fin de sa prestation[21], il avait levé le bras à la manière du salut nazi en parlant d'Israël, prononcée « *IsraHeil* ».

Guy Dutheil et Daniel Psenny, *Le Monde*, 12 décembre 2003.

Autour du texte

1 En quoi chacun des faits mentionnés dans les quatre textes ci-dessus constitue-t-il un « dérapage » dans l'utilisation des médias ?
2 Connaissez-vous d'autres exemples de dérapages (dans les médias allemands ou internationaux) ? Si oui, lesquels ?
3 Que pensez-vous de l'explication donnée par le responsable de *La Voix du Nord* pour justifier ses pratiques (texte 1) ?
4 A votre avis, pour quelle raison le rédacteur en chef de France 2 a-t-il diffusé le reportage mentionné dans le texte 2 ?
5 Quel intérêt les clients de l'agence de presse du texte 3 peuvent-ils avoir pour des informations qui ne correspondent pas à la réalité ?

Au-delà du texte

- Discussion – L'humoriste Dieudonné (texte 4) est passé devant le tribunal en 2004 après avoir été accusé d'antisémitisme. A votre avis, le « dérapage » commis justifie-t-il une action en justice contre son auteur ? Un humoriste n'a-t-il pas le droit – par définition – de se moquer de tout et de tous ? Justifiez votre position.
- Créativité – En groupes, formulez quelques « règles de bonne conduite » qui devraient s'appliquer au travail des journalistes.

---

1 **un dérapage** Ausrutscher, Entgleisung – 2 **révéler** *ici:* publik machen – 3 **un faire-part** Anzeige – 4 **le décès** la mort – 5 **fusiller** erschießen (→ un fusil) – 6 **rescapé,e** sauvé, survivant – 7 **un otage** Geisel – 8 **un gagne-pain** Broterwerb – 9 **moindre** plus petit – 10 **encagoulé,e** qui porte une *cagoule* (une sorte de masque) – 11 **un modus operandi** *lat.* une manière de faire – 12 **exhiber** montrer – 13 **la famine** Hungersnot – 14 **la pénurie** le manque de ce qui est nécessaire – 15 **percevoir** voir, sentir, remarquer – 16 **une requête** une demande insistante – 17 **prière de…** Nous vous prions de… – 18 **se débarrasser de qc** sich einer Sache entledigen – 19 **Dieudonné** un humoriste français – 20 **un treillis** Kampfanzug – 21 **une prestation** *ici:* Auftritt

7 Les tentations du métier

a) Personnellement, faites-vous confiance aux médias ? En général, croyez-vous ce que vous racontent la télé, la radio, la presse ?
b) Comparez votre position à celle des Français, exprimée dans le sondage ci-dessous.

Le degré de fiabilité[1] des différents médias	Le journal	La radio	La télé
Les choses se sont passées comme il/elle les raconte	48	55	47
Les choses ne se sont pas passées comme il/elle les raconte	48	38	51
Sans opinion	4	7	2

Enquête réalisée en 2004 auprès de 1000 personnes âgées de 18 ans et plus. © TNS 2003.

Aujourd'hui, 50 % des Français doutent[2] de ce qu'ils lisent dans leur journal et ne sont qu'un tiers à croire à l'indépendance des journalistes… Classé il n'y a pas si longtemps aux premières places dans l'échelle[3] des professions, le métier de journaliste se retrouve, très symboliquement, dans les dernières, entre la prostituée et le député… Le discrédit[4] actuel résulte d'une série de « dérapages » dont la répétition a fini par trahir[5] le dérèglement d'une profession. L'ère[6] de la communication peut parfois se transformer en piège : toutes les entreprises se sont dotées[7] de professionnels de la communication chargés de servir les journalistes. Et parfois de s'en servir. C'est au journaliste de savoir garder la distance qui lui évitera de se placer, même inconsciemment[8], « sous influence ». En faisant, par exemple, la différence entre le voyage de presse dont l'objet est la visite d'une nouvelle usine et l'invitation « personnelle » du maire de l'Alpe-d'Huez[9] à venir passer *« seul ou en famille, un week-end ou quelques jours de vacances »*, pour découvrir « *cette station en pleine expansion*[10] ».
En plus de la difficulté réelle d'apprécier[11] au cas par cas la frontière entre l'acceptable et l'inacceptable, le respect quotidien des principes de l'indépendance présente un défaut majeur : il coûte cher. La crise financière qui affecte[12] actuellement, en France, la presse écrite d'information générale la met en situation de vulnérabilité[13]. Mais l'honnêteté professionnelle due aux lecteurs reste du ressort[14] de chacun des médias. C'est à chaque journal – entreprise originale qui prétend faire le commerce[15] de la vérité – de présenter ses engagements déontologiques[16] à ses lecteurs comme un argument commercial. Et de transformer sa conception de la vérité et l'usage qu'il en fait – sa crédibilité[17] – en argument de vente. (1)

En complément de la Charte des journalistes de 1918 (révisée en 1938), les deux cents journalistes de TF1 ont accepté toute une série de règles de « bonne conduite déontologique » qui ne constituent, selon leur direction, « *ni un code*[18] *ni une charte, mais quelques principes qui s'imposent*[19] *à tout journaliste de la rédaction de TF 1* ». En voici les principales.

1 Le respect des sensibilités diverses des téléspectateurs passe par un avertissement[20] préalable[21] dans le cas de la diffusion d'une séquence qui pourrait choquer ou traumatiser[22] certains.
2 Il impose de limiter les images violentes aux seuls reportages dont la valeur d'exemple est prouvée par l'actualité.
3 Il oblige de refuser toute image à caractère pornographique et à délimiter[23] avec soin les reportages contenant des séquences pouvant heurter[24] la pudeur[25].
4 Il conduit à traiter avec le plus grand tact tous les sujets ayant trait[26] à l'enfance, en respectant la volonté des familles.

---

1 **la fiabilité** Vertrauenswürdigkeit – 2 **douter de qc** ≠ croire (en) qc – 3 **une échelle** (Stufen)Leiter – 4 **le discrédit** le manque de respect ou de confiance – 5 **trahir qc** montrer qc (qui était caché) – 6 **une ère** une époque – 7 **se doter de** *ici:* engager – 8 **inconsciemment** sans le vouloir – 9 **l'Alpe-d'Huez** une station de sports d'hiver – 10 **en expansion** en développement – 11 **apprécier** *ici:* abschätzen – 12 **affecter** toucher – 13 **la vulnérabilité** Verwundbarkeit – 14 **être du ressort** faire partie des responsabilités (de qn) – 15 **faire le commerce de qc** vendre qc – 16 **déontologique** qui concerne la « morale » d'une profession – 17 **la crédibilité** → *crédible* (qu'on peut croire) – 18 **un code** un ensemble de règles – 19 **s'imposer** être nécessaire – 20 **un avertissement** un appel à l'attention – 21 **préalable** fait avant (qc) – 22 **traumatiser** causer un choc émotionnel violent – 23 **délimiter qc** fixer les limites de qc – 24 **heurter** frapper; *ici:* choquer – 25 **la pudeur** Schamgefühl – 26 **avoir trait à** se rapporter à

5 Les journalistes s'imposent de donner la parole de manière contradictoire[27] aux différents protagonistes d'un dossier d'actualité. Dans le cas où l'un de ces protagonistes aura expressémen[28] refusé de s'exprimer, le commentateur le stipulera[29] dans son reportage.
6 Il est recommandé[30] d'éviter la répétition inutile et injustifiée de séquences pouvant aboutir[31] à la mise en cause[32] de l'honnêteté[33] ou de l'honorabilité d'une personne ou d'une institution.
7 Tant que[34] la responsabilité d'une personne n'est pas prouvée par la justice, les plus grandes précautions de langage doivent être utilisées pour qu'on ne confonde[35] pas mise en cause, mise en examen[36] et culpabilité[37].
8 Le respect de la vie privée doit conduire à éviter de harceler[38] les proches d'une personne sous les feux de l'actualité.
9 Les journalistes ne diffusent pas de séquences réalisées en caméra cachée pouvant permettre l'identification d'une personne et d'un lieu privé.
10 Ils s'interdisent de filmer un événement où la présence des caméras favoriserait une action criminelle. Ils se refusent à filmer un crime annoncé par avance par un individu ou une organisation.
11 S'agissant d'un rapt[39] ou de tout autre crime commis sur un enfant, les journalistes ne doivent agir qu'en fonction de l'intérêt de la famille, au besoin[40] après consultation des autorités.
12 Les journalistes s'abstiennent[41] de diffuser l'interview d'une personne parlant sous la contrainte.
13 Les images d'archives sont utilisées avec précaution. Quand leur diffusion peut créer une confusion, elles sont datées et citées comme telles. (2)

1 Eric Conan, *L'Express*, 4 décembre 1992 (texte abrégé) ; 2 *Le Monde*, 26 janvier 1994.

Autour du texte

1 Pourquoi est-il parfois difficile, pour un journaliste, de garder son indépendance ?
2 Qu'est-ce que l'auteur du premier texte conseille aux médias en général et aux journalistes en particulier ?
3 a) En quoi le fait que le journaliste se retrouve en bas de l'échelle des professions – entre la prostituée et le député – est-il, pour Eric Conan, symbolique ?
b) Vous-même, comment jugez-vous le métier de journaliste ? Justifiez votre opinion.
4 Expliquez comment une crise financière peut mettre la presse d'information générale en « situation de vulnérabilité » (L. 29).
5 Faites une liste des expressions et mots-clés se rapportant aux principes que les journalistes de TF 1 veulent respecter. Comparez ces règles de conduite avec celles que vous avez formulées vous-mêmes (*voir page 125, exercice de créativité*).

Au-delà du texte

- Projet – Ce genre de règles de conduite est souvent formulé en *réaction* à des comportements réels. Choisissez trois de ces règles et, pour chacune d'entre elles, une situation concrète (et si possible réelle) dans laquelle les comportements ne correspondaient pas aux principes formulés ci-dessus. Dites ce qui s'est réellement passé et comment on aurait pu ou dû éviter les erreurs.
- Commentaire – Choisissez un des sujets suivants :
  1 Diriez-vous que les médias, dans la présentation des sujets d'actualité, cherchent avant tout à vous *informer* ou à vous *influencer* ? Justifiez votre réponse.
  2 A votre avis, les médias servent-ils la démocratie ou se servent-ils plutôt d'elle ? (→ *stratégies, p. 138*).
- Internet – A l'aide d'un moteur de recherche français retrouvez la Charte des journalistes de 1918.
  a) Lisez d'abord la charte sans essayer de comprendre chaque mot. Quelle est votre première impression ?
  b) La plupart des articles sont-ils encore « actuels » ? Qu'est-ce qu'il faudrait éventuellement changer ?
  c) Philippe Bourre, docteur en droit des médias, a élaboré en 2003 une « nouvelle charte de déontologie du journalisme ». Retrouvez cette charte et comparez-la avec celle de 1918. En quoi consiste la différence principale ?

---

27 **contradictoire** *ici:* présentant des opinions opposées – 28 **expressément** ausdrücklich – 29 **stipuler** mentionner – 30 **recommander** conseiller – 31 **aboutir à qc** avoir qc pour résultat – 32 **la mise en cause** 1. Infragestellung, 2. Beschuldigung – 33 **l'honnêteté** *f* Anständigkeit – 34 **tant que** aussi longtemps que – 35 **confondre** ≠ distinguer – 36 **une mise en examen** Einleitung eines Verfahrens – 37 **la culpabilité** ≠ l'innocence (→ coupable) – 38 **harceler** bedrängen – 39 **un rapt** Entführung – 40 **au besoin** si nécessaire – 41 **s'abstenir** sich enthalten

8 Les matinales fidélisent les jeunes

1 Faites un « filet de mots » autour du mot *radio*.
2 a) Est-ce que vous écoutez souvent la radio ? A quel(s) moment(s) de la journée ?
b) Quelle est votre station de radio préférée et quelles sont les émissions que vous aimez ? Pourquoi ?

Certains prétendent que les adolescents ne parviennent[1] pas à se lever tôt. Ce n'est pas l'avis des animateurs de NRJ, Skyrock, Europe 2 et Fun Radio, les quatre premières stations « jeunes » de la bande FM. Difool, Cauet, Bruno et Martin prennent le micro dès 6 heures. Leur mission : accompagner le réveil d'une population de collégiens, lycéens, grands ados et jeunes adultes, et les fidéliser tout au long de la semaine. En radio, le « 6-9 » est aussi important que la première partie de soirée à la télévision.

Pour séduire cette cible qui rassemble des individus de 13 à 34 ans, il faut user de recettes simples et efficaces[2] : canulars[3] téléphoniques, libre antenne[4], tubes[5] musicaux, parodies de chansons, cadeaux à gagner, invités et blagues souvent en dessous de la ceinture[6]. Sur les généralistes, Stéphane Soumier (Europe 1), Stéphane Paoli (France-Inter) ou Jacques Esnous (RTL) se disputent l'écoute de leurs parents avec des reportages, des chroniques, des interviews et des revues de presse.

Eléments essentiels d'une matinale réussie, l'impertinence[7] et la liberté de ton. « *Cauet, l'émission qui déchire sa race*[8] », entend-on ainsi en boucle[9] sur Europe 2 entre 6 et 10 heures. Pas question de se prendre au sérieux ni d'aborder en profondeur l'actualité du jour. Difool et son équipe, par exemple, préfèrent enchaîner les gags « délirants[10] », comme appeler les banques du sperme de la région lyonnaise ou contacter la Mairie de Paris à propos d'une future taxe pour les propriétaires de chien. « *On s'adresse aux lycéens et aux étudiants qui se réveillent. Notre but : faire rigoler avant le boulot* », explique Difool. Cauet, lui, s'est fait une spécialité de réveiller une personne choisie au hasard, avec des séquences entières d'un film ou du jeu « Le maillon[11] faible » (TF1). Succès garanti devant l'incompréhension de l'auditeur. Quant à Martin (Fun), en pleine polémique sur le voile, son « Appel crétin[12] » consiste à téléphoner à un responsable d'établissement scolaire pour lui dire que la moustache fait désormais partie des signes religieux ostensibles[13]. Et ça marche : « *Continuez comme ça, vous êtes trop forts !* », lance un auditeur ravi[14].

Contrairement aux émissions nocturnes[15] de libre antenne, les dérapages sont rares en matinales. La plupart des textes et des blagues sont écrits à l'avance, et les animateurs, Difool excepté, s'appuient[16] sur un canevas[17] préétabli[18]. Déconneurs[19] mais prudents.

Guillaume Fraissard, Cécile Prevost et Julien Vonthorn, *Le Monde Télévision*, 7 février 2004 (texte abrégé).

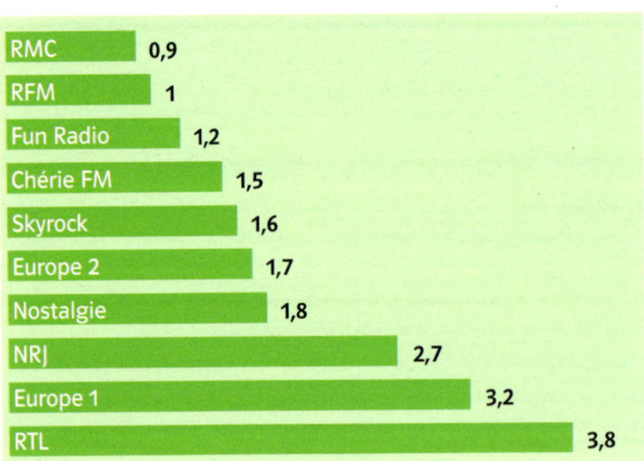

← Quatre radios jeunes parmi les dix premières stations de la tranche « 6 -9 », en audience cumulée, sur la base des 13 ans et plus. (en millions d'auditeurs ; source : Médiamétrie, novembre 2002).

Saviez-vous... que la loi du 30 septembre 1986 oblige les stations de radio françaises à diffuser un minimum de 40 % de chansons d'expression française ?

1 **parvenir à** arriver à – 2 **efficace** wirksam – 3 **un canular** un gag (Scherz) – 4 **la libre antenne** le fait de donner la parole aux auditeurs – 5 **un tube** une chanson à succès – 6 **une ceinture** Gürtel – 7 **l'impertinence** *f* Frechheit – 8 **déchirer sa race** *langue des jeunes* être mieux que tout / très réussi – 9 **en boucle** sans arrêt – 10 **délirant,e** *fam.* complètement fou – 11 **un maillon** (Ketten)Glied – 12 **crétin,e** stupide, idiot – 13 **ostensible** offenkundig – 14 **ravi,e** très content – 15 **nocturne** → la nuit – 16 **s'appuyer** se servir – 17 **un canevas** un scénario – 18 **préétabli,e** fixé d'avance – 19 **un déconneur** *fam.* qn qui *déconne* (spinnt)

Autour du texte

1 Qu'est-ce qu'une « matinale » ? Pourquoi les matinales des radios « jeunes » sont-elles importantes pour ces stations ?
2 En quoi les programmes des stations « jeunes » et des stations « pour adultes » se différencient-ils surtout ?
3 Que pensez-vous des méthodes appliquées par les stations « jeunes » ? Vous les trouvez drôles ?

- Commentaire – Que pensez-vous de la loi du 30 septembre 1986 citée dans la case-info (p. 128) ? Est-ce qu'il faudrait introduire une telle loi en Allemagne pour des chansons en allemand ? Pourquoi (pas) ?

L'animateur Difool en studio

9 Skyrock, la radio qui déconne grave

a) Connaissez-vous des stations de radio qui permettent au public – et en particulier aux jeunes – de s'exprimer en direct à l'antenne ? Pour quel genre d'émission est-ce possible ?
b) Est-ce que vous avez vous-même déjà appelé ou eu envie d'appeler ? Pour parler de quoi ?

Un million, c'est le nombre d'auditeurs d'entre 15 et 25 ans qui chaque soir se branchent[2] sur Sky et qui ont fait de cette station la radio la plus écoutée des jeunes en France. Leader dans la jeunesse, même si elle ne peut diffuser[3], à la différence de ses rivales, que sur la moitié du pays, Sky est un sacré[4] succès commercial : 130 millions de chiffre[5]. Mais Sky est surtout une radio-miroir[6] des jeunes des cités, amateurs de rap et de raï.
Depuis que le CSA[7] a mis en demeure[8] la radio de « *ne plus diffuser de propos susceptibles[9] de porter gravement atteinte[10] à la dignité de la personne humaine et de nuire[11] à l'épanouissement[12] physique, mental ou moral des mineurs* », Skyrock a reçu plus d'un million de messages de soutien[13]. Ce qui a motivé la mise en demeure du CSA, ce sont des propos[14], très crus[15], tenus à l'antenne à propos du « Loft » de M6. Difool, animateur vedette de 32 ans et chef d'antenne, s'en explique: « *Nos émissions en direct partent sur les thèmes qui intéressent les auditeurs. Quand «Loft Story» a commencé, nos auditeurs n'ont parlé que de cela. Le CSA n'a pas compris que les jeunes qui nous écoutent sont capables de décoder ce qu'ils voient à la télé, qu'ils ont du recul[16], qu'ils sont capables de faire du second degré[17]. Ils ne comprennent pas qu'ici on déconne et on décode.*»
Sur l'antenne de Sky, on peut s'attendre à tout. Tout ce qui intéresse le quotidien de ce que le directeur de la station, Pierre Bellanger, appelle « la nouvelle génération ». C'est clair, on y déconne grave. Mais on y pratique aussi la « Sky-solidarité ». Un lycéen est paniqué parce qu'il a profité de l'absence de ses parents pour faire une fête qui s'est traduite[18] par une fenêtre brisée : dans la journée, des auditeurs viennent la lui réparer.
Il y a des appels, plus graves, qui déclenchent la Sky-solidarité. Des parents qui joignent la station, paniqués : « *Notre fils a fait une fugue[19]. On est très inquiets. Comme on sait qu'il écoute toujours Sky, on voudrait qu'il nous rassure.* » Le jeune fugueur appelle. Les auditeurs réagissent. Les parents sont rassurés. Parfois se nouent[20] des dialogues entre des jeunes de cité et des policiers, alors qu'ils viennent de s'opposer dans un quartier. Ou alors c'est « Momo, de Vénissieux » qui avoue : « *J'ai piqué[21] une voiture de police* » et prend un savon[22] par ses « grands frères »: « *Momo, tu déconnes grave, la prison, on connaît, alors arrête tes conneries[23].* » Difool commente: « *Si on lui avait dit: «Momo, c'est pas bien ce que tu as fait», cela n'aurait eu aucune portée[24].* » Epuisé après six heures d'antenne quotidienne, l'animateur de la station commente : « *Cette émission, elle ressemble à la vie.*»

Robert Marmoz, *Le Nouvel Observateur*, 14 juin 2001 (texte abrégé).

1 **grave** *fam.* énormément – 2 **se brancher sur** *ici:* écouter – 3 **diffuser** *ici:* senden – 4 **sacré,e** *fam.* fameux, grand – 5 **le chiffre (d'affaires)** Umsatz – 6 **un miroir** Spiegel – 7 **le CSA** le Conseil supérieur de l'audiovisuel – 8 **mettre qn en demeure (de faire qc)** jdn (ab)mahnen – 9 **susceptible de** *(+ inf)* qui pourrait… – 10 **porter atteinte à** beeinträchtigen 11 **nuire à** schaden – 12 **l'épanouissement** *m* le (bon) développement – 13 **le soutien** → soutenir – 14 **des propos** *m* des paroles – 15 **cru,e** *ici:* direct, choquant – 16 **le recul** *ici:* Abstand – 17 **le second degré** une manière de communiquer par l'ironie, les jeux de mots etc. – 18 **se traduire par qc** *ici:* avoir qc pour résultat – 19 **faire une fugue** ausreißen – 20 **se nouer** *ici:* se former – 21 **piquer** *fam.* voler – 22 **un savon** *ici: fam.* Rüffel – 23 **une connerie** *fam.* une imbécillité, une bêtise – 24 **une portée** *ici:* une influence

Autour du texte

1 Expliquez pourquoi Skyrock est très populaire en France.
2 a) Concrètement, qu'est-ce que le CSA a reproché à cette station ?
b) Comment Difool justifie-t- il ce qui s'est dit à l'antenne au sujet de « Loft Story » ? En quoi consiste le « second degré » ?
3 a) Expliquez ce qu'entend l'auteur par *Sky-solidarité* (L. 32).
b) Que pensez-vous de ce que dit Difool au sujet du dernier exemple (L. 50–52) ?
4 Y a-t-il en Allemagne des stations de radios comparables à Skyrock ? Si oui, lesquelles ? Si non, selon vous, pourquoi pas ?

Au-delà du texte

- Commentaire – La liberté signifie-t-elle qu'on peut tout dire à l'antenne (et le dire n'importe comment) ? Ou bien y a-t-il d'après vous des choses à éviter ? Prenez position et basez vos arguments sur des exemples *(→ stratégies, p. 138).*
- Ecriture – « *Vous préférez Fun Radio ou Skyrock ?* » C'est la question posée dans un forum sur la radio. Voici deux réponses, écrites par des jeunes en « langage texto ». Traduisez-les en « bon » français puis faites la liste des abréviations et autres simplifications les plus souvent utilisées dans ce langage.
  a) *moi j'adore sky et j'écoute + cette radio ke fun mai fun c mieu en ce momen y'a pa ke du rap ou du r&b !! j've pa dire ke j'aime pa le r&b mé sa soule d'entendre tt le tps la mm chose ...*
  b) *moi perso jprefere fun ... d'abord sky bon ok ya certaines émissions po tro mal com celle de diffool (c la seul ki va), le reste c ke du rap et du rnb en boucle (en 1h t'entend 3x la même chanson) jprefere fun même si en journée la zik n'est po très bien, et un peu répétitive, la zik est bcp + variée au nivo des genre.*
- Internet – Recherchez le site du CSA (L. 10) et présentez cette institution à vos camarades : Parlez de son rôle et de ses dernières actions *(→ stratégies, p. 144).*

10 La société de la cyber-information

1 Décrivez l'illustration de la page suivante et dites quels sentiments ou quelles réactions elle vous inspire.
2 Construisez un « filet de mots » autour des mots *ordinateur* et *Internet*.
3 Combien de temps passez-vous chaque mois sur Internet, en moyenne ? Quelles utilisations principales faites-vous surtout d'Internet ? Faites un petit sondage dans votre classe.

La société de l'information met en évidence[1] des possibilités illimitées de communication, grâce auxquelles les « cyber-citoyens » construiront une nouvelle forme d'intelligence collective. Futurologue, aussi passionné de biologie que d'informatique, Joël de Rosnay, de la Cité des sciences et de l'industrie de La Villette à Paris, trace le portrait de cette société.

– *A quoi est dû le succès des nouvelles technologies comme Internet ?*

– Internet n'est pas une nouvelle technologie venant simplement s'ajouter aux autres. C'est un système de communication qui permet à des ordinateurs très différents de partager des ressources à l'échelle[2] internationale. C'est un réseau[3] de réseaux qui a des possibilités illimitées : en utilisant le réseau téléphonique international, un ordinateur et un modem, des millions d'internautes discutent, participent à des forums professionnels, échangent des idées, font de la politique, accèdent à des bibliothèques et à des bases de données[4], téléchargent[5] des programmes, participent à des jeux ou à des programmes éducatifs. C'est la synergie[6] entre l'écrit, l'image fixe, la vidéo et la communication par téléphone qui fait du « web » un nouvel espace de développement et d'interaction.

– *Tous les citoyens ont-ils des chances égales de s'intégrer dans ces nouvelles démarches ?*

– Il faut l'espérer, bien qu'on ne puisse pas nier qu'un fossé[7] est en train de se créer entre les pays, et aussi entre les générations. Il y a certes un risque d'isolement, de ségrégation[8] sociale et d'exclusion. C'est pourquoi, il est important d'y remédier[9] dès maintenant. D'une part, Internet touche toutes les couches[10] de la population : familles, étudiants, enseignants, monde du travail, entreprises, etc. Les prix des ordinateurs

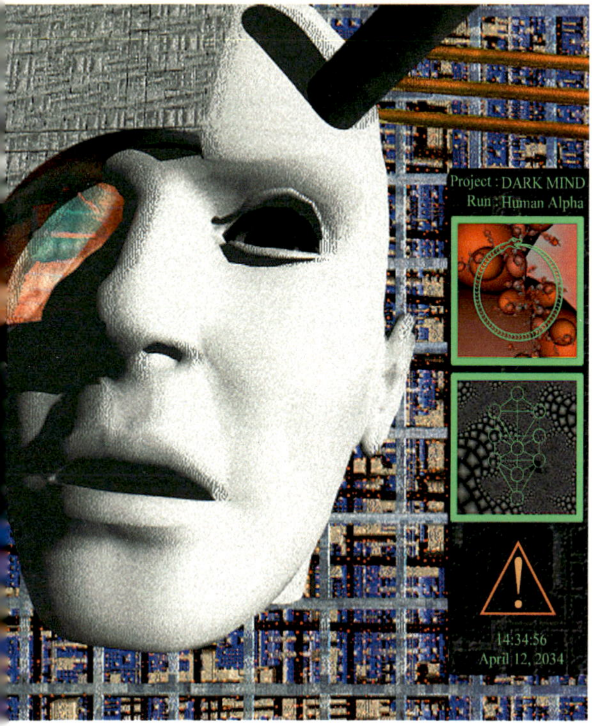

diminuent, les connexions[11] deviendront gratuites, et les logiciels[12] verront également leurs prix se réduire. L'Internet va se démocratiser dans les dix prochaines années, y compris, comme on le voit déjà, pour les pays émergents[13]. D'autre part, plus le monde se dématérialise par l'électronique, plus il nous faudra compenser cette virtualité par la réalité du contact humain. Quand le livre est sorti, les clercs[14] ont dit que c'était la pire des choses car il réduirait les contacts humains. Pour Internet et les écrans en général, on retrouve les mêmes craintes. Mais je suis porté[15] à croire qu'Internet suivra le même chemin que le livre, le téléphone, la télévision, l'automobile : au départ, réservées aux plus riches, ces techniques se sont largement répandues[16], dans l'intérêt de chacun et comme facteur de communication entre les gens.

– *Quelles grandes tendances se dessinent en matière de sciences de l'information ?*

– Le média du futur, paradoxalement, n'est pas pour moi Internet, mais la télévision numérique[17] avec la capacité de navigation offerte par l'Internet. C'est de la fusion[18] des deux que naîtra, dans les prochaines années, la capacité de transmission des images et des sons pour communiquer en direct. On peut envisager de la visiophonie de bonne qualité, bilatérale ou en groupe, et surtout la création d'émissions télévisées par les usagers eux-mêmes, diffusées sur des chaînes Internet... Le phénomène actuel des pages personnelles se transformera, j'en suis convaincu, en phénomène des chaînes personnelles de télévision, pour le meilleur et pour le pire.

Propos recueillis par Evelyne Simonnet, journaliste (texte abrégé).

	D'accord	Pas d'accord	Sans opinion
– Internet facilite la vie de tous les jours	70	26	4
– Grâce à Internet, les gens communiquent davantage entre eux	69	29	2
– La connexion à Internet coûte cher	58	31	11
– Aujourd'hui, on ne peut plus se passer d'Internet	43	56	1

Etude réalisée en 2003 auprès de 1000 personnes de 18 ans et plus. © TNS 2003

Autour du texte

1 Donnez votre propre définition du *cyber-citoyen*.
2 D'après Joël de Rosnay, pourquoi Internet est-il bien plus qu'une simple nouvelle technologie ?
3 a) Quel sont, d'après ce texte, les deux grands « dangers » d'Internet ?
   b) Joël de Rosnay ne semble pas être inquiet en ce qui concerne ces dangers. Pourquoi ?

1 **mettre qc en évidence** faire apparaître qc – 2 **l'échelle** *f ici:* le niveau – 3 **un réseau** Netz – 4 **une base de données** Datenbank – 5 **télécharger** herunterladen – 6 **la synergie** Zusammenwirken – 7 **un fossé** Graben – 8 **la ségrégation** la séparation – 9 **remédier (à qc)** Abhilfe schaffen – 10 **une couche** Schicht – 11 **une connexion** Verbindung – 12 **un logiciel** Software – 13 **les pays émergents** Schwellenländer – 14 **un clerc** *vx* un homme cultivé – 15 **être porté,e à** avoir tendance à – 16 **se répandre** sich verbreiten – 17 **numérique** digital – 18 **la fusion** *ici:* Verschmelzung

Au-delà du texte

- Commentaire – « *Internet est une technologie de la liberté et de l'exclusion.* » Que pensez-vous de cette affirmation de Manuel Castells (professeur de sociologie à Berkeley, Californie) ?
- Discussion – Formez plusieurs groupes et préparez les arguments avec lesquels vous participerez à un débat portant sur les dangers d'Internet (p. ex. son utilisation par des terroristes, des organisations d'extrême-droite, des pédophiles, etc.).

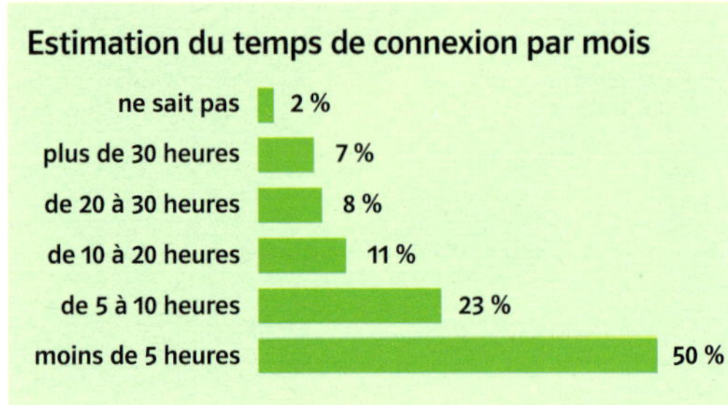

Estimation du temps de connexion par mois

(Enquête de l'Observatoire Régional de la Famille d'Alsace, 2002)

11 Weblogs – les nouveaux mass-médias

Dites, si vous le savez, ce qu'est un « weblog ». Si vous ne le savez pas, spéculez sur ce que cela pourrait être.

Des révélations[1] sur les liens[2] entre l'Irak et Al Qaeda, le nouveau processeur 64 bits d'AMD, l'architecture new-yorkaise... Quels que soient vos centres d'intérêt, vous trouverez toujours un weblog qui vous corresponde. Et, sans même le savoir, vous en avez sûrement déjà consulté un. Mais qu'est ce qu'un weblog ? Il s'agit de pages Web qui servent de bloc-notes. On les appelle également carnets *Web*, *blogs* ou *jouebs*, contraction[3] de *journal Web*. Il en existe déjà deux ou trois millions, peut-être plus. Leurs auteurs les mettent à jour[4] très fréquemment. Ils y ajoutent leurs commentaires sur l'actualité, des liens vers des sites qui les ont intéressés et parfois des informations exclusives. Les interventions[5], souvent brèves[6], comportent de nombreux liens hypertextes. Elles sont classées en ordre chronologique inversé : les dernières ajoutées sont les premières visibles.
L'apparition du premier weblog remonte à 1989, année de la création du Web au CERN[7], à Genève. Il s'agissait ni plus ni moins que de la première page du Web de Tim Berners-Lee, l'inventeur de la Toile. Chaque jour, elle recensait[8] les nouveaux sites, avec un petit commentaire.
Aujourd'hui, on distingue trois grandes catégories de weblogs. Consacrés à l'information, les premiers weblogs fonctionnent comme des revues de presse permanentes. Si beaucoup sont l'œuvre de passionnés hypercompétents, qu'ils parlent de jeux en ligne ou de défense de l'environnement, d'autres expriment plutôt une lecture personnelle et décalée[9] de l'actualité.
Deuxième grand genre : les magazines électroniques collectifs. Une communauté se réunit autour d'un thème pour fournir de l'information et débattre. Les lecteurs sont les rédacteurs. On trouve là quelques institutions, comme *Slash-dot*, l'un des sites les plus fréquentés sur l'actualité des nouvelles technologies, ou *linuxfr.org* qui traite en particulier des logiciels libres.
Enfin, les chroniques personnelles ou journaux intimes en ligne constituent la troisième famille. Sur ces pages, l'auteur parle de lui-même, raconte sa vie, décrit ses états d'âme.
Les weblogs se révèlent très différents, et leurs auteurs aussi : ils ne correspondent pas à un profil spécifique. Ce sont parfois des experts dans un domaine très pointu[10] – comme les mathématiques ou le droit –, ou de bons vivants[11] souhaitant faire part de leurs expériences culinaires, ou encore des critiques de cinéma amateurs, voire des chroniqueurs de leur propre vie qui livrent leurs impressions aux autres sous la forme d'un journal.
Jusqu'en 1999, seuls quelques passionnés d'informatique se lançaient dans ce genre d'activité. Aujourd'hui, les internautes férus[12] de weblogs sont de plus en plus nombreux. La preuve : des

---

1 **une révélation** une nouvelle information – 2 **un lien** Verbindung – 3 **une contraction** Zusammenziehen – 4 **mettre à jour** actualiser – 5 **une intervention** *ici:* Beitrag – 6 **bref, brève** court – 7 **le CERN** le Centre Européen pour la Recherche Nucléaire – 8 **recenser** auflisten – 9 **décalé,e** *ici:* schräg – 10 **pointu,e** très spécialisé – 11 **un bon vivant** qn qui aime manger – 12 **féru,e de qc** passionné par qc – 13 **acquérir** gagner, obtenir – 14 **un outil** Werkzeug

milliers de ces bloc-notes sont créés chaque jour. La légitimité des blogs comme source d'information a été acquise[13] après le 11 septembre 2001, lorsqu'ils ont servi de réseau de témoignage et d'information alternatif.
Et leur explosion a été favorisée par l'apparition des premiers outils[14] d'administration et de création simplifiés. Grâce à eux, chaque internaute peut créer son weblog très facilement. Pour se lancer, et faire entendre sa propre voix en devenant l'auteur d'une de ces pages, il suffit d'un navigateur, d'une connexion Internet et d'un peu de temps... Alors pourquoi ne pas essayer ?

Renaud Bonnet, *L'Ordinateur Individuel*, le 10 mars 2003.

Autour du texte

1 a) Comment le texte définit-il le « weblog » ?
   b) Quel est l'intérêt des weblogs et comment s'explique le fait qu'il y en ait autant ?
2 Retrouvez les trois catégories de weblogs dont parle l'auteur. En quoi se distinguent-elles ?
3 Quelles étapes marquent l'évolution des weblogs de leurs débuts jusqu'à nos jours ?

- Projet – Branchez-vous sur Internet et, en petits groupes, mettez-vous à la recherche de weblogs. Retrouvez-en le plus possible et classez leurs adresses en fonction des trois catégories mentionnées dans le texte.

12 Attention, danger d'abondance !

Nous sommes en danger d'abondance[1] et le triomphe de l'écrit y participe. C'est une tragédie. L'excès d'information équivaut[2] au bruit. Le pouvoir politique dans notre pays l'a bien compris. La censure ne s'exerce pas par rétention[3] ou élimination, mais par profusion[4] : pour détruire une nouvelle, il suffit aujourd'hui d'en pousser une autre juste derrière. Ce qui s'est passé pendant la guerre du Golfe en est un exemple parfait. Mais on pourrait en évoquer d'autres, dans d'autres domaines. Lorsque toute la mémoire humaine sera sur un ordinateur, que se passera-t-il ? Une bibliographie de vingt titres est fort utile puisque vous en retenez finalement trois ouvrages, que vous lirez. Mais que faire d'une bibliographie de 10 000 titres obtenus en appuyant sur le bouton d'un computer ? La jeter au panier[5] ! De même, la photocopie tue la lecture, donc la connaissance. Autrefois, j'allais en bibliothèque et je prenais des notes sur les livres qui m'intéressaient. Maintenant, je suis si content de rapporter chez moi ce réservoir de savoir que j'ai photocopié – parce que c'est facile – que je ne l'ouvre même plus. Tout le problème est donc d'arriver à filtrer cette surinformation, et de le faire dans l'instant car nous n'avons plus, pour opérer[6] ce filtrage, le temps de la réflexion dont nous disposions auparavant.

Umberto Eco, *Le Nouvel Observateur*, octobre 1991

Autour du texte

Quels exemples Umberto Eco donne-t-il pour illustrer sa thèse selon laquelle nous sommes « en danger d'abondance »? Expliquez son raisonnement.

- Ecriture – « *L'accès à tous et à tout est la façon postmoderne d'être seul et ignorant* ». Etes-vous d'accord ? Tenez compte des réflexions d'Umberto Eco.

---

1 **l'abondance** *f* la grande quantité – 2 **équivaloir à qc** avoir la même valeur que qc – 3 **la rétention** → *retenir* (für sich behalten) – 4 **la profusion** la trop grande quantité – 5 **un panier** (Papier)Korb – 6 **opérer** *ici*: réaliser

Stratégies Comment décrire une image

Une image a souvent, comme un texte, une certaine *signification*.
On découvre la signification d'un texte en identifiant ses éléments textuels (ses mots, ses phrases, sa structure) et les objets ou idées auxquels ils font référence.
De même, on découvre la signification d'une image en identifiant ses éléments visuels (ses formes, ses couleurs, sa composition) et les objets ou idées qu'ils représentent.

1 Le premier coup d'œil

Mentionnez le *type* d'image concerné (photo, peinture, dessin, etc.)
et le *sujet* général (p. ex. un bâtiment, une scène de rue, un groupe de personnes, etc.).

2 Le cadre

Quand c'est possible, retrouvez les détails qui situent la scène dans le temps et l'espace.
- Le *temps* : une époque, un moment de l'année (une saison, p. ex.) ou de la journée.
- L'*espace* : un pays, une région, une ville, une rue, un bâtiment, une pièce, etc.

3 La composition

Nommez et décrivez les objets et les personnages représentés en les situant...
- par rapport aux différents *plans* (au premier plan, au second plan, à l'arrière-plan) ;
- par rapport aux *zones* de l'image (en haut, en bas, à gauche, à droite, au centre) ;
- par rapport aux *autres éléments* représentés (à côté de, en face de, près de, devant, derrière, etc.)

Si la composition de l'image vous semble avoir une *fonction* précise : mettez-la en évidence.

4 Les personnages

- Indiquez leur nombre, leur sexe et (environ) leur âge.
- Décrivez leur aspect extérieur (la taille, les détails du corps et du visage, la coiffure, les vêtements, les accessoires). Quelle impression d'ensemble donnent-ils ?
- Décrivez leurs gestes, leurs attitudes, les sentiments qu'ils semblent exprimer.

5 L'action

En quoi consiste l'action (s'il y en a une) ? Que font les personnages au moment où ils sont représentés ? (Vous pouvez aussi imaginer ce qu'ils viennent de faire juste avant et ce qu'ils vont faire juste après.)

6 Votre point de vue

- Quels sentiments ou réactions l'image provoque-t-elle chez vous ?
- Qu'est-ce que vous associez à cette image ? (Est-ce qu'elle vous rappelle quelque chose ?)
- D'après vous, qu'est-ce que le peintre, le dessinateur ou le photographe a voulu exprimer ?

Stratégies Comment lire et comprendre un texte

Lire un texte, c'est…
- en déchiffrer les mots et les phrases ;
- suivre la pensée ou le raisonnement de l'auteur, comprendre son « message » ;
- en retirer pour soi-même quelque chose de nouveau, d'utile ou d'agréable.

1 Il est bon de commencer par une « **lecture d'écrémage** » *(skimming)* pour identifier le *sujet général* du texte et évaluer son intérêt :
   - Lisez le titre puis regardez tout ce qui vous « saute aux yeux » (s'il y en a : les sous-titres, les mots en caractères gras, les photos et graphiques, les cases-infos, etc.).
   - Lisez l'introduction puis la conclusion.
   - Survolez le reste du texte assez rapidement et *sans chercher à en comprendre tous les mots*, afin de retrouver les *idées principales*.

2 Formulez ensuite les *questions* que vous vous posez (ou lisez les questions qu'on vous pose) sur le contenu du texte.

3 Procédez alors à une « **lecture de repérage** » *(scanning)* : Survolez le texte à la recherche des *informations particulières* (chiffres, dates, noms de personnes, etc.) ou des mots-clés qui vous permettront de répondre aux questions posées.

4 Procédez enfin, paragraphe par paragraphe, à la **lecture détaillée** du texte :
   - Identifiez les *arguments* sur lesquels se basent les thèses ou idées de l'auteur.
   - Relevez les *exemples* qui les illustrent.
   - Retrouvez la *structure* du texte, c'est-à-dire l'enchaînement des arguments.

   Repérez pour cela les mots et expressions qui introduisent…
   - une explication (parce que, car, puisque, en effet, etc.),
   - une condition (si) ou une restriction (bien que, malgré, etc.)
   - une opposition (cependant, pourtant, par contre, etc.),
   - une conclusion (donc, c'est pourquoi, etc.).

   S'il reste dans le texte des mots inconnus que le contexte ne vous a pas aidé(e) à comprendre, consultez un dictionnaire unilingue.

Stratégies Comment varier votre expression écrite

Varier vos expressions, cela permet surtout d'éviter les répétitions dans vos textes. Cela permet aussi de reformuler avec vos propres mots des extraits de texte que vous ne voulez pas citer mot à mot (pour rédiger un résumé, par exemple).
Quelques conseils :

1 Utilisez des **synonymes** (qui respectent le contexte !), p. ex. :
des vêtements ↔ des habits, une lutte ↔ un combat, prétendre ↔ affirmer, jolie ↔ belle

2 Reformulez vos phrases à l'aide d'**antonymes** :
Personne ne connaît la solution. ↔ *Tout le monde ignore* la solution.
Ils l'ont *empêché* de partir. ↔ Ils ne lui ont pas *permis* de partir.
L'Histoire n'*oublie* pas les hommes célèbres. ↔ L'Histoire *se souvient* des hommes célèbres.

3 Remplacez les groupes nominaux par des **adjectifs** – et inversement :
une structure *en métal* ↔ une structure *métallique*
la circulation *dans Paris* ↔ la circulation *parisienne*
des vêtements *de luxe* ↔ des vêtements *luxueux*

4 Employez (quelquefois) le style nominal et (souvent) le **style verbal** :
La délinquance des mineurs est *en augmentation*. ↔ La délinquance des mineurs *augmente*.
La maîtrise des coûts est nécessaire. ↔ Il est nécessaire de *maîtriser* les coûts.
Eiffel entreprend *la construction* d'une tour. ↔ Eiffel commence à *construire* une tour.

5 Employez (quelquefois) le passif et (souvent) l'**actif** :
3000 personnes *sont employées* par la ville. ↔ La ville *emploie* 3000 personnes.
Plusieurs problèmes *sont causés* par la circulation. ↔ La circulation *cause* plusieurs problèmes.
Différentes conditions leur *ont été posées*. ↔ On leur *a posé* différentes conditions.

6 Remplacez certaines propositions relatives par des **participes passés** ou **participes présents** – et inversement :
un instrument *qui sert* à… ↔ un instrument *servant* à…
un instrument *qu'on utilise* pour… ↔ un instrument *utilisé* pour…
une émission *qu'on a vue* à la télé ↔ une émission *vue* à la télé

Stratégies Comment bien rédiger vos textes

Un « bon » texte est un texte bien structuré et écrit dans une langue claire et variée. Certains types de texte doivent respecter une forme particulière (une lettre ou un résumé, par exemple), mais les conseils qui suivent sont valables pour la plupart des textes.

1 Structurez votre texte

1 Faites un plan ! Votre texte doit comprendre trois parties principales :
   - l'*introduction* (présentation du sujet) ;
   - le *développement* / la partie principale (argumentation) ;
   - la *conclusion* (bilan et / ou jugement).

2 Ne mettez qu' *une* idée principale ou un seul argument par paragraphe. Le nombre, la longueur et l'ordre des paragraphes peuvent varier (en fonction du sujet, p. ex.).

2 Utilisez des « charnières »

Reliez vos idées ou les parties de votre texte par des charnières (ou formules de transition) qui mettent en valeur la « logique » de votre plan. Ces charnières peuvent exprimer…
- une *suite* : d'abord, premièrement, deuxièmement, puis, ensuite, de plus, en outre, après cela, à part cela, enfin, finalement, pour terminer, etc.
- des *causes* ou des *effets* : parce que, car, puisque, comme, pour cette raison, c'est pourquoi, ainsi, par conséquent, en effet, pour que, de manière que, etc.
- une *comparaison* : de même, comparé à, en comparaison avec, à la différence de, etc.
- une *opposition* : mais, pourtant, cependant, malgré (cela), quand même, tandis que, alors que, bien que, par contre, contrairement à, au contraire, en revanche, etc.

3 Exprimez-vous de manière claire et variée

- Utilisez un vocabulaire *simple* mais précis.
- Faites surtout des phrases *courtes* (avec, au maximum, une subordonnée).
- La *mise en relief* (c'est… qui / c'est… que) peut souligner certains aspects importants.
- Voir également les conseils donnés page 136.

Stratégies Comment rédiger un commentaire

Le but du commentaire est d'exprimer *votre propre position* face à une thèse, un problème, une question ou une affirmation tiré(e) d'un texte que vous avez lu ou qui est en rapport avec le contenu de ce texte.

1 Dans votre introduction, formulez clairement et brièvement le **sujet**.

2 Dans votre développement, développez les **arguments** qui justifieront votre position.

- Si vous commentez une affirmation prise dans le texte que vous venez de lire : Discutez des arguments avancés par l'auteur du texte en commençant par ceux avec lesquels vous êtes plutôt d'accord. Terminez par les arguments que vous voulez critiquer et contredisez-les.
- Si vous êtes franchement pour ou franchement contre une thèse, avancez vos propres arguments par ordre d'importance croissante.
- Si vous prenez une position du genre « d'accord, mais », commencez par les arguments « plutôt contre » ce qui constitue votre propre position, puis opposez-leur les arguments « plutôt pour ».
- N'oubliez pas de relier vos arguments entre eux par les « *charnières* » qui conviennent (voir p. 137).
- Illustrez vos arguments par des *exemples* basés, si possible, sur votre expérience personnelle.

3 Dans votre conclusion, résumez ce qui constitue votre **position personnelle**.

Voir aussi « Comment bien rédiger vos textes », p. 137.

Stratégies Comment faire un résumé

1 **Avant** de commencer le résumé, ...
- lisez bien l'ensemble du texte (voir : Comment lire et comprendre un texte, p. 135) ;
- identifiez les idées principales et notez (ou soulignez) les mots-clés.

2 Dans votre **introduction**,
- mentionnez le sujet / l'idée générale du texte ;
- (*si on vous le demande* :) mentionnez aussi l'auteur et le titre de l'article ou du livre.

3 Dans la **partie principale**,
- reprenez les idées du texte original en gardant l'*ordre* dans lequel elles sont présentées ;
- ne gardez que l'*essentiel*, pas les détails (exemples, comparaisons, expressions imagées, etc.).

4 Pour **rédiger** votre résumé,
- écrivez au *présent* et à la troisième personne, partout où c'est possible ;
- utilisez vos *propres mots* et un langage *simple et clair*, avec des phrases courtes (voir aussi : Comment varier votre expression écrite, p. 136) ;
- ne *copiez* pas les phrases du texte ; *évitez* les citations, le style indirect, les mots rares ;
- gardez une perspective *neutre* (évitez les commentaires, ne portez pas de jugement) ;
- *enchaînez* bien vos phrases en utilisant les « charnières » (ou mots de liaison) qui conviennent (voir aussi : Comment bien rédiger vos textes, p. 137).

5 **Après** la rédaction, relisez bien votre texte pour vérifier...
- que vous n'avez rien *oublié* d'important ;
- que vous n'avez pas fait de *fautes* d'orthographe ou de grammaire.

Stratégies Comment faire moins de fautes

Faire des fautes, quand on apprend une langue, c'est normal – même s'il est bon d'en faire le moins possible. L'idéal, c'est de *prendre conscience* de ses fautes pour pouvoir mieux les *éviter* à l'avenir. *« La vraie faute est celle qu'on ne corrige pas »*, disait déjà Confucius…

Quelques conseils pour vous aider :

1 Faites une **statistique** de vos fautes.
Chaque fois que le prof corrige un devoir, relevez et classez les fautes que vous avez faites.
Quelques types de fautes courantes (il y en a beaucoup d'autres) :
- orthographe incorrecte ;
- vocabulaire mal choisi (ou expression mal traduite) ;
- faute d'accord (du verbe avec le sujet / de l'adjectif avec le nom / du participe passé) ;
- choix d'un mode ou d'un temps qui ne convient pas (indicatif au lieu du subjonctif, p. ex.) ;
- fausse « concordance des temps » entre la principale et une subordonnée (dans les phrases conditionnelles / au discours indirect, p. ex.).

2 Attaquez-vous en priorité à vos principaux « **points faibles** ».
- Révisez régulièrement votre *vocabulaire* à l'aide d'un fichier ou en réalisant des filets de mots, des champs thématiques ou d'autres listes de mots (voir aussi les différentes listes proposées dans ce livre, p. ex.).
- Relisez dans une *grammaire* les règles que vous ne maîtrisez pas correctement (et répétez cette lecture aussi souvent que nécessaire). Puis demandez à votre prof de vous proposer des exercices portant sur ces points particuliers de la grammaire (ou recherchez sur Internet des exercices portant sur ces points de grammaire).

3 Après avoir rédigé un **texte**, relisez-le soigneusement en recherchant systématiquement les « types » de fautes que vous faites régulièrement. Si c'est nécessaire, relisez-le plusieurs fois (une fois par type de faute) en commençant par les fautes que vous faites le plus souvent. Puis corrigez ces fautes.

4 Prenez un « **bain de langue** » le plus souvent possible, *même si vous ne comprenez qu'une partie de ce qui est dit ou écrit !*
- Ecoutez la radio française (beaucoup sont aussi sur Internet).
- Regardez à la télé ou sur Internet des émissions francophones (p. ex. sur TV5, arte, rfi.fr).
- Si vous en avez l'occasion : Lisez des journaux, des magazines, des livres français.
- Relisez les textes déjà traités en cours.

Stratégies Comment indentifier la fonction d´un texte / les figures de style

Les fonctions du texte

Vous vous rappelez ? Un texte peut avoir plusieurs fonctions :
- *décrire* qc, pour informer le lecteur (ou pour le distraire) ;
- *expliquer* qc, pour faire comprendre qc au lecteur ;
- *argumenter*, pour le faire réfléchir ou lui faire changer d'avis ;
- *influencer* le lecteur, pour le faire agir ;
- *raconter* qc, pour le distraire ou pour l'informer.

Vous pouvez identifier la ou les fonction(s) d'un texte en analysant…
- la *perspective* de l'auteur (ou du narrateur) ;
- le *ton* du texte (neutre, didactique, ironique, agressif, etc.) ;
- la *langue* utilisée (familière, recherchée, lyrique, technique, etc.) ;
- les *figures de style* utilisées (voir ci-dessous).

Les principales figures de style

1 pour exprimer une analogie ou illustrer une idée :
- la *comparaison* :
  « On vit comme *des rats* à Paris » (p. 21, L. 36) ;
- la *métaphore* (une expression imagée sans « comme ») :
  « Le sous-sol de Paris est devenu un dangereux *gruyère* » (p. 12, L. 38–39).

2 pour renforcer ou souligner une idée :
- l'*hyperbole* (une forte exagération) :
  « *Pour rien au monde*, il n'accepterait… » (p. 17, L. 15–16) ;
- l'*énumération* :
  « *en métro, en bus, en voiture, en vélo, en scooter, en roller* » (p. 12, L. 14–15) ;
- la *gradation* (une énumération d'éléments de plus en plus « importants »)
  « Il m'a fallu bien des *semaines*, bien des *mois* (…) et bien des *années* » (p. 5, L. 11–13) ;
- l'*antithèse* (deux mots de sens contraire qui se suivent et se renforcent l'un l'autre) :
  « tant de *beautés* partout, tant *d'horreurs* partout » (p. 5, L. 21).

3 pour atténuer ce qui est dit (par ironie, p. ex.) :
- la *litote* (le contraire de l'exagération) :
  « cette idée n'est *pas bête* » (= elle est bonne !) ;
- l'*euphémisme* (une expression « modérée » qui en remplace une autre,
  considérée comme dure ou choquante) : « les clients » (= les jeunes délinquants) (p. 15, L. 26).

Stratégies Comment analyser et interpréter un texte narratif ou dramatique

Un texte littéraire sert souvent à distraire ses lecteurs ou son public, mais pas seulement !
En général, il veut aussi faire passer un message plus ou moins concret et plus ou moins « caché » dans l'histoire que son auteur raconte (narration) ou met en scène (théâtre).
L'analyse et l'interprétation du contenu et de la forme d'un texte littéraire servent à retrouver son *message* et à identifier la position ou les intentions de son *auteur* en tenant compte, si possible, du *contexte* historique et culturel de l'œuvre.

I Analyser un texte narratif

1 Identifiez le **narrateur** (le narrateur n'est *pas* l'auteur !)
- Le narrateur *omniscient* présente l'action et les personnages de l'extérieur du récit. Il sait tout sur le passé, le présent et l'avenir, il connaît les pensées des personnages. Il peut aussi s'adresser directement au lecteur. Il utilise surtout la 3ème personne.
- Le narrateur-*témoin* est un personnage du récit, il ne sait des autres personnages et de leurs actions que ce qu'il en a vu, entendu ou appris lui-même. Il utilise surtout la 1ère personne.
- Le narrateur *effacé* (personaler Erzähler) « se met dans la peau » d'un personnage du récit, mais intervient peu dans le récit. Il peut utiliser la 1ère ou la 3ème personne et combiner différentes formes de narration (discours direct, discours indirect libre, monologue intérieur).

2 Caractérisez les **personnages** principaux
- Relevez les informations *explicites* données par le narrateur sur les personnages.
- Retrouvez ce que d'autres protagonistes disent ou pensent de ces personnages.
- Caractérisez l'*attitude* ou les *comportements* des personnages à partir de leurs actions, de leurs paroles ou de leurs pensées (caractérisation indirecte).
- Dites si ces personnages sont plutôt des *caractères* (des individus précis) ou des *types* (qui représentent une catégorie de personnes, une classe sociale ou une certaine idée, p. ex.).

3 Décrivez l'**action**
- En quoi consiste l'*action principale* ? Qui fait quoi ? où ? quand ? comment et pourquoi ?
- Comment l'action *évolue*-t-elle ? Y a-t-il des retours en arrière ? des anticipations ? L'auteur cherche-t-il à accélérer ou à ralentir le rythme du récit ? En quoi consiste le point culminant ?
- S'il y a des *actions secondaires*, dites quels sont leurs rapports avec l'action principale.

II Analyser un texte dramatique

1 S'il y a des **indications scéniques**, relevez ce qu'on y apprend sur le cadre et sur les personnages.

2 Caractérisez les **dialogues**
- De quel *type* de dialogues s'agit-il ? (discussion, dispute, simple conversation ?)
- Quel en est le *ton* général ? (froid, agressif, décontracté, humoristique, etc.)
- Quel en est le *sujet* principal ?

3 Caractérisez les **personnages** et leur attitude
- Comme il n'y a pas de narrateur, c'est souvent une caractérisation *indirecte* : voir les dialogues.
- Mettez en évidence les *relations* qui existent entre les personnages (degré de distance ou de sympathie, rapports de force, hiérarchie, etc.)
- Quelle *position* les personnages occupent-ils par rapport au sujet principal ? Dites si leurs positions *évoluent* au cours du dialogue (et, si oui, dans quel sens).

4 S'il y a une **action,** décrivez-la à partir des dialogues et des indications scéniques.

III Interpréter un texte narratif ou dramatique

1 Isolez le *sujet* / le thème / l'idée principale du texte.

2 Passez les personnages en revue et examinez la *manière* avec laquelle ils sont caractérisés (avec sérieux ou ironie, sympathie ou distance, etc.) Voyez pour cela la langue et le ton utilisés par l'auteur (voir aussi la p. 141).

3 Cherchez à comprendre dans quelle mesure l'auteur s'identifie (ou s'oppose) à l'un de ces personnages ou à son narrateur. Quelle position ce personnage représente-t-il ?
Formulez une première *hypothèse* au sujet de la position de l'auteur face au sujet traité.

4 A l'aide de ce que vous savez sur le « hors-texte » (voir ci-dessous), confirmez ou corrigez votre première hypothèse.
   a) Le *cadre historique* du récit ou de la pièce (vie économique, sociale, culturelle, etc.) et, si elle n'est pas identique :
   b) la *réalité historique de l'époque* à laquelle le texte a été écrit (la biographie de l'auteur est une partie de cette réalité).
   c) L'*œuvre de l'auteur* : Quelles idées l'auteur a-t-il déjà exprimées dans ses autres textes ?
   d) Les *idéologies* et les *courants littéraires et esthétiques* de l'époque concernée.

5 Faites la synthèse de vos observations puis formulez le « message » du texte en tenant compte de son contexte historique et culturel.

Stratégies Comment s´informer sur Internet

1 Lancer une recherche

Il y a deux types de moteurs de recherche :

1 Les *annuaires* ou *répertoires* (p. ex. Yahoo!, mais aussi Voilà, Excite, etc.) regroupent les sites Internet en catégories thématiques. Si par exemple vous cherchez la liste de toutes les chaînes de télévision françaises, vous pouvez sur Yahoo! cliquer sur les catégories « Actualités et médias » puis « **Télévision** » et enfin « Chaînes de télévision ».

2 Les *index* (p. ex. Google, mais aussi Lycos, Altavista, etc.) permettent les recherches à partir de mots-clés. Vous avez plusieurs possibilités :
   - Entrez un ou plusieurs mots-clés : Google recherche les documents qui contiennent *au moins un* de ces mots.
   - Mettez un « + » entre ces mots-clés : Google recherche les documents qui contiennent *tous* ces mots.
   - Mettez une séquence de mots (une expression, un titre, une citation) entre guillemets : Google recherche seulement les documents qui contiennent exactement cette *séquence de mots*.
   - Pour *exclure* un mot de votre recherche, mettez un « – » devant ce mot (avec un espace avant le « – »).

   Si la liste des sites proposés est longue, consultez d'abord les premières pages de la liste : la plupart des index mentionnent les sites les plus visités en début de liste (ce sont souvent les plus intéressants). A partir des quelques indications données sur ces sites, choisissez ceux qui vous semblent intéressants.

2 Evaluer la qualité d'un site ou d'un document Internet

- Le site vous apporte-t-il le genre d'informations dont vous avez besoin ?
- Le site se présente-t-il de manière « sérieuse » ? (ou veut-il surtout attirer l'attention sur des annonces de publicité ou des contenus payants ?) L'auteur du document ou le responsable du site vous semble-t-il digne de confiance ?
- Les informations sont-elles présentées de manière objective ? (ou s'agit-il surtout de polémique ?) Sont-elles claires, logiques, convaincantes ? (Pour votre travail, commencez par consulter les sites qui vous semblent les plus informatifs.)

3 Sauvegarder vos résultats

- Vous pouvez…
  1) ajouter les adresses des sites intéressants dans les « favoris » ou « préférences » *(bookmarks)* de votre navigateur ;
  2) enregistrer directement depuis votre navigateur une page ou un document sous forme de fichier HTML ;
  3) copier tout ou partie de la page ou du document dans un fichier Word (ou autre programme de traitement de texte).
- N'imprimez pas tout ce que vous trouvez, mais seulement ce que vous pensez pouvoir utiliser pour votre travail.
- N'oubliez pas de citer les sources de vos informations en indiquant l'adresse des sites concernés. (Vous pouvez aussi ajouter la date de votre passage sur ces sites.)

Stratégies Comment réussir son exposé / une présentation orale

Un exposé ou une « présentation orale » sert à transmettre des informations ou des idées sur un sujet précis à un certain public (vos camarades de classe, par exemple... ou les examinateurs du bac). Pour ceux qui vous écoutent, il est important que votre exposé soit *intéressant* et *facile à comprendre*, c'est-à-dire clair, bien structuré et bien présenté.

1 La préparation

1 Rassemblez et structurez le **contenu** de votre exposé :
- Prenez des notes et rédigez-les directement *en français*.
- *Groupez* vos notes sur des feuilles séparées (une feuille par « point » important) et donnez à chaque groupe d'informations un *titre* qui les résume.
- A partir de ces titres, faites le *plan* de votre exposé (voir aussi les conseils donnés page 137).

2 Préparez un **aide-mémoire** :
- *Complétez* votre plan par des mots-clés, des citations ou autres notes très courtes (ne faites pas de phrases, ne recopiez pas les détails !)
- *Soulignez* ou marquez avec de la couleur ce qui est particulièrement important.
- Là où vous voulez utiliser du *matériel visuel ou auditif* (voir ci-dessous), notez-le.
- Formulez en quelques phrases l'*introduction* et la *conclusion* de votre exposé.

3 Variez votre **présentation** :
- Là où c'est possible, prévoyez des éléments *visuels* (cartes, graphiques, dessins, photos, extraits de vidéos, etc.) et des éléments *auditifs* (extraits d'interview ou de chanson, p. ex.) pour illustrer votre exposé.
  Attention : un « show médiatique » ne doit pas servir à compenser un contenu insuffisant !
- Pensez à vous procurer le *matériel* nécessaire (et n'oubliez pas de vérifier le bon fonctionnement de ce matériel).

4 Si possible, **testez** votre exposé :
- A l'aide de votre aide-mémoire, *formulez* votre exposé par oral, le plus simplement possible.
- Vérifiez que votre aide-mémoire suffit pour vous souvenir de tout ce qui est *important*.
- Conrôlez le *temps* que vous avez pris.
- Si nécessaire, *modifiez* votre plan ou votre aide-mémoire.
  Recopiez le plan définitif sur un transparent (ou sur une feuille à distribuer au public).

2 L'exposé

1 Juste **avant** l'exposé :
- Vérifiez que vos papiers sont en bon ordre et que le matériel fonctionne.
- Détendez-vous ! Respirez profondément, restez calme !

2 Pour **commencer** l'exposé :
- Annoncez le *sujet*, présentez les parties principales du plan (à l'aide d'un transparent, p. ex.).
- Demandez qu'on vous pose des *questions* pendant ou (de préférence) après l'exposé.

3 Quelques **conseils** pour la suite :
- *Regardez* votre public aussi souvent que possible. Ne *lisez* pas vos notes !
- Parlez *lentement*, d'une voix claire et forte ; faites souvent des petites pauses !
- Exprimez-vous *simplement*. Faites des phrases courtes ! Notez les mots compliqués au tableau.
- *Illustrez* ce que vous dites par des exemples ou à l'aide de gestes, de dessins, etc..
- *Répétez* pour les souligner les idées ou formules vraiment importantes (mais pas trop souvent !)

Stratégies Comment analyser le « langage cinématographique » d'un film

Bien comprendre un film, c'est d'abord pouvoir suivre son action et comprendre ses dialogues, mais c'est aussi reconnaître son « langage cinématographique », c'est-à-dire identifier les techniques audio-visuelles utilisées et leur fonction.
On choisit pour cela d'analyser *quelques scènes* assez courtes parmi les plus marquantes du film.

1 La prise de vue

Dites quelle fonction ont les plans, la position et les mouvements de la caméra dans les scènes concernées : Pourquoi le metteur en scène a-t-il choisi précisément ceux-là et pas d'autres ?
(Voir les illustrations page suivante.)

Le cadrage
- Le plan d'ensemble : le cadre de l'action
- Le plan moyen : un personnage en entier
- Le plan rapproché : le visage et le buste
- Le gros plan : le visage
- Le plan de détail : partie du visage ou objet

La position de la caméra
- La caméra subjective : ce que voit un personnage
- Le vol d'oiseau : une scène vue de très haut
- Le champ : la caméra orientée dans un sens...
- Le contre-champ : ... et dans le sens contraire

La perspective
- La plongée
- La perspective neutre
- La contre-plongée

Les mouvements de caméra
- Le plan fixe
- Le travelling (haut, bas, gauche, droite)
- Le travelling latéral
- Le travelling optique (le zoom)

2 Le son

- Les *bruits* : Semblent-ils naturels ou sont-ils filtrés ou bien intensifiés ? (Pourquoi ?) Quel rôle particulier certains bruits peuvent-ils jouer ?
- La *musique* : Quel genre d'atmosphère crée-t-elle ? Analysez les rapports qui existent entre la musique et l'action.
- La *voix off* (quand il y en a une) : Quand intervient-elle ? Quelle est sa fonction et quel effet produit-elle ?

3 Le montage / les effets spéciaux

Retrouvez les effets plus ou moins spéciaux qui ont été réalisés pendant le tournage ou le montage et cherchez à comprendre la fonction qu'ils peuvent avoir dans le film. Y a-t-il par exemple...
- des atmosphères particulières produites par la lumière artificielle ?
- des flash-backs ou des anticipations ?
- des accélérations ou des ralentissements de l'image ?
- des autres manipulations de l'image ou du son ?
- des séquences d'animation ou des personnages de synthèse (créés par ordinateur) ? etc.

CADRAGE

plan d'ensemble

plan moyen

plan rapproché

gros plan

plan de détail

MOUVEMENTS

plan fixe

travelling

zoom

travelling latéral
(ici : sur chariot)

POSITION DE LA CAMÉRA

subjective

vol d'oiseau

champ

contre-champ

PERSPECTIVE

plongée

neutre

contre-plongée

Stratégies Comment rédiger un curriculum vitae

Curriculum vitae signifie « déroulement de la vie ». C'est un document qui sert à se présenter quand on répond à une offre d'emploi ou de stage, ou encore quand on demande une bourse, p. ex.
Il existe plusieurs modèles de CV. Le modèle suivant est sans doute le mieux adapté si vous devez envoyer votre CV en France.

0 Commencez en haut et à gauche par quelques informations sur votre personne :
Prénom, nom (en majuscules), adresse, téléphone, âge, situation familiale (célibataire, marié…)

1 Dans la rubrique **Formation**,
- indiquez le *titre* exact et l'*année* de vos diplômes
(si vous avez le bac, ne mentionnez pas les diplômes inférieurs comme le *Mittlere Reife*) ;
- mentionnez les stages qui ont *directement* servi à votre formation.

2 Dans la rubrique **Expérience professionnelle**,
- si vous avez déjà travaillé : mentionnez vos *emplois* précédents ;
- si vous n'avez pas encore eu d'emploi fixe : mentionnez les *stages* (qui n'ont pas directement servi à la formation), les travaux temporaires, les emplois de vacances, etc. ;
- indiquez le *lieu* de travail (mais pas le nom de l'employeur) et les *années* de début et de fin d'emploi (pour un travail de moins d'un an : la durée, en mois ou en semaines).

3 Dans la rubrique **Divers**,
- indiquez vos connaissances en *langues vivantes* (lu / parlé / écrit – soyez réaliste !) et citez vos séjours linguistiques dans un pays étranger ;
- si vous avez le permis de conduire ou des connaissances spéciales qui peuvent être utiles *pour l'emploi concerné*, signalez-les également ;
- ne mentionnez vos *loisirs* que s'ils sortent un peu de l'ordinaire et ne citez vos sports préférés que si vous êtes vraiment actif.

Quelques **conseils** importants :
- Tapez votre CV sur *ordinateur* (la lettre de demande d'emploi, elle, doit être écrite à la main).
- Soignez la *présentation* : faites des marges, laissez de la place avant et après les titres, etc.
- Ne retenez dans votre CV que les éléments qui vous présentent de manière *favorable*.
- La quantité ne remplace pas la qualité : Evitez les banalités et ne dépassez pas *une* page !
- Utilisez le *style nominal*, ne faites *pas* de phrases.

VOCABULAIRE THÉMATIQUE

1 Vivre à Paris ou en Province

• La ville de Paris **s'étend** sur	erstreckt sich
a une **superficie** de … km².	Fläche
• Paris, **capitale** *(f)* de la France / du tourisme / du luxe / de la gastronomie, ↲	Hauptstadt
est connue pour ses **monuments** / ses musées / ses galeries.	Denkmäler
ses **spectacles** / ses concerts / ses distractions.	Aufführungen
sa vie culturelle / **noctune**.	Nacht-
• C'est une ville qui **se modernise** rapidement ↲	modernisiert sich
et certains ont peur qu'elle finisse par **se défigurer**.	entstellt werden
• **emménager** / habiter / vivre dans le …ᵉ arrondissement	einziehen
le **centre-ville**	Stadtmitte
un **quartier** chic	Viertel
pittoresque	malerisch
populaire	Arbeiter-
commerçant	Geschäfts-
• vivre **en location** *(f)*	zur Miete
• être **locataire** *(m)* d'	Mieter
propriétaire *(m)* d' une chambre	Eigentümer
acheter / louer / avoir un **appartement**	Wohnung
un **studio**	Einzimmer-Wohnung
un **loft**	Whg in ehem. Fabrik
un logement dans une **tour**	Hochhaus
un **immeuble** ancien	(Miets)Haus
un(e) **HLM**	Block mit Soz.-Wohnungen
• payer un **loyer** élevé	Miete
exorbitant	horrend teuer
de … euros avec / sans les **charges** *(f)*	Nebenkosten
• La **pénurie** de logements ↲	akuter Mangel
pousse certains à **squatter** ↲	illegal besetzen
des immeubles **désaffectés**.	leerstehend, verlassen
• Il est très difficile de **rouler** / **circuler** à Paris.	fahren
stationner / **se garer** dans la capitale.	parken
trouver une **place de parking** / un **parking**.	Parkplatz
• Pour réduire la pollution et ses **nuisances** *(f)*, ↲	(Umwelt)Belästigungen
éviter les **bouchons** *(m)* / les **embouteillages** *(m)*,	Staus
les problèmes de **circulation** *(f)* / **trafic** *(m)*,	Verkehrs-
stationnement *(m)*, ↲	Parkplatz-
il vaut mieux prendre les **transports** *(m)* **en commun**.	öffentl. Verkehrsmittel
le métro ou le **RER**.	regionale Expressbahn
le bus ou le **tramway**.	Straßenbahn
• La **RATP**	*Pariser Verkehrsbetieb*
Le métro / Le RER **assure** le transport de / transporte chaque jour … voyageurs,	bewältigt
… **banlieusards** *(m)*,	Vorortbewohner
… **Franciliens** *(m)*, ↲	Einw. der Île-de-France
et aux **heures de pointe** / **d'affluence**, tout est plein.	Stoßzeiten
bondé.	überfüllt
• Les **usagers** *(m)* considèrent le métro et le RER comme peu sûrs.	Benutzer
• Le sentiment d'**insécurité** *(f)*	Unsicherheit
La **délinquance** touche beaucoup de Parisiens.	Kriminalität
Le nombre d'**infractions** *(f)* est en hausse, ↲	Straftat, Delikt
et cela concerne surtout les **cambriolages** *(m)*.	Einbruch
vols *(m)* **à la tire**.	Taschendiebstahl
avec **violence** *(f)*.	Gewalt
à main armée.	bewaffnet(er Raubüberfall)

• De plus en plus de Parisiens fuient la ville pour **se mettre au vert** ↲	ins Grüne ziehen
et on peut constater un véritable **exode urbain** vers la campagne.	Stadtflucht
• Les petites villes voient ainsi leur population augmenter, **aux dépens des** ↲	auf Kosten von
grandes **agglomérations**.	Ballungsräume
espaces à forte **densité** de population.	Dichte
• Cet « exode » est possible grâce au développement du **réseau** routier,	Netz
autoroutier,	Autobahn-
ferroviaire,	Eisenbahn-
aérien, ↲	Luftverkehrs-
qui met la campagne **à proximité** *(f)* des grandes villes.	in der Nähe
• Le calme et la tranquillité restent le principal **attrait** de la province, ↲	Anziehungskraft
qui s'explique aussi par les inconvénients de la vie **urbaine** : le bruit, ↲	städtisch
les odeurs, le stress, l'agressivité des gens et le **coût de la vie.**	Lebenshaltungskosten
• Les nombreux festivals d'été qui ont lieu dans toute la France sont très **fréquentés** ↲	(gut) besucht
et ont fait perdre à la province son image de « désert culturel ».	

2 Inquiétudes

• De plus en plus de gens sont **victimes** de la crise économique.	Opfer
menacés par le **chômage**.	Arbeitslosigkeit
la **pauvreté**.	Armut
l'**exclusion** *(f)*.	gesellsch. Ausschluss
• Il arrive que les / Un certain nombre de / d' **chômeurs** *(m)*	Arbeitslosen
inactifs *(m)*	Nichterwerbstätige
demandeurs d'emploi se retrouvent un jour à la rue.	Arbeitssuchenden
• Les **sans-abri** *(m)*	Obdachlosen
SDF *(m)*	Obdachlosen
vagabonds *(m)*	Landstreicher
mendiants *(m)*	Bettler
clochards *(m)*	Stadtstreicher
marginaux *(m)*	soziale Randfiguren
toxicomanes *(m)*	Drogenabhängigen
« nouveaux pauvres » *(m)* doivent parfois **mendier**	betteln
faire la manche pour survivre.	betteln
vivent dans la **misère**.	Elend
le **dénuement**.	Elend, Not
souffrent de la **solitude**.	Einsamkeit
d'**épuisement** *(m)*.	Erschöpfung
de **carences alimentaires** *(f)*.	schlechte Ernährung
ont honte *(f)* de leur situation.	schämen sich
sombrent parfois dans l'alcool.	sinken, driften ab
provoquent chez certains le **dégoût**.	Abscheu
sont confrontés aux **humiliations** *(f)*.	Erniedrigungen
à la **haine** des autres.	Hass
sont **en rupture** *(f)* avec la société.	haben gebrochen
à la dérive.	ziel- und haltlos
• Les **associations d'entr'aide** *(f)*	Hilfsorganisationen
centres d'accueil *(m)* accueillent les sans-abri / les SDF.	soziale Anlaufstellen
services sociaux aident les **exclus** à reprendre espoir.	Ausgegrenzten
retrouver leur **dignité**.	Würde
se réinsérer.	sich wieder eingliedern
encouragent la **réinsertion** des exclus.	Wiedereingliederung
• Un grand nombre d'étrangers sont bien **intégrés** dans la société française.	integriert
finissent par être **naturalisés**.	eingebürgert
cohabitent plutôt bien avec les Français d'origine.	leben zusammen
• La **cohabitation** entre Français et immigrés est parfois source de conflits.	Zusammenleben

• Une **minorité** / Un certain nombre de/d' immigrés	Minderheit
beurs *(m)*	Franzosen nordafrikan. Abstammung
étrangers	
ressortissants *(m)* de pays étrangers ↲	Staatsangehörige
sont victimes de la **suspicion** d'une partie de la population.	Argwohn
discriminations *(f)*.	Diskriminierungen
ont perdu leurs **repères** *(m)*.	Orientierungspunkte
ont tendance à **se marginaliser**.	sich ausgrenzen
se replier sur eux-mêmes.	sich abkapseln
revendiquent leurs différences.	bekennen sich (zu)
sont tentés par le **communautarisme**.	ethn. Gruppenbildung
l'**intégrisme** *(m)*.	Fundamentalismus
• Pour certains musulmans, le port du **voile** / **foulard** / **hijab** par les femmes ↲	Kopftuch
est avant tout une **prescription** divine,	Vorschrift
un signe de **soumission** *(f)* à Dieu	Unterwerfung
pudeur ↲	Schamgefühl
et les plus **intransigeants**	Unnachgiebigen
les intégristes aimeraient l'**imposer** partout et à toutes.	aufzwingen
• Dans notre **société multiculturelle**, ↲	multikult. Gesellschaft
toutes les **confessions**	Religionen
les **convictions** *(f)* de chacun sont à respecter.	Überzeugungen
• La loi garantit le libre exercice du **culte** ↲	Religion(sausübung)
mais, en raison de la **séparation de l'Eglise et de l'Etat**, ↲	Trennung Kirche/Staat
le port du voile est interdit / illégal à l'école **laïque**.	weltlich, konfessionslos
• L'Etat doit faire respecter la **laïcité**.	religiöse Neutralität
faire face aux **revendications** *(f)* communautaristes.	Forderungen

3 La politique – Pouvoirs et devoirs

• La **Constitution** définit les grands principes de la République.	Verfassung
pouvoirs *(m)* exécutif, législatif et judiciaire.	Gewalten
est basée sur la **souveraineté** du peuple.	Souveränität
la déclaration des **droits de l'homme**.	Menschenrechte
• Le Président est **élu** pour 5 ans.	gewählt
au **suffrage universel** direct.	allg. Wahlrecht
après un **scrutin** majoritaire à deux tours.	Wahlgang, Abstimmung
nomme le Premier ministre / les ministres / les **ambassadeurs** *(m)*.	Botschafter
signe les textes de lois et les **traités** *(m)*.	Staatsverträge
peut proposer un **référendum** à la nation.	Volksentscheid
cumuler tous les pouvoirs (en cas de crise).	kumulieren
dissoudre l'Assemblée Nationale.	auflösen
n'est pas **responsable** devant le Parlement.	verantwortlich
• Certains aimeraient que le Président **réponde de** ses actes devant le peuple.	verantwortet sich
que le Parlement devienne un véritable **contre-pouvoir**.	Gegenmacht
• Le gouvernement présente des **projets** *(m)* **de loi** *(f)* ↲	Gesetzentwürfe
que les **députés** *(m)*	Abgeordnete
sénateurs *(m)* peuvent ensuite discuter.	Senatoren
amender.	modifizieren
voter.	abstimmen
rejeter.	ablehnen
• Le **parti** X est un parti de gauche / de centre gauche / d'extrême droite.	Partei
de tendance **modérée** / **libérale**.	gemäßigt / liberal
dispose de …**sièges** *(m)* à l'Assemblée.	Sitze
d'une **majorité** confortable au Sénat.	Mehrheit
fait partie de la **majorité présidentielle**.	Regierungsmehrheit
l'**opposition** *(f)*.	Opposition
compte beaucoup d'**adhérents** *(m)*.	Mitglieder
de **sympathisants** *(m)*.	Sympathisanten

• **L'électorat** *(m)* du parti X est majoritairement constitué de …	Wählerschaft
• Untel — se présente — aux élections — **présidentielles**.	Präsidentschafts-
est candidat — aux — **législatives**.	Parlaments-
municipales.	Kommunal-
• De plus en plus de **citoyens** *(m)* — boycottent les urnes.	(Staats)Bürger
envisagent l'**abstention** *(f)*	(Stimm)Enthaltung
comptent — **s'abstenir**	sich enthalten
voter blanc — aux élections.	einen leerem Zettel abgeben
soutiennent le(s)	unterstützen
(dés)approuvent le(s)	sind für / (gegen)
adhèrent au(x) — programme	befürworten
sont hostiles au(x) — idées — du parti X.	lehnen ab
• Beaucoup préfèrent — s'engager dans — un **syndicat**.	Gewerkschaft
une **association humanitaire**.	Hilfsorganisation
militer pour / contre qc.	sich stark machen
rejoindre les **militants** *(m)* du collectif « Y ».	Aktivisten
• Les différentes mesures prévues dans la loi de **décentralisation** ↲	Dezentralisierung
renforcent le pouvoir des **collectivités locales**.	Gebietskörperschaften

4 La France, l'Allemagne, l'Europe

• Les **rapports** *(m)* entre la France et l'Allemagne ont été marqués par ↲	Beziehungen
de nombreux conflits entre les deux « **ennemis héréditaires** ».	Erbfeinde
• La guerre — **éclate** entre les deux pays.	bricht aus
est **déclarée** par la France.	erklärt
dévaste le pays.	verwüstet
• La France est divisée en une zone **occupée** et une zone libre.	besetzt
• Le régime du maréchal Pétain appelle à la **collaboration** ↲	Kollaboration
avec **l'occupant** *(m)* ; ↲	Besatzer
ce sont les **collaborateurs** *(m)* qui dénoncent les juifs et les opposants.	Kollaborateure
• Le **débarquement** des Alliés en Normandie — change le cours de la guerre.	Landung
va mener à la **libération**.	Befreiung
• La **Résistance** aide les Alliés à — libérer le pays.	Widerstandsbewegung
mettre fin à l'**occupation** *(f)*.	Besatzung(szeit)
vaincre l'Allemagne nazie.	besiegen
• Des hommes politiques travaillent à la **réconciliation** ↲	Wiederaussöhnung
des **vainqueurs** *(m)* ↲	Sieger
et des **vaincus** *(m)*.	Besiegten
• Pour ouvrir la voie à — une **coexistence pacifique**,	friedliche Koexistenz
une véritable **coopération**, ↲	Zusammenarbeit
il faut d'abord surmonter — les anciennes **rivalités**.	Rivalitäten
les vieux **antagonismes**.	Gegensätze
• Les accords passés permettent l'organisation de/d' — **jumelages** *(m)*.	(Städte)Partnerschaften
échanges scolaires/culturels.	Austausch(programme)
• Malgré les échanges, il reste encore beaucoup de/d' — **préjugés** *(m)*.	Vorurteile
idées reçues.	überk. Vorstellungen
clichés *(m)*.	Klischees
• Le tandem / Le **couple** franco-allemand a joué un rôle de premier plan ↲	(Ehe)Paar
dans la **construction** de l'Europe ; ↲	Aufbau
les **consultations** *(f)* entre les deux chefs d'Etat sont fréquentes.	(Arbeits)Sitzungen
• Le Parlement européen — a été **fondé**(e) en …	gegründet
Le Conseil de l'Union européenne — **siège** à…	tagt
La Commission européenne — a son **siège** à…	Sitz
• L'**élargissement** *(m)* de l'Union européenne — soulève des inquiétudes.	Erweiterung
L'**adhésion** *(f)* de nouveaux pays à l'Union — a un impact économique important.	Beitritt
est un **enjeu** majeur pour le futur.	Einsatz
• Les **candidats à l'entrée** dans l'UE doivent — remplir une série de critères.	Beitrittskandidaten
négocier leur adhésion.	aushandeln

5 La francophonie

• Les francophones se différencient par leur **pratique** *(f)* de la langue française : ↲	Ausübung, Verwendung
– les francophones « réels » ont le français comme **langue** | **maternelle**.	Muttersprache
familière.	*hier :* alltäglich
– les francophones « **occasionnels** »	Gelegenheits-
ont souvent le français comme **idiome** *(m)* de travail / de communication.	Sprache
maîtrisent	beherrschen
baragouinent | plus ou moins bien | le français.	radebrechen
plusieurs **dialectes** *(m)*.	Dialekte
• La francophonie | se définit comme un espace | d'**échanges** *(m)*.	Austausche
de **coopération** *(f)*.	Zusammenarbeit
trouve ses origines dans la **période coloniale**.	Kolonialzeit
• Officiellement, il s'agissait | de lutter contre la barbarie et les **archaïsmes** *(m)*.	Archaismen
d'une œuvre **missionnaire**.	missionarisch
de **civiliser** les Africains.	zivilisieren
• Beaucoup de pays africains ont été | des **colonies** françaises.	Kolonien
colonisés par la France.	kolonialisiert
victimes de | la **colonisation**.	Kolonialisierung
la **domination** des Blancs.	Herrschaft
la **traite des Noirs**.	Sklavenhandel
la chasse aux **esclaves** *(m)*.	Sklaven
• L'**esclavage** *(m)* a été supprimé en	Sklaverei
L'**abolition** *(f)* de l'esclavage date de | 1848.	Abschaffung
L'**indépendance** *(f)* du pays remonte à 19…	Unabhängigkeit
• La France aide de nombreux **pays en voie de développement** *(m)* ↲	Entwicklungsländer
en y envoyant des | **conseillers** *(m)* économiques ou militaires.	Berater
coopérants *(m)* (médecins, ingénieurs, enseignants).	Entwicklungshelfer
• La **coopération** permet parfois de / d' | améliorer le système de santé.	*hier :* Entwicklungshilfe
stopper la **fuite des cerveaux**.	Flucht der Intelligenz
réduire la **corruption**.	Korruption
annuler la dette nationale.	Schulden tilgen
• Pour beaucoup d'Africains, le modèle occidental est synonyme de **modernité** *(f)* ↲	Modernität
mais cela a | mené les Africains à mépriser leurs **traditions ancestrales**.	Bräuche der Ahnen
dénaturé la société africaine.	verderben, verfälschen
mené à une nouvelle forme de **dépendance** *(f)*.	Abhängigkeit
• Le **bilinguisme** | est une situation de fait en / dans le	Bilinguismus
Le **multilinguisme** | est un atout majeur pour l'économie de la / du | [pays X].	Vielsprachigkeit
• Au Canada, le français | est l'une des **langues nationales**.	Landessprachen
est surtout, de fait, la **langue régionale** du Québec.	Regionalsprache
fait partie de l'**identité** des Québecois.	Identität
• Le français du Québec se reconnaît facilement à | son **accent** *(m)*,	Akzent
sa **prononciation**, | mais ↲	Aussprache
les différences avec le français de France touchent aussi | le **lexique**.	Wortschatz
la **morphologie**.	Wortbildung
la **syntaxe**.	Syntax, Grammatik
• Les Québecois | veulent **résister** face à	Widerstand leisten
souhaitent **proscrire** complètement	verbieten
ont décrété des **lois** *(f)* **linguistiques** contre	Sprachgesetze
mènent une **bataille linguistique** contre | l'anglais, ↲	Sprachkampf
qui est | **omniprésent**	allgegenwärtig
prédominant | sur tout le continent en dehors du Québec.	vorherrschend
• La lutte pour la **survie** du français pousse certains Québecois à réclamer ↲	Überleben
l'indépendance / la **souveraineté** de leur province.	Selbstständigkeit

6 Les médias

• La presse **nationale** / régionale / locale	*hier :* überregional
généraliste / spécialisée	Informations-
quotidienne	Tages-
hebdomadaire — est surtout lue par…	Wochen-
mensuelle — est confrontée au problème de…	Monats-
• Le journal X a un **tirage** de	Auflage
tire à	hat eine Auflage (von)
est **diffusé** à … exemplaires.	vertrieben
s'adresse au **grand public**.	breites Publikum
séduit surtout les **passionnés** *(m)* de sport.	Fans
amateurs *(m)* de…	Liebhaber
• Untel est **pigiste** *(m)*	freier Journalist
journaliste et **collabore** à la rédaction du journal X.	arbeitet … mit
reporter du **quotidien** Y.	Tageszeitung
du **magazine** Z.	Zeitschrift
a **rédigé**	verfasst
a écrit un article de **faits divers** *(m)*.	Lokalnachrichten
un **compte-rendu**	Bericht
un **commentaire**	Kommentar
a réalisé un **reportage** sur…	Reportage
• Ces **stations** *(f)* passent	Sender, Anstalten
Les radios libres **diffusent** beaucoup de / d' interviews.	senden
bulletins *(m)* **d'information**.	Nachrichten
émissions sportives.	Sendungen
tubes *(m)*.	Hits
passent toutes les mêmes morceaux **en boucle** *(f)*.	ununterbrochen
donnent régulièrement la parole à leurs **auditeurs** *(m)*.	Zuhörer
proposent des émissions de **libre antenne** *(f)*	Gespräche m. Zuhörern
en **direct**.	Direktübertragung
en **différé**.	Aufzeichnung
• **capter**	empfangen
les **chaînes publiques**	öffentlich-rechtl. Sender
une chaîne **payante**	gebührenpflichtig
la télévision **par câble** *(m)*	Kabel-
par satellite *(m)*	Satelliten-
numérique	Digital-
• regarder les émissions de **télé-réalité** *(f)*	Reality-TV
aimer les **jeux télévisés**	Spielsendungen
détester les **documentaires** *(m)*	Dokumentarfilme
les **films policiers** *(m)*	Kriminalfilme
les **feuilletons** *(m)*	TV-Serien
• L'émission « … » **cartonne** chez	hat einen Riesenerfolg
a un grand **impact** sur les jeunes.	Einfluss
• La course à l'**audimat** *(m)* ↲	Einschaltquote
incite les chaînes de télé à ↲	verleitet
diffuser des émissions de plus en plus **débiles**.	schwachsinnig
des scènes de plus en plus **violentes**.	gewalttätig
prendre certaines libertés avec la **déontologie**.	Berufsethos
prendre en compte certains **dérapages** *(m)*.	Entgleisungen
• **se brancher** sur Internet / le net / le web / la toile ↲	online gehen
pour consulter des **sites** *(m)* web.	Website
télécharger des textes.	herunterladen
des **logiciels** *(m)*.	Software
participer à des **forums** *(m)* de discussions.	Foren
à des **causettes** *(f)*.	Chats
consulter son **courrier électronique**.	E-Mail
mettre à jour son **weblog**.	elektron. Tagebuch

GLOSSAIRE

L'Académie française

Créée en 1635 par le Cardinal de Richelieu, c'est une des plus anciennes institutions de France. Elle se compose de 40 membres – qui ne sont pas tous écrivains – et son rôle est de veiller sur la langue française. En principe, c'est l'Académie qui définit le « bon usage » grâce à son dictionnaire et à ses recommandations. Cependant, on lui reproche assez souvent son conservatisme, qui la mène à freiner l'évolution de la langue en ignorant bon nombre de mots déjà largement utilisés dans la rue et les médias.

L'AFP (Agence France-Presse)

Lancée en 1944, France-Presse est l'une des plus grandes agences de presse internationales. Son siège se trouve à Paris, mais elle est présente dans 165 pays sur les cinq continents. 1200 journalistes de 81 nationalités différentes et 2000 pigistes collectent des informations et des photos dans plus de 260 pays et proposent des reportages d'actualité en différentes langues à des milliers d'abonnés (journaux, radios, télévisions et autres clients). Cette agence est renommée pour le sérieux de ses informations et la qualité technique de ses textes et photos. En 1996, l'AFP a lancé son premier journal Internet en français. *(Voir aussi : presse écrite, radio, télévision.)*

L'aide humanitaire et sociale

Un très grand nombre d'associations porte secours à tous ceux qui, en France ou à l'étranger, vivent dans la misère ou le besoin. Parmi les plus connues :
- *ATD Quart Monde* (« Aide à Toute Détresse »), créée en 1957, a 21 centres permanents en France. Ils s'occupent de l'aide aux familles défavorisées, procurent des logements provisoires aux sans-abri et une formation professionnelle aux jeunes en difficulté.
- L'Association *Droit au logement* organise des actions spectaculaires (p. ex. l'occupation de logements vides) pour lutter contre l'exclusion et la pauvreté.
- *Emmaüs*, fondé en 1949 par l'abbé Pierre, réunit aujourd'hui plus de 10 000 personnes dans 27 pays de 4 continents. La communauté récupère et revend des vêtements, meubles, vieux papiers, etc. Avec l'argent gagné, les « compagnons d' Emmaüs » sont logés, nourris et touchent un peu d'argent de poche. Emmaüs a fondé une banque alimentaire qui distribue de la nourriture à différentes organisations caritatives.
- *Médecins sans frontières* est la plus grande organisation humanitaire d'aide médicale du monde. Depuis 1971, les « French doctors » interviennent régulièrement dans les régions en crise du monde entier pour y apporter les premiers soins aux victimes des guerres et des catastrophes naturelles. MSF propose également des programmes d'accès aux soins et de lutte contre les maladies infectieuses.
- *Médecins du monde*, fondée en 1980 par Bernard Kouchner (ancien ministre de la Santé et de l'Action humanitaire), a des buts identiques.
- Les *Restaurants du Cœur*, créés en 1985 par Coluche, distribuent chaque hiver des millions de repas gratuits aux gens les plus pauvres.
- Le *Samu social* s'occupe surtout des sans-abri, auxquels il essaie de procurer des soins médicaux et un hébergement.
- Le *Secours populaire français*, créé en 1946, vient en aide aux familles dans le besoin, p. ex. en organisant des repas pour les plus pauvres et des journées de vacances pour les enfants.

Dans plus de 60 villes de France, il existe aussi des « Centres du Volontariat » qui accueillent les personnes en difficulté, les informent et les orientent vers les associations locales.
Un « Guide des actions humanitaires » publie les adresses et les propositions des 200 organisations françaises et internationales les plus importantes.

L'ANPE (Agence nationale pour l'emploi)

L'ANPE est un organisme d'Etat créé en 1967 afin d'aider les personnes qui sont à la recherche d'un emploi. Plus de 500 agences réparties sur le territoire national accueillent les demandeurs d'emploi, leur procurent des renseignements sur le marché du travail et sur les possibilités de formation et d'orientation professionnelles.
A la différence des « Arbeitsämter » allemands, l'ANPE ne verse pas elle-même les allocations de chômage.

L'Assemblée nationale *(voir : Parlement)*

La BD (bande dessinée)

L'« âge d'or » de la bande dessinée franco-belge débute en 1959 avec la création du personnage d'Astérix, par René Goscinny (textes) et Albert Uderzo (dessins), et le lancement du magazine de BD *Pilote*. Suivent alors bon nombre de publications souvent provocatrices telles que *Hara-Kiri*, *Charlie Hebdo* puis *Fluide glacial* et *L'Echo des savanes*. Les plus grands dessinateurs et dessinatrices de BD (Wolinski, Reiser, Bretécher, etc.) ont fait leurs premiers pas dans l'un de ces magazines.

Contrairement aux « comics » américains, la BD franco-belge s'adresse aussi et surtout aux adultes, ce qui explique son succès auprès du grand public. La BD a d'ailleurs son festival, chaque année à Angoulême, et son grand prix.

Tintin et Milou *(Tim und Struppi)*, les Schtroumpfs, Gaston Lagaffe, Lucky Luke font aujourd'hui partie des grands classiques de la BD. Quant aux « *Aventures d'Astérix* », qui comptent une trentaine d'albums, elles ont été traduites en une cinquantaine de langues et vendues à près de 300 millions d'exemplaires dans le monde entier.

La chanson française

La chanson traditionnelle :
- les précurseurs : Maurice Chevalier, Edith Piaf, Charles Trenet ;
- les « grands classiques » : Georges Brassens, Jacques Brel, Jean Ferrat, Léo Ferré, Barbara, Juliette Gréco ;
- les « yé-yé » : Johnny Hallyday, Eddie Mitchell, Françoise Hardy, Sylvie Vartan, France Gall ;
- les « provocateurs » : Michel Polnareff, Jacques Dutronc, Serge Gainsbourg ;
- génération 1968 : Georges Moustaki, Maxime Le Forestier ;
- le rock « à la française » : Téléphone, Indochine, les Rita Mitsouko, Alain Bashung ;
- entre chanson « à texte », pop et variété : Renaud, Bernard Lavilliers, Francis Cabrel, Michel Sardou, Yves Duteil, Jean-Jacques Goldman, Alain Souchon, Véronique Sanson, Patrick Bruel, Patricia Kaas, Matthieu Chédid, Pascal Obispo, etc.

Les tendances plus récentes :
- le rap : MC Solaar, IAM, NTM, Alliance Ethnik, Doc Gyneco, Passi ;
- le reggae : Tonton David, Tryo, Yannick Noah, Kana ;
- le « brassage multiculturel » : Rachid Taha, Les Négresses vertes, Zebda, Zen zila, Manu Chao ;
- la techno : Daft Punk, Air, Laurent Garnier.

Les apports francophones :
- Canada : Félix Leclerc, Gilles Vignault, Robert Charlebois, Fabienne Thibaut, Michel Rivard, Céline Dion, Roch Voisine, Lara Fabian, Linda Lemay ;
- Suisse : Stephan Eicher ;
- Belgique : Axelle Red, Arno, Maurane ;
- Maghreb : Khaled, Faudel ;
- Afrique noire : Manu Dibango, Ray Lema, etc.

La collaboration

En 1940, après avoir été vaincue par la Wehrmacht, la France signe l'armistice. Le pays est alors divisé en deux : Au nord et à l'ouest, la « zone occupée » est contrôlée directement par les Allemands. Au sud, la « zone libre » est placée sous le contrôle du maréchal Pétain. Son gouvernement, situé à Vichy, et sa milice collaborent avec les Allemands. A partir de 1942, les troupes allemandes occupent aussi la zone libre.
(Voir aussi : Résistance et texte 6, p. 78.)

La Constitution

La Constitution de la Ve République a été proposée par le Général de Gaulle pour mettre fin à l'instabilité politique de la IVe République : La toute-puissance des partis et de l'Assemblée nationale, qui menaçait à tout moment de renverser le gouvernement, empêchait celui-ci d'agir efficacement à long terme.

La Constitution de la Ve République, approuvée en 1958 par référendum, limite le rôle du *Parlement (voir : Parlement)*, renforce le pouvoir exécutif et donne à la France un régime de type présidentiel *(voir : président de la République)*.
Peu après l'adoption de la Constitution, Charles de Gaulle (1890-1970) se fait élire premier président de la Ve République au suffrage universel.
Un Conseil constitutionnel veille au respect de la Constitution et à l'équilibre entre les pouvoirs législatif et exécutif.

Le CSA *(voir : télévision)*

Décentralisation et régionalisation

Depuis les débuts de la monarchie absolue et, surtout, depuis la Révolution française, la France est un pays fortement centralisé. Les avantages sont alors évidents : l'unité du pays est plus facile à maintenir, les décisions d'intérêt national sont prises à l'échelon national et l'administration est plus facilement contrôlable par le pouvoir central.
Cependant, l'administration se montre lourde et souvent inefficace face aux problèmes régionaux ou locaux, et le déséquilibre politique entre Paris et la province a des conséquences économiques de plus en plus graves.
Pour faire face à ces problèmes, plusieurs lois, dont celles de 1982, ont transféré un certain nombre de compétences vers les « collectivités locales », notamment dans les domaines de l'urbanisme (pour les communes), de l'aide sociale et de la santé (pour les départements) et du développement économique et culturel (pour les régions).
Les collectivités locales sont administrées par une assemblée élue au suffrage universel et dirigée par un président élu (ou un maire). La fonction de préfet existe encore au niveau du département et de la région, mais elle n'a plus qu'un rôle consultatif.
(Voir aussi texte 6, p. 58).

La décolonisation

- La guerre d'Indochine (1946-1954) éclate après que la France a refusé de reconnaître l'indépendance du pays, que réclamait le mouvement du Viet-minh (Ho-Chi-Minh). La défaite de Diên Biên Phu (1954) mène aux accords de Genève, qui aboutissent à l'indépendance de l'Indochine (aujourd'hui : Viêt-Nam, Laos et Cambodge).
- Le Maroc et la Tunisie obtiennent leur indépendance en 1956. L'Algérie n'acquiert son indépendance qu'en 1962, à la suite d'une guerre sanglante *(voir : guerre d'Algérie)*.
- Les colonies d'Afrique noire obtiennent leur autonomie au début des années 1960. La France y reste cependant présente, conformément à des accords de défense et d'aide économique signés avec la plupart des pays concernés. Depuis 1973 a lieu chaque année un sommet africain, qui réunit les chefs d'Etat d'Afrique francophone et le Président français et qui a pour but de fixer les grandes lignes des relations entre les pays concernés.

Les DOM-TOM

Ce sont les « reliques » du passé colonial de la France.
– Les quatre *départements d'outre-mer* ont le même statut que les départements de France métropolitaine : la Guadeloupe, la Martinique et la Guyane française en Amérique centrale, la Réunion en Afrique.
– Les *territoires d'outre-mer* sont dirigés par une Assemblée territoriale et un conseil de gouvernement local, mais ses habitants sont citoyens français : la Nouvelle-Calédonie et Wallis et Futuna en Océanie, ainsi que les Terres australes et antarctiques françaises.
– Il y a encore deux *collectivités territoriales*, dont le statut se rapproche de celui des TOM : St-Pierre-et-Miquelon, en Amérique du Nord et Mayotte, en Afrique.
– Depuis 2004, la Polynésie française a le statut de « *Pays d'outre-mer au sein de la République* ». Son Président et son Parlement sont élus localement.

L'Europe – I Les institutions

Pour les dates-clés, voir graphique, p. 83.

1 *La Commission européenne*
C'est l'exécutif de l'Union européenne, responsable devant le Parlement européen. Elle se compose de 25 commissaires désignés pour 5 ans par les gouvernements des pays membres et son siège se trouve à Bruxelles. Son rôle est de proposer au Conseil des ministres les mesures utiles au développement de l'Union, d'appliquer les décisions prises par le Conseil, de transmettre les propositions de lois au Parlement européen et de chercher à concilier les points de vue des Etats-membres. La Commission est le porte-parole de l'Union dans les négociations commerciales.

2 *Le Conseil des ministres*
Il réunit périodiquement, à Bruxelles ou à Luxembourg, les ministres compétents (en fonction du sujet traité) à raison d'un ministre par Etat membre. Le Conseil prend des décisions et adopte les lois communautaires qui entrent alors en vigueur dans chacun des Etats de l'Union européenne.

3 *Le Parlement européen*
Il représente les 453 millions d'habitants des Etats membres de l'Union européenne. Ses 732 députés élus pour 5 ans au suffrage universel se réunissent une fois par mois à Strasbourg pendant une semaine. Le Parlement européen donne son avis sur les propositions de lois de la Commission. Il vote le budget de l'Union et contrôle le travail de la Commission et du Conseil des ministres. (Il y a 78 « Euro-députés » français et 99 allemands.)

4 *La Cour de justice*
Elle siège à Luxembourg et intervient lorsque les décisions communautaires ne sont pas respectées par l'un des pays membres. Chaque citoyen européen peut s'adresser à la Cour quand il a un problème avec les lois européennes.

5 *Le Conseil européen*
Il réunit au moins deux fois par an les chefs d'Etat ou de gouvernement. Cette institution définit la stratégie européenne face à l'avenir et aux grands problèmes du moment.

L'Europe – II Les programmes de formation

Ces programmes, financés par l'Union européenne, sont destinés à intensifier les contacts au-delà des frontières. Parmi eux :

Socrates vise à promouvoir la dimension européenne et à améliorer la qualité de l'éducation en encourageant la coopération entre les pays participants.
Il réunit, entre autres, les programmes suivants :
– *Comenius* pour l'enseignement scolaire,
– *Erasmus* pour l'enseignement supérieur,
– *Grundtvig* pour l'éducation des adultes,
– *Lingua* pour l'enseignement des langues,
– *Minerva* pour les technologies de l'information et des communications dans l'éducation.

Leonardo da Vinci est un programme d'action pour une politique communautaire de formation professionnelle.

La francophonie

Il existe dans le monde environs 50 Etats ou parties d'Etats dits « francophones », c'est-à-dire des pays où le français occupe une place particulière en tant que langue officielle, administrative ou langue d'enseignement.
En Europe, ce sont les voisins de la France : la Suisse, la Belgique, le Luxembourg, Andorre, Monaco, le Val d'Aoste. En Afrique, la francophonie recouvre surtout les anciennes colonies françaises (Maghreb, Afrique de l'Ouest et du Centre).
Le français est aussi très vivant au Québec et il est présent en Louisiane, à Haïti, ainsi qu'au Liban et en Polynésie (bien que le « français de France » ait cessé d'y être la langue de référence…)

Le français est, avec l'anglais, langue de travail de l'ONU (Organisation des Nations Unies), et certains pays (la Grèce, l'Italie, la Pologne, le Portugal) l'utilisent fréquemment au cours de réunions internationales.
Dans la plupart des pays du monde, on enseigne le français comme langue étrangère (à plus de 25 millions d'enfants et d'adultes).
Le nombre de personnes capables de s'exprimer couramment en français est aujourd'hui estimé à 120–130 millions.
Depuis 1986, les « Sommets de la francophonie » réunissent chaque année les chefs d'Etat des pays concernés dans le but de créer et d'animer un espace francophone qui ne soit pas seulement linguistique et culturel, mais aussi économique et technologique.
(Voir aussi texte 2, p. 91.)

Le Front national *(voir les p. 63-65)*

Les grandes écoles

Parallèlement aux universités, il existe en France une série de « grandes écoles » publiques ou privées qui

préparent les étudiants aux postes à hautes responsabilités dans presque tous les domaines.
On ne peut entrer dans ces écoles qu'après avoir passé un concours, pour lequel il faut généralement deux années de préparation après le baccalauréat. Les diplômés de ces écoles sont très recherchés par les employeurs.
Il existe également des grandes écoles pour les études après l'université, dont la plus célèbre est l'ENA (Ecole Nationale d'Administration), qui forme les hauts fonctionnaires de l'Etat.

La guerre d'Algérie (1954–1962)

Depuis la conquête de l'Algérie par les Français en 1830, près d'un million de Français et d'autres Européens viennent peu à peu s'installer sur le territoire algérien, qui est intégré à la France en 1848.
Ce sont les Français (les « pieds-noirs ») qui dirigent le pays, alors que la population musulmane (plus de 8 millions d'habitants) n'a pratiquement aucun droit politique.
Depuis 1925, les intellectuels algériens réclament l'indépendance du pays, que les pieds-noirs et le gouvernement français refusent catégoriquement.
C'est en 1954 qu'une véritable guerre éclate entre les nationalistes algériens du FLN (Front de Libération nationale) et les troupes françaises.

En 1958, de Gaulle arrive au pouvoir, grâce aux Français d'Algérie qui voient en lui le défenseur de leurs intérêts. Mais de Gaulle, après quelques concessions, propose la décolonisation du pays. Les partisans de l'« Algérie française » s'y opposent et fondent l'OAS (Organisation de l'Armée Secrète). L'OAS et le FLN terrorisent l'Algérie et la France par une série d'attentats, la guerre devient très impopulaire. De Gaulle décide d'y mettre fin et signe le 18 mars 1962 les accords d'Evian, qui rendent l'indépendance à l'Algérie.

La laïcité

La loi sur la séparation de l'Eglise et de l'Etat (1905) est basée sur le principe de la laïcité. En fonction de cette loi, l'Etat français garantit la liberté du culte tout en restant neutre envers les Eglises. L'enseignement religieux n'est donc pas intégré dans les programmes scolaires, mais il existe, parallèlement à l'enseignement public laïque, des écoles « libres » qui proposent un enseignement religieux.

La loi de 2004 interdit dans les écoles et certains bâtiments publics le port « ostentatoire » de signes religieux tels que le voile islamique, la kippa et les grandes croix. *(Voir aussi : religion.)*

Médecins sans frontières *(voir : aide humanitaire)*

Les médias *(voir : presse écrite, radio, télévision)*

Le minitel

Ce moyen de communication, composé d'un petit écran et d'un clavier relié au téléphone, devait, à ses débuts (en 1982) remplacer l'annuaire téléphonique sur papier. Il permet d'accéder à des services en ligne dont les plus populaires sont l'annuaire téléphonique et la vente par correspondance.
Malgré l'arrivée d'Internet, le minitel reste encore très utilisé en France : il y avait près de 9 millions de terminaux en 2000 et certains moteurs de recherche comme Yahoo! ou AltaVista ont entretemps ouvert leurs propres services minitel.

L'Office franco-allemand pour la jeunesse

L'une des conséquences du Traité franco-allemand de coopération *(voir p. 161)* a été, en 1963, la fondation de l'Office franco-allemand pour la jeunesse (OFAJ).
L'objectif principal de l'OFAJ est de rapprocher les jeunes des deux pays et de leur apprendre à connaître la culture et la civilisation du voisin pour assurer durablement l'amitié entre les deux peuples.
L'OFAJ propose des programmes d'échanges scolaires et universitaires, des rencontres entre apprentis ou jeunes employés, des manifestations sportives, des jumelages entre villes, des stages et cours de langue.

Le PACS (pacte civil de solidarité)

Le PACS est un contrat passé entre deux personnes de sexe différent ou de même sexe qui souhaitent s'unir lorsqu'elles ne peuvent ou ne veulent pas se marier.
Le but du PACS est de donner à cette union un cadre juridique stable, il fixe notamment certaines obligations entre les partenaires : l'aide matérielle mutuelle en cas de maladie ou de chômage ou la solidarité face aux dettes de son ou sa partenaire, entre autres.

Le Parlement

Le Parlement se compose de deux chambres : l'Assemblée nationale et le Sénat.
- L'*Assemblée nationale* se compose de 577 députés (dont 22 pour les DOM-TOM). Ceux-ci sont élus pour 5 ans au suffrage universel direct et siègent au Palais Bourbon, à Paris.
- Le *Sénat* compte 321 sénateurs qui se réunissent au Palais du Luxembourg, à Paris. Ils sont élus pour 9 ans par les députés, les conseillers régionaux, les conseillers généraux, les maires et une partie des conseillers municipaux.

Le Parlement se réunit en sessions « ordinaires » de 80 à 90 jours, deux fois par an, et en sessions « extraordinaires ». Il a deux fonctions principales :
1) contrôler la politique du gouvernement ;
2) proposer et voter les lois (pouvoir législatif) ainsi que le budget de l'Etat.

Si l'Assemblée nationale est en désaccord avec le gouvernement, elle peut le renverser en votant une motion de censure. En revanche, le président de la République a le pouvoir de dissoudre l'Assemblée (mais pas le Sénat).
Pour être valable, un texte de loi doit être adopté par l'Assemblée nationale et par le Sénat : si les deux

chambres ne peuvent pas tomber d'accord, c'est le dernier vote de l'Assemblée qui est pris en compte.

Le PC, le PS *(voir p. 60)*

Le président de la République

Il est élu pour 5 ans au suffrage universel direct, et exerce avec le gouvernement le pouvoir exécutif. Il
- veille au respect de la Constitution ;
- nomme le Premier ministre et les autres membres du gouvernement, sur proposition du Premier ministre, et met fin à leurs fonctions ;
- préside le Conseil des ministres ;
- est le chef des armées et peut seul décider de l'utilisation de l'arme nucléaire ;
- représente le pays à l'extérieur ;
- promulgue les lois ;
- peut dissoudre l'Assemblée nationale ;
- peut consulter les citoyens par référendum ;
- peut prendre les pleins pouvoirs, si la nation est menacée.

Grâce au référendum, le Président peut demander directement aux citoyens de voter une loi, s'il s'agit de modifier la Constitution, ou de changer le statut du territoire national. *(Voir aussi texte 3, p. 55.)*

La presse écrite *(voir p. 122)*

La radio

On distingue les radios *nationales* (France-Inter, France-Culture, France-Musique), les radios régionales ou locales de *service public* (Radio 7, Fréquence Nord, Radio Normandie Caen, etc.), les stations *périphériques* privées qui émettent à partir des pays voisins de la France (RTL, RMC, Europe 1, Sud-Radio) et des radios locales « *libres* », c'est-à-dire privées (plus de mille stations).
Avec l'arrivée des radios « libres », les grandes stations nationales et périphériques ont perdu un peu de leur audience, même si elles restent très écoutées. Les jeunes leur préfèrent les nouvelles stations telles que NRJ, Skyrock, Fun Radio ou Europe 2, parce qu'elles proposent des émissions mieux axées sur leurs besoins et qu'elles diffusent davantage de musique *(voir case-info, p. 128)*.

Le référendum *(voir : président de la République)*

Les régions *(voir : décentralisation)*

La religion

Plus de 81 % des Français sont de confession catholique et près de 7 % de confession musulmane (en majorité les familles des travailleurs immigrés), alors que les protestants et les juifs ne constituent respectivement qu'un peu plus de 2 % et de 1 % de la population.
Le protestantisme ne joue en France qu'un rôle secondaire depuis que Louis XIV (par la révocation de l'Edit de Nantes en 1685) a interdit aux protestants de pratiquer leur religion. Beaucoup d'entre eux (les huguenots) sont alors partis s'installer à l'étranger, notamment en Prusse.
Autre différence avec l'Allemagne : La séparation de l'Eglise et de l'Etat, datant de 1905, a pour conséquence que l'Eglise ne touche pas d'argent de l'Etat (il n'y a donc pas d'équivalent français au « Kirchensteuer » allemand) et que l'enseignement public est laïque.
(Voir aussi : laïcité.)

La Résistance

Suite à l'armistice de 1940 *(voir: collaboration)*, une partie des Français ne se résigne pas à la défaite. Après avoir lancé son fameux appel à la « résistance extérieure », le général de Gaulle organise les Forces françaises libres (FFL), qui reprennent le combat aux côtés des Alliés.
En France même, les réseaux clandestins de la « résistance intérieure » se constituent à partir de 1942 et se regroupent autour du préfet Jean Moulin.
En 1943, on crée le STO (Service du travail obligatoire), qui oblige les Français de 21 à 23 ans à aller travailler en Allemagne. Beaucoup de ceux qui refusent de s'y soumettre rejoignent alors des groupes de résistants.
Les résistants (dont le nombre est estimé à moins d' 1 % de la population) établissent des réseaux de renseignements, organisent des actes de sabotage contre l'armée allemande et facilitent l'évasion des personnes poursuivies vers l'Angleterre. Nombre d'entre eux perdent la vie lors d'attaques armées ou sous la torture. *(Voir aussi texte 6, p. 78.)*

Les Restaurants du Cœur *(voir : aide humanitaire)*

Le RMI (revenu minimum d'insertion)

Le RMI, créé en 1988, est une aide financière qui permet aux « chômeurs de longue durée » (ceux qui n'ont plus d'allocations-chômage) de ne pas tomber dans la misère et d'être ainsi en mesure de se réintégrer dans le monde du travail.
Près d'un million de personnes vivent du RMI, qui est valable pour 3 mois et peut être prolongé pour une période de 3 à 12 mois. En 2004, il était de 418 € par mois pour une personne vivant seule.

Le Sénat *(voir : Parlement)*

La Sécurité sociale

Il s'agit d'un regroupement d'organismes d'Etat (les « caisses ») qui assurent une protection sociale minimum à toutes les personnes vivant légalement en France et ayant payé des cotisations, notamment dans les domaines suivants :
- l'assurance contre la maladie et les accidents ;
- les allocations familiales (ce sont des sommes versées aux familles pour chaque enfant à partir du deuxième) ;
- la retraite (l'âge légal de la retraite est de 60 ans).

Le SMIC (salaire minimum de croissance)

Le SMIC, créé en 1970, est le niveau de salaire minimum qu'un employeur doit payer à un travailleur de plus de 18 ans. Il augmente régulièrement, parallèlement au coût de la vie, et son montant est redéfini au 1er juillet de chaque année. Au 1er juillet 2004, il était de 7,61 € de l'heure, soit 1286,09 € par mois.

SOS Racisme

L'association SOS Racisme a été fondée en 1984 par un groupe de jeunes Français et immigrés réunis autour de Harlem Désir, qui en a été le président pendant sept ans. Avec un symbole simple (une main ouverte), un slogan fort (« Touche pas à mon pote ») et l'appui des médias, le mouvement a connu un rapide succès, notamment auprès des jeunes.
L'association s'attaque au racisme sous toutes ses formes et mène de nombreuses actions dont le but est de favoriser la solidarité entre Français et étrangers ainsi que l'intégration des immigrés dans la société française : accueil et conseil juridique des étrangers, ouverture de « maisons des potes », concerts de solidarité, etc.

Les syndicats

En France, les syndicats ouvriers les plus importants restent la CGT (communiste), ainsi que la CFDT et Force Ouvrière (tous deux de gauche modérée).
La CFTC, de tendance chrétienne, s'adresse également aux ouvriers et employés, alors que la CFE-CGC (droite modérée) rassemble surtout les cadres et la FEN (gauche) les enseignants.
Moins de 2 millions de salariés français sont syndiqués (contre 12 millions en Allemagne !) En effet, la réputation des syndicats français et le nombre de leurs adhérents ne cessent de baisser depuis la fin des années 70.
Beaucoup de Français trouvent que leurs syndicats sont trop politisés et qu'ils ne sont plus adaptés au monde du travail : ils ne se préoccupent pas assez des chômeurs, par exemple.

La télévision

Audience moyenne en 2003 :

TF1 (chaîne généraliste privée) :	31,5 %
France 2 (chaîne généraliste publique) :	20,5 %
France 3 (chaîne régionale publique) :	16,1 %
M6 (chaîne musicale privée) :	12,6 %
France 5 (chaîne à tendance éducative)	6,4 %
Arte (chaîne culturelle franco-allemande) :	3,4 %
Canal + (payante, réservée aux abonnés) :	3,7 %
Autres :	5,8 %

Le câble et le satellite permettent de capter un grand nombre d'autres chaînes de télévision francophones ou internationales (TV5, Euronews, Histoire, etc.).

Depuis 1989, le *Conseil Supérieur de l'Audiovisuel* (CSA) veille sur la liberté d'expression et la libre concurrence, il attribue également les fréquences radio et nomme les responsables des chaînes publiques.

Le tourisme

La loi créant en 1936 les « congés payés » est à l'origine de l'évolution du tourisme en France, mais c'est surtout depuis les années 60 et 70 que le tourisme est devenu un secteur économique en pleine expansion : la branche fait vivre près d'un million de personnes en France.
La France est la première destination touristique du monde, elle a accueilli 75 millions de touristes internationaux en 2003, dont 12 millions d'Allemands. La principale attraction pour les étrangers reste Paris, où le Louvre à lui seul enregistre plus de 5 millions de visiteurs par an.
Plus des trois quarts des Français passent leurs vacances dans l'Hexagone.
L'hiver, le tourisme se concentre surtout sur les Alpes, qui proposent le plus grand domaine skiable équipé du monde. L'été, la mer et le soleil restent la destination préférée de 70 % des vacanciers, dont la moitié choisit les côtes méditerranéennes. Mais celles du Pays basque et de la Bretagne sont aussi très appréciées.
D'autres formes de tourisme sont de plus en plus populaires : le tourisme culturel (Paris, bien sûr, mais aussi les châteaux de la Loire, les cathédrales, les musées, les stages d'artisanat, etc.), les séjours à la campagne, ou encore les vacances à caractère sportif profitent indirectement de la surpopulation des plages.

Le Traité franco-allemand de coopération

Le Traité de coopération constitue à la fois une étape décisive dans le processus de réconciliation franco-allemand et un premier pas vers l'Europe unie.
Depuis sa signature, le 22 janvier 1963, par le général de Gaulle et le chancelier Adenauer, les relations entre les deux pays se sont profondément transformées dans bien des domaines :
- *Politique* : Les consultations régulières entre les chefs d'Etat et les ministres des deux pays garantissent une étroite collaboration.
- *Militaire* : Bien que la France ait quitté l'OTAN (NATO), les problèmes d'ordre stratégique sont étudiés en commun. La coopération entre les deux armées a abouti, en 1990, à la création d'une brigade franco-allemande, dont les 5200 soldats constituent la base de l'Eurocorps (1992).
- *Culturel* : La création de l'OFAJ *(voir : Office franco-allemand pour la jeunesse)* a favorisé le développement des échanges culturels, des rencontres entre jeunes, des jumelages et de la coopération scientifique. L'enseignement de la langue de l'autre pays obtient (ou devrait obtenir) une place privilégiée.
- *Economique* : Les deux pays sont devenus le premier partenaire économique l'un de l'autre.

L'UDF, L'UMP *(voir p. 61)*

Le verlan

Le verlan est un ancien argot remis à la mode par les jeunes dans les années 80 et 90. Il consiste à changer l'ordre des syllabes d'un mot qu'on met ainsi « à l'envers » (*vers-l'en*). Certains mots de verlan sont passés dans la langue familière courante, comme « ripou » (pourri = corrompu), « béton » (tomber) et surtout « beur » (désignant un jeune d'origine arabe).

Les « Verts » *(voir p. 60)*